國朝先正事畧

四部備要

史部

中華書局據原刻本校刊

桐鄉 陸費逵 總勘
杭縣 高時顯 吳汝霖 輯校
杭縣 丁輔之 監造

國朝先正事略序

余嘗以　大清達人傑士超越古初而紀述闕如用爲嘆憾道光之末聞嘉興錢衎石給事儀吉仿明焦竑獻徵錄爲　國朝徵獻錄因屬給事從子應溥寫其目錄得將相大臣循良忠節儒林文苑等凡八百餘人積二三百卷借名人之碑傳存名人之事蹟自別京師久從征役而此目錄冊者不可復覩同治初又得鄢陵蘇源生文集具述其師錢給事於徵獻錄之外復節錄名臣爲先正事略於是知錢氏頗有造述不僅鈔纂諸家之文矣又二年而得吾鄉李元度次青所箸先正事略命名乃適與錢氏相合前此二百餘年未有成書近三十年中錢氏編摩於汴水次青成業於湖湘斯足徵通儒意趣之同抑地下達人傑士其靈爽不可終閟也自古英哲非常之君往往得人鼎盛若漢之武帝唐之文皇宋之仁宗元之世祖其時皆異材勃起俊彥雲屯焜燿簡編然考其流風所被率不過數十年而止惟周之文王暨我　聖祖仁皇帝乃閱數百載而風流未沫周自后稷十五世集大成於文王而成康以洎東周多士濟濟

皆若秉文王之德我 朝 六祖 一宗集大成於康熙而雍乾以後英賢輩出皆若沐 聖祖之教此在愚氓亦似知之其所以然者雖大智莫能名也 聖祖嘗自言年十七八時讀書過勞至於咯血而不肯少休老耄而手不釋卷臨摹名家手卷多至萬餘寫寺廟扁榜多至千餘蓋雖寒畯不能方其專北征度漠南巡治河雖卒役不能踰其勞祈雨禱疾步行天壇幷臨醫盥鹽而不御年逾六十猶扶病而力行之凡前聖所稱至德純行殆無一而不備上而天象地輿秝算音樂考禮行師刑律農政下至射御醫藥奇門壬遁滿蒙西域外洋之文書字母殆無一而不通且無一不創立新法別啓津途後來高才絕藝終莫能出其範圍然則雍乾嘉道累葉之才雖謂皆 聖祖教育而成誰曰不然 今上皇帝嗣位大統中興雖去康熙時益遠矣而將帥之乘運會立勳名者多出一時章句之儒則亦未始非 聖祖餘澤陶冶於無窮也如次青者蓋亦章句之儒從事戎行咸豐甲寅乙卯之際與國藩患難相依備嘗艱險厥後自領一隊轉戰數年軍每失利輒以公義糾劾罷職論者或咎

國藩執法過當亦頗咎次青在軍偏好文學奪治兵之日力有如莊生所譏挾策而亡羊者久之中外大臣數薦次青緩急可倚國藩亦草疏密陳李元度下筆千言兼人之才臣昔彈劾太嚴至今內疚惟　朝廷量予褒省當時雖為吏議所格　天子終右之起家復任黔南軍事師比有功超拜雲南按察使而是書亦於黔南告成　聖祖有言曰學貴初有決定不移之志中有勇猛精進之心末有堅貞永固之力次青提兵四省屢蹶仍振所謂貞固者非耶發憤箸書鴻編立就亦云勇猛矣願益以貞固之道持之尋訪錢氏遺書參訂修補矜鍊歲年慎褒貶於錙銖酌羣言而取衷終成　聖清鉅典上躋周家雅頌誓誥之林其尤足壯矣哉同治八年三月曾國藩

珍倣宋版印

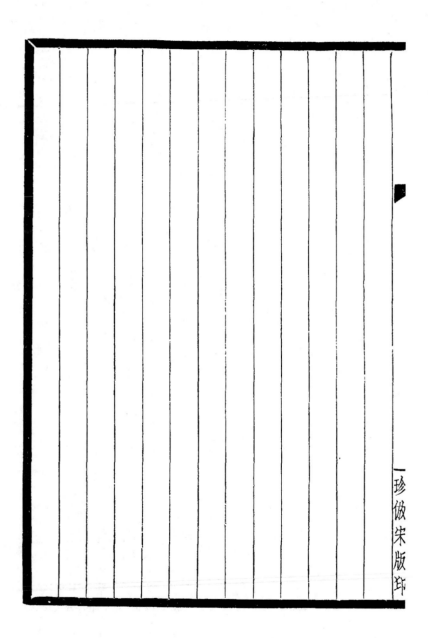

李習之嘗歎魏晉以後文字亂昧雖有殊功偉德非常之蹟亦闇鬱而不章而昌黎韓子則嘗欲作唐一經垂之於無窮誅姦諛於既死發潛德之幽光論者謂其書若成當不在龍門扶風下惜乎其未就也宋朱子撰言行錄取並世名臣事蹟件系而條綴之爲後世法文雖不迨昌黎而扶翼世教厥功楙矣嗣是杜大珪有名臣碑傳錄蘇天爵有元名臣事略徐紘有明名臣琬琰錄項篤壽有今獻備遺皆祖述朱子之意以成書者也我 國家 列聖相承重熙累洽炳焉與三代同風二百餘年名卿鉅儒鴻達魁壘之士應運而起者不可殫數其訏謨政績具在 國史類非草野之士所能窺而其遺聞佚事嘉言懿行往往散見於諸家文集中特未有薈萃成書以備掌故而爲徵文考獻之助者耳元度山居多暇偏閱 本朝人文集遇偉人事跡輒手錄之積久成先正事略六十卷分名臣名儒經學文苑遺逸循良孝義七門人爲一傳計五百人附見者六百有八人亦當世得失之林也每空山月上一鐙熒然披吟斗室中如與諸鉅公才人節士聯襼揖裳親承其謦欬而上下其議論也如臨泰

華嵩衡黃河瀚海之高深莫測其顛委也如羅列商彝周鼎天球宏璧古光出
几案莫敢逼視也昔歸震川自恨足跡不出里閈所見無奇節偉行以發攄其
文章之氣今元度放廢歸田得網羅散失以成此編可謂極尚友之樂矣稾甫
脫適奉于役黔東之 命以兩年心力所萃不忍敝帚棄之也爰付諸剞劂
氏客有議其去取失當且怱促成書慮挂一而漏萬者應之曰是固然然以朱
子之賢手訂言行錄如進王荊公黜劉忠定之類呂東萊汪玉山皆不謂然卽
朱子亦自謂尚多謬誤況下此乎太史公作列傳二千年中僅七十篇循吏儒
林則皆止數人耳未有議其疏漏者也惟是 本朝治跡磊磊軒天地遠邁
唐宋元明世苟有昌黎習之考亭其人者出其文章以潤色鴻業斯不負千載
一時之盛若蒙者所述雖皆奇節偉行文不足以張之終爲震川所竊笑耳抑
又聞蘇文定公曰古之君子不用於世必寄於物以自遣然則是編亦寄焉耳
矣何庸深校其得失哉客既退遂筆之簡端用以就正海內君子焉同治五年
三月既望平江李元度自序

國朝先正事略凡例

一我　朝治躋隆古　主聖臣賢一時名公鉅卿鴻生碩儒後先輩出立德立功立言皆足傳之不朽惟　國史藏在　皇宬草野無從徵考承學之士語及　國家掌故先正典型往往知其名而莫能詳其事實良由文獻所徵無專書以資考證也是編就昭代先正分名臣名儒經學文苑遺逸循良孝義七門采其勳績議論嘉言懿行各著於篇用以備遺忘而資觀感而　列聖深仁厚澤稽古右文亦隨事可以想見使讀者油然生忠孝之心焉

一各事蹟皆采自私家傳誌郡邑志乘閒及說部仍正以　國史列傳有合十數篇爲一篇者其閒穿穴聯綴頗費匠心用此亦不免稍失之繁律以史法及金石文字例幾可省其半以事實所關甯詳毋略甯密毋疏昔全謝山表章前哲動輒數千言意在使後之秉筆者據爲底本區區之私竊附於此云爾

一敘述當代事蹟與史例不同史無論賢奸但有關繫者皆列之是編仿名臣言行錄例專主揚善故所錄皆粹然純詰惟附見者其例稍寬

一我　朝肇興東土開國佐命之英皆天潢貴冑位列親藩未敢援入先正之列卽翊運勳臣之侑饗　太廟者若信勇公費英東宏毅公額亦都武勳王揚古利等皆立功天命天聰崇德間在　世祖統壹區夏之先故論入關後宣力文臣以范文肅公爲始武臣以圖昭勳公爲始而信勇公宏毅公武勳王各事蹟又皆詳列於其子若孫之傳首俾閱者備悉源流

一名臣一門內而閣部外而封圻其勢不能徧錄是編所述大約曾祀賢良名宦祠及有殊績異政列入一統志者然終以囿於見聞不免挂漏爲憾嘗有偉烈鴻名夙所欽慕因未得其事狀無從登入擬選續編以臻詳備

一滿漢名臣有祖孫父子兄弟羣從並躋九列者略仿史記世家例彙列之以彰喬木世臣之盛

一　本朝名儒約分二派其恪守程朱家法者陸清獻陸桴亭張楊園諸先生也其兼宗陸王而不倍於程朱者孫夏峯湯文正李二曲諸先生也清獻之學洵屬正宗其救正王學末流之功甚大近儒何丹畦續理學正宗唐鏡海著學

案小識皆推二陸爲直紹洛閩之統然彭尺木程魚門嘗議清獻攻擊陸王太過未脫講學家習氣宗之者蓋彌甚焉唐氏學案既擯夏峯不錄復深致鄙夷其亦門戶之見而已矣夫一貫之旨曾子自行入子貢自知入其有得於聖道一也伯夷之清柳下惠之和孟子皆推爲聖未嘗是此而非彼也是編不分門戶淵源所在各以類從其議論之相反而適可以相救者均詳列之以俟後之君子論定焉

一　本朝經學亦分二派其專宗漢學以抵程朱之隙者毛西河惠定宇戴東原諸先生也其義理宗程朱仍博稽漢唐注疏者李安溪方望溪姚姬傳諸先生也自前明中葉士皆敝精力於帖括而根柢之學闕焉　本朝興樸學始輩出顧亭林閻百詩開風氣之先自後鉅儒接踵長洲惠氏高郵王氏嘉定錢氏三世皆以經術鳴漢學於是極盛然江子屏作漢學師承記凡稍近宋學者皆擯之阮文達刻　皇清經解千四百餘卷而安溪望溪之著述一字不收蓋幾於分茅設蕝一時風氣所趨遂專以搜殘舉碎爲功詆宋儒爲空疏掊擊不遺

餘力抑又過矣夫漢儒之訓詁宋儒之義理相須而行闕一不可其激而互相勝負者皆末流之失也緬惟　列聖作君作師　御纂諸經主宋儒之說而兼采漢唐注疏可謂折衷至當矣是編無論漢學宋學家皆詳錄其議論著述凡以屏除門戶之見而已

一　國初文章家以宋牧仲所撰侯魏汪三家稱最其後作者代興無美弗備自望溪出而古文之義法特嚴劉海峯姚姬傳繼之遂有桐城派之目然姚氏古文辭類纂於八家及震川後繼錄望溪是矣又專錄海峯一若桐城外舉無足與於斯道者似亦未離門戶之見是編凡卓然成家者皆列之昔吾有先正其言明且清正復不拘一格耳

一　國初詩家推漁洋爲大宗荔裳愚山秋谷竹垞初白諸家聯鑣接軫前後兩詞科作者林立近人張南山輯詩人徵略採摭綦詳茲就其尤著者登之然疏漏實尚多也

一　國初遺老如徐俟齋沈眉生李屺園諸先生蟬蛻鴻冥皭然不滓孔子所

謂逸民幾無愧焉錄之以見天爵自尊百世下猶可廉頑而立懦也至熊魚山方密之諸公事蹟已附見明史故不復登

一循吏必詳著其政事風節使閱者知所效法可以坐言起行

一孝義一門僅就最著者錄之以闡幽光維世教雖所錄無多然一代正史均不過數十人或十數人固無庸見少也

一天文歷算之學亦莫精於　本朝蓋由　聖祖天亶聰明秘參造化而梅定九陳泗源諸君又足以闡發之遂成絕詣阮文達作疇人傳采錄至二百餘人茲僅錄定九泗源及薛儀甫王寅旭數君於經學中以見其概如欲觀其全則有疇人傳在

一照史志例尚須立忠義列女二門然忠義之逴著者多已列入名臣中近歲軍興以來死事者衆因未有成書無從采輯至列女不在先正之例故從闕如

一所分門類不過舉重而言如湯文正陸清獻張清恪楊文定沈端恪蔡文勤諸公應入名儒王文肅秦文恭胡文良阮文達諸公應入經學王文簡韓文懿

錢文端沈文慤王蘭泉諸公應入文苑惟以官躋九列有勳業可紀故皆列名臣他若梨洲亭林而農亦名儒亦經學愚山剛主亦名儒亦文苑謝山西莊竹汀淵如稚存亦經學亦文苑竹垞姬傳亦文苑亦經學叔子躬菴亦文苑亦遺逸青主茶村亦遺逸亦文苑名雖區分實則無容拘泥況經學本在儒林中尤屬分而不分也

一非史官不應爲人作傳古人有言之者矣歸震川謂古作汝南先賢傳襄陽耆舊傳者皆非蘭臺石室之臣也此論出而紀事之例始寬而惲子居則謂大傳非文集體昌黎傳陸贄陽城俱不入本集中爰變其名曰遺事述其實仍傳體也是編曰事略亦猶惲氏之意爾

一湯文正徐文定陳恪勤事略中所述時相及當事搆陷狀皆本望溪集外文在當時不無忌諱故未入集近始有搜刻之者然彭尺木湯陳二公行狀即已采之蓋尺木曾見未刻稾耳此外若張清恪等傳皆有所本用此益見我

聖祖至聖至明百世後猶令人欽服焉

一公私著述黨挾恩怨於其間卽其書可燒也是編自信無此弊閱者辨之
一郢書燕說最足失真如袁簡齋所作陳恪勤等傳中多舛誤彭尺木嘗遺書諍之邵青門所作閻典史傳魏默深亦嘗辨之蓋文人習氣多不暇覈實也是編博觀而慎取之不敢沿訛以悞後人
一古人如班之於馬多全襲其辭以後不可毛舉緣事蹟未可憑虛而構非故襲舊文也衞正叔纂禮記集說其言曰他人著書惟恐不出於己某此書惟恐不出於人可謂先得我心矣
一阮文達撰　國史儒林傳皆就各家紀述集句成篇仍分注所出於下彭尺木名臣儒行吏蹟述亦注明所據之本於篇末示非肊造也是編采書較多未暇一一注明所出然實無一字無來歷
一各家著述有可考者均詳列其書目卷數以備志藝文者之搜討
一地名官名均據　本朝書之不從古稱其　詔諭奏劄亦多存其真所謂當時語也至滿洲蒙古姓名與春秋時人同其首一字非姓也故標題處皆先謚

後名申之曰姓某某氏而文中則仍俗稱曰某公不復舉其姓以免累贅京江
望溪集中皆有此例
一元立行中書省於各路明改爲布政使司　國朝因之而猶沿其稱曰省非
其實矣洪稚存集中於此蓋齗齗焉是編以公私相沿既久姑仍其稱
一是編經始於甲子正月脫稾於丙寅正月藏書不多采摭未備又以荷戟出
山恩促付梓難辭固陋之譏所望海內同志君子時惠郵筒匡其不逮則幸甚

國朝先正事略目錄

平江李元度次青纂

卷一　名臣

卷二　名臣

敏壯公珠瑪喇

甯文毅公完我　文恪公額色黑　襄壯公根特

文襄公圖海

勤惠公佟養性　養甲　養量　岱　忠恪公國瑤　國鼐　國器　國楨
國印　世德　勤僖公鳳彩

襄勤公佟圖賴　子忠勇公國綱　端純公國維　孫法海　曾孫溫僖公
補熙　介福　等

忠勇公石廷柱　子華善　石琳　孫石文炳　石文晟

敬康公愛星阿　子恭懿公富善

卷三　名臣

文忠公索尼

恪僖公遏必隆　子恪敬公尹德

魏文毅公裔界

魏敏果公象樞

李文勤公霨　杜文端公立德

卷七名臣

卷十 名臣

黃侍郎叔琳弟叔璥

卷十一名臣

趙襄忠公良棟子宏燦　宏燮

王忠勇公進寶子用予

孫襄武公思克

梁敏壯公化鳳子鼐

楊敏壯公捷

施襄壯公琅子世綸　世驃

藍軍門理

許少傅貞

卷十二名臣

陳恪勤公鵬年子樹芝　樹蓍

楊文定公名時

卷十六 名臣

卷十九名臣

高先生世泰 高愈 顧樞 劉汋 吳愼 施璜 汪燧 張夏 嚴瑴

沈先生國模 史孝咸 管宗聖 韓當 卲曾可 卲廷采 王朝式

刁先生包 子再濂 王餘佑 張湣

謝先生文洊 宋之盛 甘京 章愷 黃采 黃熙

沈先生昀 姚宏任

應先生撝謙 淩嘉印 沈士則 秦雲爽

胡先生承諾 陳大章 劉夢鵬

卷二十九 名儒

李先生生光 黨成 陶世徵

朱先生用純 顧培 潘天成 湯之琦 金敞 王喆生

劉先生原淥 姜國霖 法坤宏

白先生奐彩 党湛 王化泰 張承烈 馬嗣煜

施先生閏章

卷三十 名儒

卷三十一 名儒

朱先生澤澐 潘恬如　錢民　任德成
徐先生世沐
向先生璿 黃艮輔　程登泰
李先生文炤 唐鑑
王先生懋竑
孟先生超然
鄭先生文炳
伊先生朝棟 子秉綬
閻先生循觀 韓夢周　滕綗　任瑗
鄧先生元昌 宋昌圖
姚先生學塽 潘諮　劉傳瑩
卷三十二 經學
閻先生若璩 李鎧　楊開沅　吳玉搢　宋鑑

程先生廷祚

崔先生述 陳履和

張先生惠言 董士錫

汪先生中 賈田祖 江德量 顧九苞 顧鳳毛 鍾褱

淩先生廷堪

余先生蕭客 江藩 汪元亮 袁廷檮 鈕樹玉

江先生聲 顧廣圻 徐頲 褚寅亮

鄒先生漢勛

卷三十七 文苑

侯先生方域

魏先生禧 兄際瑞 弟禮 彭士望 林時益 李騰蛟 邱維屏 曾燦 彭任 梁份

宋先生琬 田雯 曹貞吉 顏光敏 王苹 徐夜 謝重輝 張篤慶

熊先生伯龍 劉子壯 金德嘉 顧景星 張仁熙 劉醇驥

卷三十八 文苑

卷三十九 文苑

彭先生孫遹 倪燦 汪霦 徐嘉炎 沈珩 沈筠 方象瑛 陳鴻績 邵遠平 李來泰

尤先生侗 馮勖 范必英 錢中諧 曹禾

朱先生彝尊 嚴繩孫

陳先生維崧 吳綺 章藻功

李先生因篤

汪先生楫 汪懋麟

李先生澄中 龐塏 米漢雯 袁佑 崔如岳

喬先生萊 邱象隨 李鎧 張鴻烈 鄧漢儀 吳嘉紀

卷四十 文苑

陸先生棻 兄子奎勳

杜先生詔 潘高 許定鑅 李果 盛錦 翁照 黃之雋

湯先生右曾 嚴沆 徐倬 李鄴嗣 汪文柏 沈用濟

卷四十一　文苑

鮑先生桂星 程恩澤
許先生宗彥
鄧先生顯鶴 歐陽輅 魏源 湯鵬
陳先生洪綬 崔子忠 羅聘
王先生翬 黄鼎
鄧先生石如
卷四十五遺逸
徐先生枋 戴易 巢鳴盛 沈譽生
沈先生壽民
汪先生渢
郭先生都賢 陶汝鼐 郭金臺
何先生宏仁
李先生天植 鄭嬰垣 劉永錫 陸元泓

卷五十二 循吏

李孝子維煌

卷五十八孝義

黃孝子洪元

盧孝子必陞

潘孝子士晉潘德馨

施孝子聖揆楊嘉楨

劉孝子炳

任孝子遇亨任裕德

劉孝子鎰

曹孝子起鳳

卷五十九孝義

汪孝子一元汪一崧　王品璋

張孝子大觀蔡應泰　楊濮　劉芳

國朝先正事略目錄

國朝先正事略卷一

平江李元度次青纂

名臣

范文肅公事略 子忠貞公承謨 承勳 孫時崇 時繹等

國家肇興東土光宅方夏開國佐命之英皆天潢貴胄位列親藩勳在册府未敢援入先正之列卽翊運勳臣之侑饗 太廟者若信勇公費英東宏毅公額亦都武勳王揚古利等又皆立功天命天聰崇德閒在 世祖章皇帝統壹區宇之先故論入關後宣力文臣必以范文肅公稱首公歷事 太祖 太宗當 王師入關時首定大計勸進兵 詔勅檄諭皆出其手終 世祖朝位元輔經營草昧用弼成我 國家丕丕基薨於 聖祖康熙五年躬閱 四朝登上壽子孫繼武爲國宗臣視漢之酇侯留侯唐之房杜宋之趙中令元之耶律文正明之誠意伯有過之無不及已公諱文程字憲斗瀋陽人本宋文正公仲淹後少穎敏沈毅讀書通大義爲諸生天命三年杖策謁

太祖高皇帝於撫順偉其貌詢其家世謂諸貝勒曰此名臣後也厚遇之 命直文館參預帷幄天聰三年我軍解大安圍克遵化五年招降大淩河城六年陳進取秘計七年援明將孔有德來歸皆公策也會初設固山額真廷議首推公 太宗曰此一軍職耳范章京朕之心膂其別議之時宏文館尚未有大學士而公所領皆樞密重事每 召對夜漏逾數十刻始出或未及食息復奉召率以爲常崇德二年改六館爲內三院授公秘書院大學士加世職二等甲喇章京每議大政輒資籌畫八年撥隸漢軍鑲黃旗是歲 世祖嗣服明年爲順治元年四月流賊李自成陷明北京明將吳三桂來乞師 上召公於湯泉決策進兵公力疾趨朝建議曰自闖賊猖狂中原塗炭近且傾覆京師戕厥君后此必討之賊也雖擁衆百萬橫行無忌然揆其敗道有三逼殞其主天怒矣刑辱搢紳拷劫財貨士憤矣掠民貲淫人婦女火人廬舍民恨矣備此三敗行之以驕可一戰破也我 國家上下同心兵甲選鍊誠聲罪以討之恤其士大夫拯厥黎庶兵以義動何功不成又言好生者天地之德也兵者聖人

不得已而用之自古未有嗜殺而得天下者今誠欲統一區夏非乂安百姓不可於是大軍遂發公扶病隨征申嚴紀律秋毫勿犯妄殺者罪之二十二日入關大戰敗賊兵二十萬我軍長驅而西民多逃匿公草檄宣諭言義兵之來爲爾等復君父仇非敵百姓也今所誅者惟闖賊官來歸者復其官民來歸者復其業必不爾害民心遂大安五月朔攝政睿親王多爾袞帥師入燕京公建議首先爲明帝發喪易梓宮備儀衛儀諡號爲文紀其事十月朔　世祖定鼎

公疏請撫遺黎起廢斥定冊籍減賦額盡除明季加派稅餉廠衛諸弊政嘗晝夜在闕下事無巨細應機立辦開國規制公手定者爲多中原既定請再行鄉會試以致人材國用不足請興屯田又上保舉連坐法　詔皆立予施行累加一等梅勒章京及一等男世爵　賜號巴克什六年任議政大臣纂修實錄加世爵至一等子晉少保兼太子太保以疾乞休　優詔許暫解職調理病痊卽

召用特加太傅兼太子太師　世祖親調藥餌馳　賜十四年　詔遣畫工就第圖公象藏於　內府康熙元年　上諭閣部曰原任大學士范文程

希福甯完我額色黑皆 太宗文皇帝股肱之臣勳勞最著其子宜擢用越
四年公薨 聖祖震悼輟朝二日再遣大臣致奠 賜祭葬加等 予諡文
肅 御製碑文勒墓上五十二年 御書元輔高風額其祠公嘗言天下治安
惟在得賢庶官中有一眚不掩者悉爲奏請湔擢後皆稱職於直臣善類尤力
保全性廉慎好施與器量宏深人莫測其喜怒焉雍正中 詔入祀賢良祠長
子承斌襲一等子爵四子承烈字彥公累官戶部侍郎
次子承謨字覲公順治九年進士由編修累遷國史院學士康熙七年巡撫浙
江故事督撫受事必劾不法吏兩司列狀請公閱而哂曰是欲吾舍豺狼而問
狐狸也還之一日出片紙盡列兩浙豪惡姓名及墨吏之尤者劾繫寘之法聞
者皆悚息會杭嘉湖水災奏貸庫銀八萬兩買米平糶并請蠲緩又許最貧者
得附老弱例肩鹽自給全活者多先是甯台溫處金衢諸府屬荒田經前總督
趙廷臣請除額賦有 旨命承謨履勘至是遍歷其地奏豁荒田地二十九萬
四千六百畝有奇水衝田地二萬一千九百畝有奇十年因疾解任浙江總督

劉兆麒提督塞白理各據民詞籲留給事中姜希轍柯聳御史何元英等亦言其愛民如子劾貪除猾杜加耗私派陋規單騎勘荒悉心賑恤浙人愛戴請特敕勉留有　旨俯順民情留原任在浙四載民安其治每出巡山農進瓜果脫粟飯受食之日與父老童稚接以故悉民疾苦得設施拯恤十一年擢福建總督以疾辭不允請　陛見許之明年入覲　上遣御醫診視　賜葠藥趣赴新任解　御衣冠及鞍馬　賜之初福建總督駐漳州至是將撤靖南王耿精忠藩屬回京　特命移駐福州抵閩疏陳軍屯之利請令士卒墾荒地六年始裁其餉又言閩人生計非耕卽漁自海禁嚴徙沿海民居內地廢民田二萬餘頃虧賦額二十餘萬請聽民沿邊捕採取魚課以益軍餉十三年吳三桂反雲南承謨密疏言功令考成過重盜案處分過嚴致有司專務催科且諱盜請以寬大繫民心會精忠陰附三桂公察其有異志計督撫標兵少又與精忠所部習不足恃乃疏請增兵復舊額又請巡海嶠赴漳泉閱鎭兵以遙制之疏上未及行客謂公曰滇氛已及楚矣盍以備鄰封爲辭出據其上流乎公曰彼逆

猶未發也我動彼且得閒謂我據地陰圖之因以怒其下是我失守而激變不可爲也乃密檄諸道將以謁新總督爲名各率健兒赴行省用折逆謀事未集而精忠叛是年三月精忠詭言海寇至邀與計事巡撫劉秉政附精忠促之行公知有變左右請擐甲以從曰衆寡不敵備無益也乃坦然按轡至則逆衆露刃相脅公挺身前罵賊精忠素憚其威望恐殺之重民怒乃閉諸土室置守者三十二人絶粒八日不死精忠遣秉政說降秉政且進且揖公奮足蹴之仆地罵曰逆臣不日當就誅我先褫其魄在械所三載冠　御賜冠衣辭毋時衣每朔望奉時憲書一帙北面再拜閒爲詩文以桴炭畫壁上被繫時部曲有張福建者手雙刀奮呼奪門連斃賊力竭而死蒙古人嘛尼守者三十二人之一也感公忠義謀令出走事泄精忠將磔之大言曰吾甯與忠臣同死不願與爾逆賊同生十五年九月　王師入仙霞關精忠將降冀飾辭免死懼公暴其罪遣逆黨逼令就縊以滅口時賊以夜至公起索冠賊奪而擲之乃以械扶擲冠者頭尋整衣望　闕九頓首就縊幕客無錫嵇永仁會稽王龍光華亭沈天成從

弟承譜及親屬家丁隸卒五十三人並遇害舊役王道隆以奉使還至延平聞變自刎死賊焚公尸棄之野泰甯騎兵許鼎預伏宿莽中乘夜收得燼體明年潛負至京師　天子震悼遣內大臣奠爵　贈兵部尚書加太子少保廕一子入監　賜祭葬諡忠貞　御書碑文　賜其家十九年精忠赴市朝日公子時崇手刃其肉以祭墓福建士民立專祠於道山　御書祠額曰忠貞炳日所著有吾廬存稿蒙谷自序百苦吟及畫壁遺稿時崇以稿進呈　聖祖親製序雍正中　詔入祀昭忠祠

三子承勳字蘇公由員外郎授御史論事侃侃疏言八法以貪為首貪吏僅罹薄譴何憚不為請按律嚴擬毋徇庇下部議行尋改吏部郎中康熙二十年川東賊譚洪復叛　詔領禁兵會勦且督滇餉承勳以赤水地少米勸諭土司輸粟麥給軍預遣官赴滇截留黔餉師以不匱二十三年九卿遵　旨舉廉吏承勳與焉擢內閣學士明年巡撫廣西容鬱等州縣先陷賊奏免追逋賦又明年擢雲貴總督至卽整飭營伍捐俸建學宮置禮樂器聘名士纂修通志所規畫

動中機宜威惠大著夷中有魯魁山跨連數郡諸猓窟穴其中時出刦掠馳檄曉以利害渠魁楊宗周等遂籍土以獻時窮搜吳三桂舊部解送京師承勳奏請已入伍者許仍歸伍其來歸者分別發營願歸農者聽於是軍民貼然二十七年雲貴左協兵變縱火殺掠省城兵與通約七月二十日夜分舉事公偵知之是夜擒首惡唐金等令終夕擊二鼓賊黨聞曉鐘始知事泄皆就縛誅十有三人而定左協叛兵潰走黔欲入楚公諜知所向先檄諸路勒兵賊方攻交水各路兵至夾擊賊窮蹙乞降斬首惡二十餘人亂遂靖魯魁降賊李尚義普為善等復出掠遣兵攻入其箐尚義死為善面縛投誠自是諸夷惕息官斥藩莊核其價省民閒溢費二十餘萬金在滇九年所袪蠹弊甚多而清鹽筴不得按戶抑派酌道里遠近定支撥軍餉條例吏不得巧法朘民至今賴之裁六衞五所併歸州縣逃亡皆復故土三十二年入覲　聖祖曰爾係盛京舊人爾父累朝效力爾兄又為國捐軀朕因見爾思及爾兄心為慘切不見爾八九年矣爾鬚髮遂皓白如此耶解　御用貂冠貂褂狐白裘　賜之幷　賜御書世濟

其羨額明年內遷左都御史尋督兩江初公在滇黔發奸糾暴無所貸至是專務清靜以與民休息奏免民賦者五豁陷賊州縣所失資儲無算駁正漕督誤題入額賦者一歲大祲奏發米穀九十三萬石有奇賑卹先發後聞議有格而復奏至再三者均蒙特允鹽城令某貪橫以與要人有連大府不敢呵公下車有寡婦某訟之立斥罷三十八年授兵部尚書四十三年請老允之加太子太保晉五級五十三年薨遺疏入　諭稱其敬慎自持勤勞久著　賜祭葬如例

承謨子時崇由廕生授知州累遷府道貴州福建按察使山東布政使康熙四十四年巡撫廣東　命兼理鹽政　上發函章　諭以兩廣鹽政積弊甚多朕已察得數條特命查辦時崇疏陳鹽政七則一鹽政衙門歲有羨餘十萬兩宜盡充公用有一種蠹胥名曰發收於鹽政初涖時任意播弄導以急羨餘而緩正課宜革除一鹽政遣內差坐守場口名爲緝私止知勒索宜禁革而以緝私責成地方官一知事大使及潮州運同廣惠分司均屬冗員宜裁汰一運司向得羨餘六萬兩應解河工銀萬兩銅斤水腳銀二萬兩以外均應充公一行

鹽地方文武官皆有陋規名曰茶果宜禁革再犯以贓論一請借運庫銀三萬
收買私鹽俾化私爲官一革除總商名色部議均如所請又疏言前耿逆之變
隨臣父殉難者五十三人內生員嵇永仁王龍光等俱被幽囚三載死難甚烈
經前撫臣題請贈銜部以生員無追贈例議寢乞　特勅追贈祔祀臣父祠堂
乃贈永仁龍光及沈天成范承譜等國子監助教學正有差並入祠陪祀四十
九年擢閩浙總督獲海賊鄭盡心解京伏法五十三年陛見　賜御製詩有棟
樑祖德家聲重蘭桂孫枝令譽清之句序云閩浙總督范時崇陛見來京朕每
念伊祖爲開創宰輔伊父乃忠義名臣所以待之優重今因回任特賦詩餞送
其受　恩眷如此明年授左都御史遷兵部尚書五十九年薨　賜祭葬如典
禮前官福建按察時明允哀矜慈而善斷士民並祀之道山
承勳子時繹由參領授副將擢總兵雍正四年　詔署兩江總督還都統仍署
總督疏請將江蘇安徽所屬丁銀勻入地畝內征收以雍正六年爲始從之尋
擢戶部尚書權總督如故條上兩淮鹽政七則下部議行會　詔發帑銀交督

撫提督營運以濟兵丁江南督標應領銀六千時繹慮標員有侵擾弊奏請將
銀承買入官變價房產納租備用　上嘉其妥協七年坐事免　命協理河
務爲總督田文鏡所劾部議論死得　旨寬釋授副都統十年遷工部尚書兼
管兵部十二年罷又有時紀時綬時捷者皆文肅公孫也時紀由廕生累官郎
中授廣東糧道遷鹽運使乾隆二十五年入覲　諭曰范時紀爲漢軍世族見
在伊家並無大員著留京以副都統用尋擢工部侍郎調倉場侍郎未幾調戶
部四十二年調禮部侍郎尋卒時綬字緩齋由主事累遷郎中授山東濟東道
遷安徽按察使湖北布政使乾隆十六年擢湖南巡撫疏言湘陰益陽續墾田
千餘頃係瀕湖隙地請暫免升科又洞庭爲受水之區私垸日增則上流受害
已勸諭毀垸並嚴禁添築水得暢流十八年調撫江西以病歸二十七年起戶
部侍郎請赴西路屯田効力　賞孔雀翎　命馳驛前往坐事免　賞頭等侍
衛尋授副都統三十年除吏部侍郎明年晉左都御史又明年授湖北巡撫三
十三年入爲都統再授左都御史遷工部尚書尋調刑部四十七年薨於位時

捷字子上一字敬存襲子爵累官陝西巡撫古北口提督入爲都統時綬子宜
恆由雲麾使授參將洊陞福建總兵憂歸尋授副都統乾隆五十七年奉 特
旨原任大學士范文程在國初時勳庸懋著其子承謨又靖節捐軀今其裔孫
內無文職大員殊堪軫念范宜恆著加恩補授工部右侍郎仍兼副都統嘉慶
元年擢戶部尚書尋卒

圖昭勳公事略

自古貞元肇造必有熊羆之士不二心之臣世篤忠貞贊成王業我 朝異姓
勳臣侑饗 清廟以直義公爲首而昭勳公則其第七子也昭勳公諱圖賴
姓瓜爾佳氏滿洲正黃旗人父直義公諱費英東驍果善射引強弓十餘石天
命初從其父索爾果率所部來歸 太祖嘉之授一等大臣尚主自少從
太祖征討諸國三十餘年每戰身先將士突堅陣當其鋒者輒糜碎以功授
三等子世襲 命與何和哩額亦都扈爾漢安費揚古爲五大臣佐理國事天
命四年明兵四路來侵一軍據薩爾滸山巔直義公率本旗兵進擊大破之

太祖之取撫順也明兵來援投石飛火直義公馬驚逸諸軍欲退乃迴馬大呼揮諸軍猛進卒破之　太祖拊髀歎曰萬人敵也從攻葉赫城上矢石雨下直義公及諸將皆被創　太祖命之退對曰我兵已薄城下矣何退爲再命退對曰勢已垂克請勿疑竟拔其城性忠直敢強諫獎善黜惡宣力殫心以佐成　大業五年三月薨年五十有七　太祖親臨其喪痛哭復臨其墓
太宗即位追封直義公配饗　太廟以其長子察哈尼襲爵　賜勅免死二次順治十六年追論佐命功第一晉世爵爲第一等公康熙九年　聖祖御製碑文勒石紀勳績　大駕東巡　親酹其墓雍正九年　世祖皇帝加封號曰信勇公而昭勳公能繼其武其公號亦錫名雄勇云昭勳公少襲三等總兵世職坐事罷隨征董鄂及寧遠並有功天聰三年從　太宗伐明進薄燕京明總兵滿桂以師赴援公直前衝擊斬馘甚衆授騎都尉世職四年隨大貝勒阿敏等鎮永平敗明兵於灤州師還大貝勒棄永平出邊明兵百餘來追公率十六人還戰盡殲其衆尋授三等輕車都尉五年從征大凌河圍其城

明兵四萬來戰公躍馬衝陣敵兵潰走遂擒監軍道張春旋征大同拔靈邱縣及小石城敘功晉世職二等九年任護軍統領隨貝勒多鐸入廣寧率兵先趨錦州明總兵祖大壽以兵三千來禦未及戰明兵驚潰俘馘無算崇德二年授議政大臣明年隨貝勒岳託伐明率師先驅踰牆子嶺攻克十一臺進兵山東明兵八千來禦蒙古兵少卻公奮力鏖擊敵以百騎突至公搏戰陷堅陣大敗之旋敗明閣部劉宇亮等兵於通州河上拔四城晉爵三等男六年圍錦州明兵自松山赴援擊敗之先是蒙古有降明者曰諾木齊在圍城中遣人約獻東關以降至是事泄明兵圍諾木齊家公登城力戰殺敵出諾木齊以歸復破松山騎兵拔塔山杏山二城晉一等男八年攻拔中後所及前屯衞晉三等子順治元年大軍抵山海關流賊李自成遣兵拒戰公率前鋒破賊將唐通於一片石既入關破自成兵復會大軍追敗之於望都超授三等公是年十月豫親王多鐸帥師下河南自成走陝西公至孟津率精兵先渡河明守將黃士欣等各遁去瀕河十五寨堡兵民皆望風納款睢州總兵許定國等率衆降進薄潼關

賊遣僞侯劉宗敏沿山列陣以拒公率騎兵百四十人進戰皆一以當百設伏掩擊盡殪之明年賊將劉方亮整衆來窺公與護軍統領阿濟格尼堪等率五旗將領迎擊賊懼而奔蹴之俘馘甚衆自成聞敗集兵固拒公合三旗兵力戰殲其步卒餘騎奔竄賊糾衆又至連戰敗之遂破潼關賊大潰自成遁陝西既定移兵下江南攻克揚州追明福王朱由崧於蕪湖敗靖南伯黃得功兵得功中流矢死遂獲福王餘衆悉降師旋晉爵一等公公性伉直嘗謂攝政睿親王曰圖賴自誓於天效忠　主上不避諸王貝勒大臣嫌怨久矣圖賴有過王若不言恐終不免於罪戾今欲改過自新王幸毋姑息不我教誡也會睿親王於午門集議大學士譚泰擅隱　諭旨罪三日未定公面詰之曰胡遲久不決耶聲色俱厲王怒拂衣起諸王執公將罪之王曰雖然此非退有後言比且爲
國効勤矢忠無他意也解其縛而貸之三年任都統隨端重親王博洛進師浙閩軍次杭州初我軍下杭州時營於江岸杭人見之謂潮至必沒既而潮二日不至咸駭爲神遂開門降至是魯王朱以海據紹興與其總兵方國安等營於錢

塘江東岸艤舟以拒我軍江廣十餘里其下莫測波濤凶惡舟楫不得停所謂廣陵濤也公躍馬從上游徑渡僅沒馬腹諸軍隨之大濟呼聲震天遂分兵縱擊國安益驚以爲神盡棄戰艦挾魯王遁保台州公奮力追勦遂克台州并拔金華衢州等城浙東平會端重親王令與都統漢岱分兵下福建公自衢州統所部兵擊敗明閣部黃鳴駿於仙霞關攻克浦城漢岱亦自廣信破分水關入崇安十五戰皆大捷下十城明唐王朱聿鍵走汀州諸將乘勝追擊斬唐王及馬士英等盡降其衆閩海悉定回次金華薨年四十有七子輝塞襲爵公天性忠鯁勇而善謀能以寡覆衆無能禦者結髮事戎行屢立奇功未嘗一挫衄薨後二年貝子屯齊等誣以黨徇睿親王追論之奪輝塞爵籍其家　世祖皇帝親政知公無罪且念舊功追謚昭勳配饗　太廟　御製碑文旌焉復輝塞一等公還所籍雍正九年　詔加號雄勇公

圖忠義公事略

本朝異姓勳臣配饗位次首信勇公費英東次宏毅公額亦都二公皆兩　世配

食　清廟信勇公子以雄勇公圖賴爲最著宏毅公有子十六人其尤肯構者則圖忠義公也公諱圖爾格姓鈕祜祿氏滿洲鑲黃旗人父宏毅公額亦都世居長白山父母爲仇家所害年十三手刃其仇避依其姑家　太祖高皇帝過其地識爲眞主辭姑從行生而驍果善戰能挽十石弓初令討尼堪外蘭於圖倫城先登又攻色克濟城掩其不備取之尋　命取巴爾達城至渾河河漲不能涉以繩聯軍士魚貫而渡夜薄其城先登城上飛矢貫其股著於雉堞揮刃斷矢戰益厲被五十餘創不退卒拔之　太祖郊迎燕勞悉　賜所俘獲遂　賜號巴圖魯薩克察之入寇也宏毅公率數人敗之夜入其城連克數城寨戰功冠一軍師旋　上迎勞如初界藩有科什者以勇聞盜九馬遁宏毅公單騎追斬之盡返所盜馬會葉赫九國合師來侵　太祖命以百騎挑戰敵悉衆來犯奮擊殪九人敵卻大兵繼之遂斬葉赫貝勒布齊九國兵皆潰我軍有齊法罕者戰歿宏毅公直入敵陣奪其尸而還訥殷路者九國之一也既敗歸復聚七寨衆來犯據佛多和山宏毅公帥師攻下之　上賜所乘馬

以旌其勞自後征東海各部所向克捷取雅攬路俘至萬人天命四年明經略楊鎬統兵二十餘萬分四路來侵大貝勒代善出禦明總兵杜松王宣趙夢麟兵於撫順過扎喀關議駐師僻地以俟 太祖時 太宗文皇帝方爲四貝勒謂界藩山有築城夫役宜耀兵向敵以壯兵役之氣不當駐僻地示弱衆議未決宏毅公進曰貝勒言是也遂進師界藩會 太祖大兵亦至大破明兵於薩爾滸山明三總兵皆陣歿又破明總兵馬林於尚間崖劉綎於阿布達里岡公皆在事有功每戰輒爲軍鋒自弱冠從征討歷四十餘年攻城野戰未嘗挫衄每克敵受 賜皆分給有功將士纖毫不以自私 太祖初娶以宗女復以和碩公主降焉與信勇公費英東等同爲五大臣佐理國政累官至一等內大臣爵一等子天命六年薨年六十 太祖親臨哭之慟 太宗即位追封宏毅公 特命配饗 世祖命建碑隧道表勳烈後 聖祖東巡盛京復 親酹其墓圖忠義公其第八子也自幼從征討累功至輕車都尉世職任都統與十六大臣之列又以父勳晉子爵天聰三年從 太宗伐明克

遵化城有功　上命貝勒阿敏等守永平而以公及都統納穆泰守灤州四年五月明合兵攻灤州公與納穆泰分汛固守出奇兵殺敵敵轉攻納穆泰汛地公急遣阿玉什分兵往援會火及城樓有執纛者乘雲梯登阿玉什揮刀斬之奪其纛敵卻時貝勒聞灤州被圍不急救及遣將率兵數百來援夜三鼓突圍入城而城已垂破翼日明兵發巨礮攻城城壞城樓焚公度力不能支率衆潰圍奔貝勒軍貝勒大驚棄永平遁公諫之不聽乃殿後全師而還坐不能力諫削世職解都統任五年從征錦州率護軍駐松山間夜截明兵之赴松山者斬級二十有星訥者我軍統將也方戰墜馬敵還取星訥公從三十騎馳救翼之出會明人將城大淩河率兵往探俘其人畜以歸起吏部承政從　太宗攻大淩河分圍城東北面敵兵突出犯我南礮臺公不及騎徒步擊走之略松山及錦州並有功八年五月　太宗伐明入大同　命帥兵駐張古臺河以扼敵師九年春從貝勒多爾袞往招察哈爾降其長額哲遂略山西自平魯衛入毀甯武關躪代州乘勝至忻口遇伏敗之追至崞縣殲其衆還經平魯衛明

兵邀我師於途公親陷陣殺敵百人敵敗入城不敢出公策敵且復至設伏以
待而身為之殿明錦州總兵祖大壽等合大同鎮兵三千來追公返兵用步戰
衝其中堅伏起夾擊大敗之授一等男爵復任都統崇德元年隨武英郡王阿
濟格攻克明昌平雄縣並先登二年坐事免先是公尚和碩公主公主所生女
為貝勒尼堪福晉福晉無子詐取僕女為女至是事敗公應論死得　旨寬免
罷其任尋攝都統事三年隨貝勒多爾袞破明總兵侯世祿等兵復敗敵於董
家口毀邊牆入奪青山關下四城五年秋隨貝勒圍錦州取其禾連破錦州松
山兵又偕都統葉克舒帥兵三千伏隘口伺敵敵衆千餘來戰葉克舒馬中箭
蹶敵人將兵之公射敵敵殪救之上馬併力衝殺敵敗復合凡六戰六勝身被
二十餘矢馬亦重創猶殿後力戰悉保所俘而還晉子爵擢內大臣六年秋明
經略洪承疇率兵十三萬援錦州　太宗親征明既敗承疇兵　命隨阿濟
格邀擊明敗兵於塔山時明總兵曹變蛟吳三桂王璞等各引本部兵遁而變
蛟兵夜突鑲黃正黃兩旗汛地犯　御營甚急軍中侍衛及守營大臣方大驚

不得前公奮呼發矢應弦殪二人率諸將併力攢射敵始敗去又隨豫親王多鐸設伏敗吳三桂王璞兵於高橋七年冬隨饒餘貝勒阿巴泰帥師伐明直抵山東兗州俘明魯王及樂陵陽信東原安邱滋陽諸王并各王府宗室官屬幾千人下府三州十八縣六十七八年夏班師　賜白金千五百兩晉爵二等公順治二年二月薨年五十公忠勇有父風才略過人屢受文武重寄勳伐最著九年追謚忠義配饗　太廟立碑墓道雍正九年　賜公號曰果毅子科布梭襲

準襄毅公事略 兄薩穆什喀　弟雅賴

公諱準塔姓佟佳氏滿洲正白旗人父扈爾漢國初從其父扈喇虎來歸
太祖養以爲子賜姓覺羅授一等大臣居五大臣之列嘗奉　命還蜚悠城之衆以兵三百護之先行烏喇遣萬人邀諸路乃結寨山嶺分百人衛之身帥二百人拒敵敵不能犯次日諸將至遂大破其衆從征東海烏濟部降呼葉路收二千戶以歸　太祖嘉之賞甲胄名馬　賜號達爾漢尋征虎爾哈路圍扎

庫塔城三日攻克之又從征烏喇乘勢奪門遂克其城進征東海薩哈連部收
河南北三十六寨及黑龍江北十一寨又招降使犬使鹿諸部長天命四年明
兵四道來侵從擊撫順開原二路大敗敵衆明總兵劉綎宿將也由寬奠口進
董鄂路　上命率兵千人伏山隘以待及至衆貝勒帥勁旅夾攻綎倉卒不
及陣殲其衆五萬人綎戰死其率兵往禦董鄂路也道遇明游擊喬一琦擊敗
之一琦奔朝鮮營自縊死明年從　上伐明敗總兵賀世賢等軍於瀋陽每
戰輒爲軍鋒奮不顧身歷加世職至三等總兵官薨年四十有八　太祖親
臨哭之長子渾塔襲職公其第四子也天聰八年任參領授騎都尉世職崇德
二年隨武英郡王阿濟格征明皮島王以敵兵堅守屢月不能克集諸將問策
公與參領鼇拜抗聲曰志不強力不果氣不銳者不下此城塔拜丈夫也請詰
旦先登誓必克之否則不復見王遂連舟越衆渡海舉火爲號以待後軍時敵
兵據堡列陣公與鼇拜冒矢石奮擊肉薄而登遂克其島敘功超授三等男
賜巴圖魯號擢都統隨貝勒岳託趨密雲攻牆子嶺八旗並進公先據嶺以導

諸軍遂毀邊城入敗明總兵侯世祿等軍會三屯營守將以步騎三千截我輜重公及都統武賴擊敗之連敗敵兵二千於董家口遂往略地克二城晉爵二等男六年秋隨安平貝勒杜度等圍錦州有功明年復帥將士圍錦州又明年隨征山東坐調度失宜奪巴圖魯號降輕車都尉順治元年從睿親王多爾袞入山海關擊流賊李自成與都統譚泰等追至正定大破之賊燔輜重倉皇遁於是燕京迤北居庸關內外各城及天津正定皆降冊勳復爵三等男二年春帥右翼兵隨饒餘郡王阿巴泰平定山東趨江南時明福王遣兵渡河圍徐州沛縣李家樓公督兵馳擊敗之擒斬其將六人明兵赴河死者無算遂下徐州

命屯兵鎮守五月自徐州進兵南下敗明副將高雅軍於宿遷師次清河總兵劉澤清率步兵四萬船千餘艘據黃淮清三河口以拒連營十里公遣將渡清河列營相拒以礮擊敗敵舟別遣將率步兵六百人拒黃河北岸鳴礮相應隨分兵兩路一自清河上游進擊一攻對岸敵兵皆敗之合軍追至淮安斬其副將二參將一有僞新昌王者潛遁海島雲臺山聚衆陷興化公遣兵進勦破

其巢穴擒斬之通州如皋泰興等城皆下遂平定淮安其鳳陽廬州皆望風納
款職官降者百餘人獲戰艦馬駝器械凡十萬以功晉三等子仍　賜巴圖魯
號三年　命隨肅親王豪格勦張獻忠於四川賊悉銳迎戰公麾兵奮擊俘馘
不可數計復同貝勒尼堪等分兵攻克遵義夔州茂州榮昌富順內江資陽諸
郡縣川寇悉平尋隨肅親王勦陝西賊黨武大定等四年凱旋未幾薨五年論
前後功晉爵一等子追謚曰襄毅　詔立碑墓道旌其功公無子以弟阿拉密
襲
薩穆什喀者公之第三兄也少事　太祖積功至輕車都尉世職征董夔率
十二人追敵至山下斬百人獲礮五十有三馬牛羊千計　太宗即位與十
六大臣之列嘗從征旅順口由陸地運舟入水時衆皆乘馬獨建議曰兵既潛
進何騎為乃率衆步行及水次各旗所運舟俱未至獨與步軍統領巴奇蘭連
舟先進誓必得城不空返身被百創戰益厲大軍繼之遂破旅順口師旋
太宗郊勞　親酌金巵以賜尋征黑龍江虎爾哈部降其衆盡取其地晉三等

男授步軍統領列議政大臣隨武英郡王等伐明入長城攻容城縣先登克之
及攻皮島督前鋒兵渡江先抵岸與都統阿山葉臣等攻克之斬其守將沈士
奎晉二等子旋征索倫部設伏敗敵克之班師　上郊勞錫宴如初後坐事
奪爵以征錦州功復騎都尉世職崇德八年薨

公之七弟曰雅賴亦以忠勇聞有父兄風烈幼從　太祖征馬喇略地朝鮮
數被創復隨大兵攻遼東破蒙古兵俱有功又征察哈爾先登俘馘無算天聰
三年率兵千人略明新城路遇其故將毛文龍部衆採蔘者斬六十人毀其船
九月同額駙揚古利等躡捕逃人於雅爾古復遇文龍部衆殺九千六百餘人
生擒其千總十數人以歸是年冬從　太宗伐明薄北京巡撫袁崇煥來援
圍我護軍營城內兵出夾攻雅賴奮勇力戰卻之五年從圍大淩河城累戰皆
捷正白旗士卒有歿於陣者單騎入取尸而還七年征旅順口與其兄薩穆什
喀同舟進敵據岸列陣以拒時各旗兵皆有難色獨超躍登岸大呼曰雅賴先
登矣遂衝入敵陣黎明與敵兵大戰入城門身被數創督戰愈厲我兵或少退

輒手刃之大敗敵兵取其地授騎都尉世職尋授議政大臣加一雲騎尉順治
元年隨睿親王入關定燕京二年復隨豫親王破流賊於潼關平定河南江南
冊勳累晉一等男兼一雲騎尉八年任戸部尙書坐同官給餉不均不行奏聞
論罰贖罷尙書任康熙三年薨　賜祭葬如例子花色襲爵

希文簡公事略 子帥顏保

公諱希福姓赫舍里氏滿洲正黃旗人先世居哈達　太祖滅哈達時公從
其兄碩色率所屬來歸以通滿漢蒙古文字　召直文館屢奉使詣蒙古部
賜號巴克什文字之任一以委之天聰二年　太宗親征察哈爾　命往徵
科爾沁兵助戰將還土謝圖額駙奧巴止之曰寇騎塞路行將安之卽有罪譴
誰執其咎公曰　君命安得辭死則死耳事不可悞也遂行再宿達大營復命
曰科爾沁兵不赴調土謝圖額駙奧巴已率兵他往侵掠掠畢然後來會
上怒復遣將士八人隨公往趣其速赴調行四晝夜至小屯遇敵擊殺三十餘
人卒達科爾沁部以其兵來會明年奧巴至　上命公等責讓之奧巴服罪

獻駝馬以謝敘功授騎都尉世職尋從征燕京敗明兵北門外大淩河之役與都統譚泰等奮擊錦州援兵師旋敵兵襲我後又擊敗之晉輕車都尉崇德元年改文館爲內三院公爲國史院承政尋授宏文院大學士疏請定察治訛言惑衆之律復與大學士范公文程請更定部院官制　詔竝可其奏當是時公雖居內院筦機務猶間奉使察哈爾喀爾喀科爾沁諸部編戶口設佐領頒法律於蒙古平其獄訟或往來軍中傳示機宜核功賞相度形勢宣　上德意於諸降人還奏未嘗不稱　旨也順治元年繙譯遼金元三史奏進　世祖展閱再四　賜蟒衣鞍馬時都統譚泰阿附攝政睿親王公素譏譚泰衰慵又以所得分撥第宅二區相距甚遠屬譚泰更易之不從公使人讓之譚泰銜公會其弟副都統譚布詣公公曰日者大學士范文程以堂餐華侈語我我對曰吾儕儒臣也非功勳大臣比安得盛饌若此遂偕往啓王王以予言爲然且自咎曰吾過矣譚布退以告譚泰泰訐之法司坐僞傳王言詆謾大臣欲構釁亂政應論死讞成啓王王令免死奪職籍其家八年二月　世祖親政雪其冤

再授宏文院大學士復世職並還所籍　命充實錄纂修官是年譚泰以黨附
睿親王伏誅九年二月公充會試主考官晉爵三等男又奉　特旨以公係
太祖　太宗舊臣銜　命馳驅克盡心力嘉其功晉男爵爲一等又遇
恩詔加一雲騎尉復以定鼎燕京時公方罷任未獲加世秩至是特晉三等子
世襲罔替九月授議政大臣十一月薨年六十有四　贈太保　賜謚文簡長
子奇塔特襲爵次子帥顏保康熙元年以父勳授國史院學士教習庶吉士八
年擢吏部右侍郎尋授漕運總督疏言淮安爲水陸孔道乃十五里內連設三
關戶部工部各遣官征稅胥役過繁商人耗費多端且稽時日請併三關爲一
關疏下所司戶部議許歸併工部言清江廠稅爲修造漕艘經費宜分征如舊
命九卿科道再議如所請九年疏言淮揚二府水災分别蠲免額賦其漕糧
例不蠲免而高郵宿遷桃源鹽城贛榆等州縣連歲歉收所有新漕及帶征舊
欠萬難併征請　敕部妥議部議令改折帶征　特旨蠲免計漕米三萬一千
石有奇十二年與河督王光裕合疏言故事每年漕運全完河工歲修告蕆舉

劾所屬文武吏示勸懲嗣經部議停止伏思河漕重務全在任事各官殫心盡
職若勤惰罔分必至因循貽悞請仍舊例每年分別舉劾疏下部議行於是疏
薦糧道范周遲日巽知縣吳興祚等又劾罷其不職者十七年以逆藩吳三桂
竄犯江西安親王岳樂已由江西進征湖南　詔率所部駐守南昌備勦禦九
月移鎮吉安時吉屬各山險多爲寇盜盤踞出沒乃遣將分堵要隘斷賊糧道
別令知府蔣維藩等入賊巢宣布　勅諭招降僞總兵副將以下五十餘人兵
萬餘十九年回漕督任二十年遷工部尚書尋調禮部二十三年薨年四十有
四　賜祭葬如典禮其子赫奕由侍衛累官工部尚書

伊忠直公事略

公諱伊爾登姓鈕祜祿氏滿洲鑲白旗人宏毅公額亦都第十子也幼蒙
太祖撫之宮中及長任侍衛屢從大軍征討天命初築界藩及薩爾滸諸城有
勞績　賜蟒服授世職輕車都尉晉爵三等男　太宗嗣統與十六大臣之
列尋奉　命駐防邊界天聰三年九月帥兵勦獐子島獲船四沈之俘其人以

歸十月從　上征明隨貝勒阿巴泰等攻克龍井關隨其水門入斬明將易

愛王遵臣盡殲其衆復攻遵化敗山海關援兵斬其將趙率教十一月隨大軍

薄燕京克永平灤州遷安等城師旋晉一等男會其兄圖爾格公鎮灤州以失

守罷都統任　命以公代之五年攻大凌河城公與各旗都統分受方略即率

所部圍其東面之南深溝高壘環守之卒拔其城明年　上親征察哈爾

命與貝勒阿巴泰等留守瀋陽諜報林丹汗遠遁遂略歸化城而還七年夏

上以征明及朝鮮察哈爾三者何先　諭諸貝勒大臣各抒所見時方留諸

軍與屯兵山海關外地於是諸貝勒大臣奏曰明吾讐也用兵宜先今留重兵

以稽時日彼必有備矣公曰與其頓兵關外不若徑入內地視其城有可取則

取之況蓄銳已久人有戰心何城不克及是時而用之所謂事半而功倍也明

日　上命公隨貝勒岳託等取明旅順口大獲旋與都統葉臣率兵二千五

百駐守之八年　上征明分兵入上方堡復奉　詔與貝勒阿巴泰都統阿

山率師入龍門約會於宣府敗明兵獲馬百餘進攻靈邱及保安皆有功尋坐

事削爵解都統任崇德三年復任護軍統領四年隨武英郡王阿濟格攻明燕京以三十人敗敵千人獲其馬　上親統大軍攻松山杏山城我前鋒軍偵知明總兵祖大壽等以兵二千迎戰我軍既設伏公率壯士四十人誘敵追襲伏發還擊之大敗敵衆授參政大臣尋兼內大臣六年隨鄭親王濟爾哈朗圍錦州明總督洪承疇以師赴援屯松山西北鄭親王令右翼兵擊之失利我四旗駐營地爲敵所奪火石飛光著人糜爛都統葉臣等斂兵不敢進獨公所領侍衛及四旗護軍恭順王孔有德與蒙古敖漢奈曼察哈爾等兵力戰公先右翼軍突入敵陣陷重圍身被十餘矢轉戰若無所見所乘馬死易馬復負傷再戰益奮凡三易馬四戰皆捷　太宗歎其勇絕復三等男爵襲八次　賜白金四百兩八月　上陳師松山杏山間　命偕超品公塔瞻率八旗護軍參領先赴高橋設伏方出營遇明步卒之自杏山潰遁者凡千人擊斬之抵高橋復遇杏山騎兵六百有奇南奔塔山伏發盡殲其衆　上移營近松山夜有松山敗軍突犯　御營公與內大臣錫翰等嚴兵拒戰敵敗遁　詔侍衛大臣

之疏防及不能力戰卻敵者各輸罰鍰賚軍士於是公得　優賞順治元年
世祖皇帝既定鼎冊功晉一等男三遇　恩詔累晉二等伯世襲罔替十三
年以老致仕　上念公爲宣力老臣　命上駟院給乘騎入朝每至必　召
對　賜食又　詔圖其像一藏內府一　賜其家康熙二年薨　賜祭葬如典
禮　予諡忠直孫噶都襲爵官至領侍衛內大臣二十七年　詔遣官祭其墓

陳忠襄公事略

公諱陳泰姓鈕祜祿氏滿洲鑲黃旗人宏毅公額亦都之孫也父車爾格爲宏
毅公第三子幼從　太祖征伐屢立功授騎都尉世職晉輕車都尉常奉
命征東海瓦爾喀部凱旋　上親出郊勞又念其父勳晉爵三等子　太
宗卽位設八大臣與其列奉　命招明廣鹿島副將尚可喜以其衆三千來歸
世祖定鼎燕京　恩詔加一雲騎尉順治二年薨忠襄公初以參領從征
明錦州功最天聰三年從　太宗伐明薄北京分兵攻巡撫袁崇煥營遇伏
奮擊斬獲多五年圍大淩河城明監軍道張春率衆赴援公設伏擒其偵卒復

以步戰殲敵衆崇德三年隨睿親王多爾袞敗明兵於豐潤攻總兵侯世祿等營皆拔之又以護軍三十敗總兵祖大壽騎卒百餘人五年隨征明錦州進攻杏山敗敵兵獲牲畜無算六年圍錦州敗松山兵我樵採者爲敵兵所困公率壯士六人援之出又敗敵兵之來襲後隊者連戰皆捷克其郛由騎都尉晉三等輕車都尉七年從圍錦州掘濠困松山援軍明兵夜犯正黃旗蒙古營公往援敗之八年敗明總兵馬科於渾河築浮梁濟師明總督范志完以兵來拒復擊走之尋略地山東攻克東阿汶上甯陽三城晉世職爲二等順治元年從入山海關破走流賊李自成　詔敘勳臣晉一等四年授禮部侍郎從征湖廣敗流賊一隻虎於荊州尋奉　命爲靖南將軍進征福建敗賊渠曹大鎬及張耀星步兵四千克同安平和五年破海寇鄭彩兵彩遁入海復連江長樂擒僞總督顧世臣等十一人於興化斬之全閩以次底定得　旨嘉獎七年授護軍統領晉爵三等男擢刑部尚書八年遷吏部尚書拜國史院大學士坐事罷九年起禮部尚書典會試兼任都統晉二等子十年授甯南靖寇大將軍征湖廣十

一年調吏部尚書兼都統大將軍如故十二年張獻忠餘黨僞南安王孫可望遣賊帥劉文秀盧明臣馮雙禮等帥衆六萬分犯岳州武昌樓艣千餘蔽江下而文秀復以精兵攻常德公遣將設伏以待自帥精兵橫衝其陣大破之復出奇計以舟師迎擊三戰三捷窮追千餘里尸骸相撐籍賊復列艦拒戰公揮伏兵擊之火其舟別遣將破賊德山下師抵龍陽賊又集衆二千來犯我軍奮勦賊潰奔明臣赴水死雙禮被創遁文秀走黔中獲僞敕印降副將以下僞官五十餘人兵三千敘功晉世襲一等子兼一雲騎尉未幾以疾薨於軍明年正月班師　世祖皇帝命酒以勞諸臣　諭曰大將軍陳泰爲朕蕩除逆寇卒於戎行朕甚傷悼因揮淚不止復　諭學士麻勒吉等曰脫大將軍班師生入國門朕將親酌以酒不意中道棄捐不復相見其命爾持此一觴奠大將軍靈次少抒朕追悼之懷於是從征諸臣及左右侍從皆感涕伏地泣尋　遣官　賜祭　賜葬予謚曰忠襄子尼滿襲爵

伊襄敏公事略

公諱伊爾德姓舒穆祿氏滿洲正黃旗人武勳王揚古利從子也天聰三年從武勳王略明錦州甯遠皆有功復從大軍攻明北京斬馘甚衆又敗山海關援兵於灤州師還先抵木城斬明兵之守隘者五年從征大凌河城中兵突出公衝鋒入陣斬二人追奔及濠還又擊明監軍道張春兵有敵騎挾弓矢直犯御營公馳斬之是秋往略前屯衞會我軍將領噶思哈爲敵兵所困公率十五人奮擊援出之授騎都尉世職擢護軍統領崇德五年大軍圍錦州明兵出戰敗之尋隨王貝勒等至松山屯田明人縱牧於野公設伏烏欣河驅其牲畜以歸敵兵潛襲我後公還擊俘斬無算晉爵三等男七年復從圍錦州敗松山兵之奪我巨礮者晉一等男加一雲騎尉順治元年隨豫親王多鐸南征公統蒙古兵由南陽趨歸德招撫甚衆至揚州城北獲戰艦百餘渡江先八旗進破南京明福王遁走蕪湖追擊之敗明靖南伯黃得功軍總兵田雄等以福王出降晉二等子六年與都統譚泰征江西叛鎮金聲桓平之進勦廣東叛鎮李成棟於信豐拔其城成棟夜遁馬蹶溺水死隨分兵定撫州建昌破僞總兵楊奇盛

等軍江西平復奉 命往勦保定土寇敘功晉一等子八年秋護軍統領鼇拜訐公罪狀以 上幸南苑時公擅令內直員役更番及私減守門護軍額數論死 詔貸之尋擢都統晉一等伯兼一雲騎尉隨敬謹親王尼堪征湖南失利王輕騎逐北遇伏薨於陣公論罪奪職籍沒是時明魯王朱以海歾於臺灣其餘黨據舟山抗拒 王師舟山在甯波海中一曰翁洲綿亘百餘里越王勾踐欲徙夫差於甬東即其地也魯王兩次居此官軍攻陷之屠其城至是復為其黨所據十二年 上命公為甯海大將軍統師往勦至則故總兵王長樹毛光祚沈爾序等糾衆登岸肆掠大嵐山公遣將趨下關抵斗門連擊敗之斬長樹等三人覆其衆而自率師攻甯波乘舟趨定海分三路進發渠魁陳六御阮思等於海島望江口山下列戰船拒敵公揮兵進擊敗之追至衡水洋斬六御等遂取舟山十四年凱旋 命貝勒杜蘭等郊勞晉一等侯兼一雲騎尉十五年隨信郡王多尼征明桂王朱由榔自貴陽至盤江斬其將領進克雲南省城十八年薨於軍年五十有六 世祖震悼 賜卹如制諡襄敏孫巴渾岱

襲爵

國朝先正事略卷一

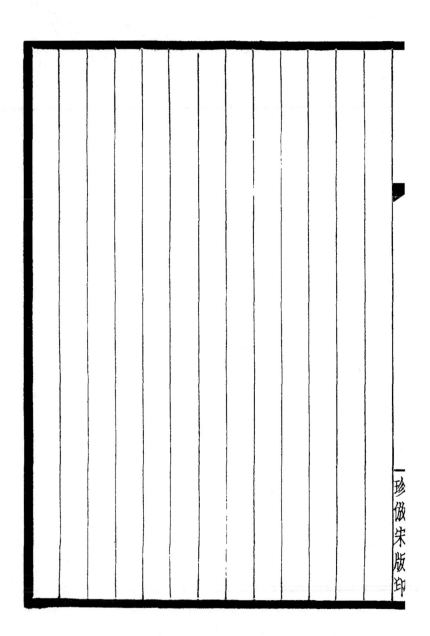

平江李元度次青纂

名臣

李敏壯公事略 子海爾圖 桑額

李公國翰字伯藩漢軍鑲藍旗人父繼學初以商人隨明經略楊鎬軍通使我朝天命中大兵取遼陽繼學來歸授都司累官副將錫爵三等男尋以老致仕公襲父爵任侍衛生而明敏勇銳 太祖嘉之 賜號墨爾根天聰三年從征明北京還攻永平先衆步戰斬獲多五年圍大淩河城內兵突出公力戰卻之旋攻克其臺又擊敗明兵之自錦州赴援者九年晉二等男崇德三年隨貝勒岳託伐明於邊外發敵所藏火藥數處比入邊遇敵兵據山列陣公奮擊敗之獲馬四十進克牆子嶺轉戰至山東克濟南府師還拔望都獲鹿二城尋授副都統五年隨睿親王多爾袞圍錦州攻克呂洪山臺擊敗山口步兵敵兵自松山遁入高橋迤南三臺公偕衆攻克之斬級百餘生擒副將王希賢等七

年明總督洪承疇就擒總兵祖大壽以錦州降移師攻克塔山杏山並在事有
功晉一等男加一雲騎尉擢都統八年隨鄭親王濟爾哈朗取明前屯衛中後
所二城晉三等子順治元年　世祖章皇帝定鼎燕京公同都統劉之源等
帥兵剿滅饒陽土賊與賊帥掃地王遇一戰斬之進征山西時流賊李自成遁
陝西其黨猶分踞太原平陽等府公與都統葉臣等合兵攻克太原復分兵剿
賊於汾西山西既平隨英親王阿濟格征陝西屢敗賊衆自成遁湖廣移師追
剿之攻賊應山進征武昌與都統金礪等奪賊艘數百二年冬　命偕都統巴
顏征四川甫至西安值叛鎮賀珍自漢中糾賊黨孫守法等來犯公與駐防內
大臣和洛輝約期兩路夾攻斬級無算三年春肅親王豪格統師至西安遣公
及巴顏搜剿延安餘賊追至張果老崖掘濠困之乘夜攻克其寨殲賊首獲馬
二百有奇遂隨肅王征四川滅流賊張獻忠於西充復帥師渡涪江擊敗僞總
兵袁韜等五年　命爲定西將軍同平西王吳三桂鎮漢中六年僞王朱森釜
僞侯趙榮貴糾衆萬餘犯階州公先衆趨擊陣斬森釜榮貴尋敗僞將軍王永

強斬級數千獲駝馬數百復宜君同官蒲城宜川安塞清澗等縣　上深嘉
其勇略並　諭以自後但發縱指示不必身先士卒時叛鎮姜瓖據大同其黨
劉登樓張鳳翼等分踞城邑公遣兵會剿殲賊甚衆招撫河東諸處攻復府谷
縣擒斬僞經略高有才及僞官三百有奇招降僞總兵郝自德等先是張獻忠
既滅其黨孫可望劉文秀白文選李定國等竄遁既而降附明桂王朱由榔與
其所設官屬並據川東川南九年公同三桂督兵克復成都嘉定擒斬僞總兵
李明廷林時泰龍名揚等文秀文選皆敗走別遣將分徇重慶敘州皆下之僞
將軍王復臣等糾猓玀列象陣合衆五萬犯保寗薄城下公自綿州聞警趨援
率兵奮擊斬復臣及賊萬餘捷聞　上敕賜紫貂冠服及金甲櫜鞬鞍馬等
物初公以戰功洊晉一等伯至是晉三等侯可望懲保寗之敗與定國併力犯
湖廣不復窺川公奉　詔同三桂還鎮漢中而僞侯譚文譚宏譚詣與自成遺
黨劉三虎等聯結爲寇尋復陷重慶使僞都督杜子香據之十五年三月公同
三桂進征由南郡西充至合州子香迎戰敗遁遂復重慶以總兵嚴自明留鎮

而自與三桂進兵桐梓僞總兵王友臣降遂趨遵義僞將軍劉正國據險拒
戰我師擊之潰由水西遁入雲南遂取遵義及所屬州縣五月進擊僞將軍楊
武等於開州斬級千餘盡獲其象馬器械開州及附近城邑俱降水西土司安
坤等並歸順當是時甯南大將軍洛託與經略洪承疇已取貴陽公與三桂奉
詔偕信郡王多尼征南將軍卓卜特兩路兵並進雲南乃還駐遵義七月薨
於軍喪至京　世祖命內大臣致奠贈太子太保　賜祭葬如典禮謚敏壯
雍正十年　詔入祀賢良祠其侯爵旣襲三次例改三等伯乾隆十五年加伯
號曰懋烈長子海爾圖順治三年隨征西安進征四川並有功授副都統予騎
都尉世職十一年擢戶部侍郎隨征南將軍珠瑪喇剿李定國於廣東之新會
晉輕車都尉兼一雲騎尉十六年任都統康熙元年襲爵十四年定西將軍洞
鄂征叛鎮王輔臣　命海爾圖參贊軍務十八年大軍征四川撫遠大將軍圖
海疏請令駐守鳳翔尋隨征雲貴二十年夏薨於軍中　賜祭葬如例第三子
桑額由護衛遷參領擢總兵康熙十二年晉雲南提督未抵任值吳三桂反留

駐荆州改湖廣提督十三年春賊將吳應麒陷岳州順承郡王勒爾錦統師駐荆州令桑額移守武昌尋隨貝勒察尼規復岳州由城陵磯進剿以礮沈賊船大敗賊於七里山下加右都督十七年秋賊由洞庭湖乘風出犯率將領奮擊敗之殪賊百餘獲船四明年正月岳州賊遁桑額收復華容石首安鄉等縣晉左都督　詔趣大兵滅賊收疆仍授雲南提督十九年春攻克辰龍關復辰沅進征鎮遠平越貴陽安順及永甯州屢敗賊衆遂趨雞公背鐵索橋賊聞風震慴焚橋遁隨督土司何起龍等造浮梁濟師二十年隨大將軍貝子彰泰圍雲貴省城逆孽吳世璠窮蹙賊帥馬寶胡國柱俱自四川還救桑額率兵剿賊楚雄馬寶踞烏木山列陣桑額與副都統託岱等分三路進擊賊潰遁窮追五十里馬寶赴大將軍賴塔軍前降尋磔死桑額與都統希福搜剿胡國柱於永昌截守潞江諸要隘國柱度不能脫自縊死其黨皆降雲南平二十五年三月卒於官子李柟官至副都統

珠襄敏公事略

公諱珠瑪喇姓畢魯氏世居葉赫　太祖時率所部虎爾哈人來歸隸滿洲鑲白旗任佐領天聰三年隨大兵入明邊抵遵化州擊敗敵兵閱三日　太宗親臨遵化明兵赴援將入城公率哨卒十人至擊斬甚衆抵燕京遇明總兵滿桂黑雲龍麻登雲孫祖壽等軍入大紅門公與額駙揚古利等擊敗之旋克永平復攻昌黎奮勇先登身被六創授騎都尉世職尋坐事免五年圍大淩河城明監軍道張春赴援公連戰破其前後隊六年從征察哈爾獲其台吉殲從者百餘人俘其妻子以歸七年從攻旅順口率護軍十人乘船登岸攻甕城步軍統領巴奇蘭曰誰能用命先登者公與佐領雍舜超躍而上向敵大呼曰我珠瑪喇登城矣連被三創不少卻卒拔之　太宗嘉歎親酌金巵以賜復騎都尉世職九年隨貝勒多鐸攻錦州夜設雲梯薄城受創甚劇崇德元年征朝鮮自山巔力攻奪其寨門大兵繼之遂不戰而入又率師入明邊敗總兵海某軍取四邑師還擊敗開平兩營兵三年授兵部理事官從圍錦州率甲士四十人攻襲廣甯城北山寨收降駱駝山兵衆又與都統石廷柱招降大淩河北山

四寨復坐事奪世職六年隨鄭親王濟爾哈朗圍錦州敗敵騎之來奪我紅衣礮者敵復悉銳犯我軍公注矢射之皆應弦仆敵駭退七年征松阿里江虎爾哈部招降十屯俘丁壯千餘及牲畜輜重以歸　命禮部官迎勞宴賚之順治元年以參領從睿親王入山海關擊敗流賊李自成授副都統遷兵部侍郎復世職明年冬　命以副都統駐防杭州時明福王之大學士馬士英竄嚴州與其總兵方國安糾衆犯餘杭公帥師擊走之還距杭城三十里突遇土賊復大破其衆國安等仍聚衆數萬屯江東諸山及杭州之朱橋范村所在肆掠公遣將分剿悉平之三年從征福建與護軍統領敦拜擊敗僞總兵黃某等軍敘功加一雲騎尉五年隨征南大將軍譚泰剿江西叛鎮金聲桓敗賊兵七萬又與都統和洛輝等連敗賊兵燔其戰艦千三百有奇招撫九江計府一縣七晉輕車都尉八年擢都統遷吏部尚書遇　恩詔晉爵三等男逾年坐銓選舛誤罷尚書任專管都統事十一年張獻忠餘黨孫可望李定國自雲貴寇廣西分兵犯廣東連陷郡邑公奉　命爲靖南將軍偕敦拜往征之　賜敕諭以安民爲

首務令嚴飭兵將恪遵紀律時定國寇新會平南王尙可喜靖南王耿繼茂等
先率兵往援至三水分布沿江隘口以待大軍比公至遂合兵進擊敗賊於珊
洲斬僞副將一擒賊將十餘人斬首百五十餘級旣抵新會定國糾步騎四萬
分據山峪列礮象拒戰我索倫勁騎馳突貫其陣賊大敗定國復出兵四千自
山巔馳下迎截我師又敗之奪其山定國遁走捷聞得　旨嘉奬定國尋竄高
州公遣副都統畢力克圖等分兵追躡敗定國於興業再敗之橫州定國渡江
焚橋走官兵蹴之三戰皆捷定國率殘兵走賓州入南甯竄安隆公與尙可喜
等遂復高雷廉等屬計府三州四縣八及粤西州二縣四獲象十六馬二百有
奇器械無算　賜敕奬諭勉以益勵忠勤垂名永久九月班師　世祖召見
於南苑　諭閣臣曰珠瑪喇以元戎統領大兵出征廣東捷歸今五旬矣如此
年齒建立大功真福人也　賜茶奬勞部臣敘功擬晉一等男　上以公功
多不應循常格議敘．特晉三等子康熙元年薨年五十有八　賜祭葬如例
謚襄敏次子博通鄂襲爵

甯文毅公事略 文恪公額色赫 襄壯公褚庫 襄壯公根特

甯公諱完我字公甫遼陽人天命初來歸事貝勒哈廉隸漢軍正紅旗 太宗文皇帝召直文館尋授參將天聰四年大軍破永平 命同館臣達海等執黃旗登城諭士民安業尋隨貝勒阿巴泰等守永平又從征大凌河及察哈爾並招撫有功授騎都尉世職先是公曾疏請立六部設言官至五年冬復疏言六部已立未設言官者意以爲國人皆得進言耶又或謂南朝多設言官竟至敗壞耶臣請明辨之我 國未立六部以前臣不具論六部既立後曾見有疏劾人罪者否今日秉政者豈盡循良方正在屬下者既不敢非其長官旁人孰敢輕議權貴古云兼聽則聰偏聽則蔽一設言官人必自斂君身尙許諫諍他人安有忌諱此古帝王明目達聰之大用也南朝言官之弊由伊主之鑑別不明非其祖制之不善也尋與范公文程馬公國柱疏陳伐明之策又言頃奉聖諭各舉薦賢能以供任用甚盛舉也孰意無知之輩即假此爲倖進之階臣思古者薦人功罪必連坐所以杜弊端而防冒濫伏願再頒 明詔自後所舉

之人或效能收功或僨事獲罪皆令舉者同之若其砥行於厥初改節於末路許舉者隨時檢舉乃免連坐如此庶人知畏法而所得皆真才矣　太宗並嘉納之十年春罷職先是公留守永平以好博爲人所訐奏　諭誨戒至是復與參領劉士英博事發奪世職遂閑居數年　世祖皇帝定鼎後起學士順治二年授宏文院大學士充明史總裁官二年至六年三充會試主考官又充實錄總裁官并繙繹三國志洪武寶訓諸書告成　賜賚優渥授輕車都尉世職八年改國史院大學士十年授議政大臣十一年疏劾大學士陳名夏奸亂日甚黨局日成列其罪狀請　敕大臣鞫訊論如律尋加太子太保十三年加少傅兼太子太傅十五年以老乞休奉　諭大學士甯完我効力多年勤勞素著今因年邁有疾可原銜致仕以遂頤養康熙元年　聖祖念其贊理機務年久　命以一子補用學士四年四月薨　賜祭立碑諡文毅後入祀賢良祠其時與公同祀賢良者凡三人曰額色赫曰褚庫曰根特

額色赫公姓富察氏滿洲鑲白旗人世居納殷祖莽吉圖　太祖時來歸公

初事　太宗授兵部理事官天聰九年隨副都統巴奇蘭征黑龍江先還奏捷崇德三年擢祕書院學士五年賚　敕赴錦州　諭睿親王多爾袞駐兵機宜會都統圖爾格敗明兵於木輸河公以捷還奏六年秋明總督洪承疇率衆十三萬援錦州至松山公受　上方略往諭統軍王貝勒等尋還奏敵勢甚衆宜益兵　上遂統師親征擊敗之七月鄭親王濟爾哈朗克錦州祖大壽降公至軍營宣　諭慰撫降衆八年隨貝勒阿巴泰伐明至山東下兗州順治元年隨大軍入關定燕京授騎都尉加一雲騎尉五年遷刑部啓心郎八年擢國史院大學士九年總裁實錄充會試正考官列議政大臣復主武會試晉一等輕車都尉十二年加少保兼太子太保再充會試正考官方纂輯　太祖太宗聖訓又奉　諭取經史中忠臣孝子賢人廉吏之事蹟語言分類採輯成書名曰資政要覽以公爲總裁十三年奉　敕使朝鮮鞫獄晉少傅兼太子太傅廕一子入監十五年改保和殿大學士十六年　詔獎奉職勤勞諸臣晉少師兼太子太師十八年十月薨　賜謚文恪

庫公姓薩爾圖氏滿洲鑲黃旗人先世居札魯特遷居葉赫天聰五年大兵圍明大淩河公年十七從征有蒙古驍將徹濟格突陣公迎擊之搏鬬竟日生擒以歸尋征大同攻萬全衛公首先登城頸被創仍力戰卒破其城予騎都尉世職　賜號巴圖魯授佐領兼參領崇德三年任吏部理事官順治元年隨英親王阿濟格追勦流賊李自成由廣西至湖廣賊將吳伯益率黨三千拒戰公奮擊敗之三年隨肅親王豪格征流賊張獻忠敗賊將高汝勵等於陝西進師四川復屢敗賊兵六年隨大軍征叛鎮姜瓖圍大同僞總兵楊振威糾賊犯正紅旗汛地並擾土默特營公連擊卻之又犯鑲藍旗汛地公與參領瑚葉赴援以步戰敗賊騎兵賊平還京尋以值宿失印鑰解理事官任仍管佐領兼參領九年隨都統噶達渾征鄂爾都斯部叛酋多爾濟於賀蘭山俘馘甚衆晉輕車都尉十三年海寇鄭成功犯福州時鄭親王世子濟度統師至漳州遣公及副都統阿克善赴援賊以戰艦二百自烏龍江來犯公率本翼兵登舟奮擊大敗之追至大江口獲船十二賊又以千餘衆迎戰江岸公督兵奮擊斬級二百有

奇康熙二年擢副都統七年以老告歸十四年卒　賜祭葬如典禮謚襄壯子
海存襲世職
根特公姓瓜爾佳氏世居尼馬察父尼努當　太祖時率衆來歸任佐領隸
滿洲鑲藍旗授騎都尉世職天聰八年隨副都統巴奇蘭征黑龍江虎爾哈部
有功加一雲騎尉旋軍時有蒙古兵弗戒於火尼努被焚死公襲職尋任刑部
理事官順治元年睿親王統師入山海關討流賊公署前鋒參領敗賊將唐通
於一片石追勦李自成至望都復勦撫馬塍口土賊晉輕車都尉四年授協領
駐防西安時叛賊王光泰據鄖陽詔侍郎喀喀木率禁旅自河南進征並調西
安駐防兵會勦公率兵敗賊黨甄以鍾等於房縣旋師復敗賊方國成於谷口
六年叛鎮姜瓖踞大同其黨虞允白璋張萬全等陷平陽蒲州及臨晉猗氏河
津諸邑公隨總督孟喬芳統兵渡河勦賊復蒲州臨晉河津進征平陽白璋糾
步騎六千至滎河迎戰公奮擊大破之斬三千餘級復逐賊至黃河賊未及濟
我師薄之溺水死者無算遂斬白璋餘賊竄入吉鎮悉殲焉移師趨猗氏僞監

軍衞登芳依山結寨與張萬全爲犄角以抗公分兵擊斬萬全殲其衆移兵轉
戰生擒登芳陣斬僞將王國興等三十人復敗僞都督郭中傑兵於聞喜追奔
三十里斬獲無算仍還駐西安九年還京授參領十年僞秦王孫可望與其黨
馮雙禮白文選馬進忠等踞武岡寶慶公隨貝勒屯齊征之自永州趨寶慶賊
衆十餘萬扼險抗拒公鼓勵將士分路截擊以驍騎衝陣賊衆遂亂時正黃正
紅二旗兵方與賊戰公復躍馬往夾擊之賊大敗進征武岡有牧馬賊千餘來
犯又敗之十一年九月從甯海大將軍伊爾德往浙江進攻舟山以右翼兵擊
敗僞伯阮思及陳六御兵獲其戰艦及紅衣礮復舟山晉爵一等男授副都統
康熙十六年擢都統列議政大臣二十三年以老病乞休三十二年薨　賜祭
葬如典禮諡襄壯子格圖肯襲爵

圖文襄公事略

公諱圖海姓馬佳氏字麟洲滿洲正黃旗人初由筆帖式加員外郎銜順治二
年改國史院侍讀八年　世祖幸南苑公負寶以從　上見其舉趾嚴重

立授祕書院學士九年　恩詔予騎都尉世職越歲授宏文院大學士列議政大臣十二年加太子太保攝刑部尙書事明年考滿加少保十五年　命同大學士巴哈納等校訂律例旋以承審江南考試作弊事遲延削加銜明年坐讞事失實　上詰問不以實對下廷臣察議論死得　旨寬免仍奪職十八年正月　世祖龍馭上賓遺命起用　聖祖御極卽授滿洲都統康熙二年秋流賊郝搖旗劉體純李來亨等自四川嘯聚於湖廣鄖襄山中　命爲定西將軍副靖西將軍都統穆里瑪率禁旅會楚蜀之師討之至則與總督李國英提督鄭蛟麟等連營困之賊以兵三千來犯公率兵邀擊敗之賊又連犯諸營各分兵夾擊咸潰敗未幾郝搖旗爲副都統杜敏所擒劉體純相繼破滅惟李來亨擁衆據茅麓山負固公率兵圍之絕其聲援搜勦外寇略盡賊窮蹙來亨闔門自經死僞公僞將軍以下僞官五百八十餘人以兵八千八百降執斬僞新樂王及僞官七人俘其家口三千餘衆還六年拜宏文院大學士晉輕車都尉世職充實錄總裁官七年　命測儀象八年　命錄刑部重囚並稱　旨九

年奏乞解機務專力戎行　上慰留之十一年　命清理刑獄會吳三桂耿精
忠叛　上以籌餉需才　命攝戶部尚書十四年疏請通飭外省勿私派軍
需勿先期拘集夫役勿額外科斂錢糧詞訟重者速審結小者勿濫準滋累衙
蠹土豪勿令魚肉良善奉　旨允行時察哈爾蒙古布爾尼劫其父阿布奈以
叛公奉　命為副將軍同撫遠大將軍信郡王鄂札率師往討四月師次達祿
布爾尼設伏山谷別以兵三千來拒我師我師進攻伏發我土默特兵當之敗
公分兵盪擊賊以四百騎繼至力戰殲之布爾尼乃悉衆出用火器拒戰公令
嚴陣以待賊敗復聚連擊大破之招撫人戶千三百有奇布爾尼僅以三十騎
遁追斬之察哈爾平班師　上御南苑大紅門迎勞之敘功晉一等男十五
年二月　上以具勒洞鄂攻叛將王輔臣於平涼未克　命公為撫遠大將
軍總轄陝西全省貝勒以下咸聽節制三月至平涼明賞罰申約束軍威大振
賊衆聞之懼諸將請乘勢攻城公曰仁義之師先招懷而後征伐吾奉　天威
討凶豎無慮不克顧念城中數十萬生靈皆　朝廷赤子遭賊劫掠至此覆巢

之下殺戮必多俟其向化歸誠乃可體　聖主好生之德城中軍民聞者皆感泣感恩自拔以出賊勢由是日蹙五月奪虎山墩虎山墩者在平涼城北高數十仞賊守以精兵通西北餉道者也公曰此平涼咽喉得此則餉道絕城不攻自下矣即率兵仰攻賊萬餘列火器以死拒戰公令番休迭進自巳至午戰益厲斬僞總兵二人賊被殺及墜崖死者無算遂奪其墩據之俯視城中如在掌握矣因發巨礮擊之城中恟懼輔臣乃乞降疏聞　詔赦輔臣罪撫慰之六月公劄授七品官周昌爲參議道賚　詔入城翼日輔臣遣黨獻軍民冊又遣其子繼正等繳所受僞敕印然猶疑懼觀望公復令周昌同其兄子侍衛保定往諭輔臣乃薙髮降公令副都統吳丹入城撫定秋毫無所犯平涼被圍日久城中食盡死亡過半因令地方官賑窮乏掩骴骼其老弱之轉徙不能歸者遣將士分送安插遠近帖然初周昌往招輔臣時言昌母孫氏殉節死願以身報
國爲母請旌因請往至是奏旌其母又奏蠲秦省被兵及轉餉各州縣賦皆從之是月遣振武將軍佛尼勒敗賊將吳之茂於牡丹園又敗之於西和縣北山

將軍穆占進攻樂門敗賊於紅崖復禮縣於是僞巡撫陳彭僞總兵周養民等
共率僞官九百餘人兵四萬八千相繼降關隴悉平八月　上諭閣臣曰圖
海器識老成才猷練達以文武之長才兼忠愛之至性勞績懋著朕甚嘉焉其
晉封三等公世襲罔替時漢中興安猶爲賊據平涼慶陽初定人心尚動搖公
奏請分兵防守諸隘緩攻漢興別遣一旅赴湖廣會勦吳逆有　旨命公親率
精銳行公以陝西反側未安慮有變疏陳其狀　聖祖因授都統穆占爲征
南將軍率師赴楚留公鎮陝西議取漢中興安奏調綠旗兵檄提督孫思克等
赴秦州趙良棟赴鳳翔以將軍張勇王進寶各引兵助之期以明年正月二十
日如約至下張勇等會議以　聞勇等謂宜視夏秋收穫豐歉再圖進取公以
漢興山路險峻夏秋多霪潦賊守益堅應如前議奏十六年正月議上　上
慮克復漢興後宜設重兵轉餉不易若俟夏秋則頓兵縻餉亦非計　諭令嚴
守要隘而分兵赴荆州會勦吳逆議遂寢三月招撫韓城等縣僞官百餘人四
月遣兵進逼禮縣益門先後敗賊於五盤山喬家山諸處復塔什堡九月　賜

服物並　御製詩二章十七年二月奏請分兵兩路進取漢中興安旋奉　上
密諭止之閏三月將軍佛尼勒等敗賊於牛頭山四川總督周有德等敗賊於
秦嶺復潼關堡五寨四月慶陽賊袁本秀受吳逆僞劄作亂公發兵會王進寶
討之斬本秀餘衆潰散十二月疏請輕騎赴京面奏事宜許之十八年二月還
陝五月賊犯棧道益門鎮各口奏請提督趙良棟進臨武寨相機而行俟擊破
賊壘分道進征時湖廣廣西平　上諭亟殲寶雞之賊恢復漢與以平蜀地
七月破益門鎮賊毀偏橋兵不能進有　詔嚴督九月進取漢中與安分兵四
路公親率將軍佛尼勒等由與安進命總兵官程福亮爲後援駐守舊縣關諸
路將軍畢力克圖提督孫思克等由略陽進總兵官朱衣客爲後援駐守西河
諸路將軍王進寶總兵官費雅達等由棧道進總兵官高孟爲後援駐守寶雞
提督趙良棟由徽縣進剋日並發十月公師次鎮安分兵爲二隊進攻僞總兵
王遇隆敗之渡乾玉河奪梁河關僞將軍韓晉卿遁入四川是月進寶復漢中
良棟復徽縣略陽畢力克圖復成縣又復階州降僞官十九人兵三百有奇十

一月復興安降僞官三百八十二人兵萬四千三百有奇平利紫陽石泉漢陰
洵陽白河及湖廣竹山竹溪上津等縣皆下之是月畢力克圖遣參將康調元
復文縣先是進寶艮棟捷音先至　聖祖以公及畢力克圖等遲緩切責之
至是捷　聞得　旨嘉獎下部敘功尋　命率大軍之半駐守鳳翔十九年正
月　命赴漢中轉餉以濟蜀師九月陝督哈占由保甯江直上擊賊帥譚宏
命發兵爲聲援以分賊勢是月獲奸民楊起隆初起隆於康熙十二年詐稱朱
三太子謀作亂於京師正黃旗周公直家奴陳益聚衆將應之公直首其事公
即率兵圍之陳益等悉就縛至是幷獲起隆送京師二十年賊犯四川之敘州
調副都統翁愛率所部往援復奏請親行　諭仍駐漢中防守秦蜀以疾還京
十二月薨累官至太子太傅中和殿大學士兼吏部尚書世襲三等公謚文襄
賜祭葬如典禮明年贈少保仍兼太子太傅二十二年　御製碑文立石墓
道雍正二年加贈一等忠達公配饗　太廟復　命建專祠　御製文刻石
以旌之並崇祀陝西名宦公器識沈毅好讀書羽檄旁午時披覽不輟將略由

天授不居故常察哈爾之役時禁旅方南征宿衞盡空　詔選八旗家奴之驍健者付公北征公較閱畢卽起行不許信宿所過州縣村堡騷掠者悉不問至賊境下令曰察哈爾元之後裔數百年珍寶山積我軍能破之富且百倍於此衆踴躍無不以一當百遂大破之尋請豁所過宣府等處田賦以卹邊氓蓋驅烏合以禦方張之寇非此無以得其死力淮陰所謂驅市人而使戰用不測之威施不測之賞也公之隨機應變多類此子諾敏襲爵

佟勤惠公事略

佟養甲　養量　岱　忠愍公國瑤　國鼐　國器　國楨　國印　世德　勤僖公鳳彩

公諱佟養性遼東人先世爲滿洲居佟佳以地爲氏遷居撫順爲商販以貲雄一方有識量能役服其鄉人天命初見　太祖功德日盛傾心輸款爲明所覺置之獄潛出來歸　賜尚宗室女號曰西屋裏額駙授三等男後隸漢軍正藍旗六年從克遼陽晉二等子天聰五年　太宗命督造紅衣礮初軍營未備火器至是礮成鐫曰天祐助威大將軍征行則載以從公掌焉時漢軍未分旗　勅公爲總兵統之官民俱受節制八月從圍大淩河城公秉　上方略

率漢軍載紅衣礮立營於錦州通衢以礮克城西隅臺降守臺兵又擊敵城南隅壞樓堞翼日擊東一臺臺圮守者宵遁盡殲之九月明兵援錦州上遣親軍擊敵公率漢軍五百從敵望風遁明監軍道張春總兵吳襄等赴援大淩河乘夜向城上督騎兵破之方追奔敵兵復陣公舉礮攻燬敵營十月攻克子章臺臺內兵死者無算十一月祖大壽以大淩河城降詔城中所得鎗礮悉以付公尋攻克馬家湖臺自大淩河至廣甯明所置烽堠悉毀之六年春上幸演武場閱兵公率所轄漢軍試礮擐甲列陣上嘉其軍容整肅且有克敵功賜雕鞍良馬一白金百兩宴勞之七月奉敕宣諭大淩河投誠各官察哈爾之役參領顏布祿等坐調遣遲悞罪當死衆皆言法不當宥公請懲責而全其生允之順治四年薨於位子普漢襲爵普漢卒弟六十襲遇恩詔晉三等伯授都統六十卒子國瑤襲十三年世祖追錄舊勳賜謚曰勤惠佟氏本以滿洲隸籍漢軍一門羣從號多才勤惠公之從兄弟曰養甲曰養量曰岱其從孫行曰國鼐曰國器曰國楨曰國印曰鳳彩皆有聲於時

佟養甲字陸海順治二年以內閣學士隨貝勒博洛帥師南征越明年下杭州
平福建　詔署兩廣總督事與提督李成棟率兵定廣東當是時明唐王朱聿
鍵之弟聿𨮁據廣州建號紹武養甲與成棟旣克惠潮二府急趨廣州令前鋒
軍悉用紅帕裹頭僞爲廣州援兵狀以惠潮道印爲公文紿守者奪門入擒聿
𨮁及周益遼諸王宗室世子等二十餘人復與成棟議以南雄韶州兩郡連控
江楚肇慶爲粵西咽喉梧州爲粵西門戶宜先撫南韶以通江右之援定肇慶
以扼兩粵之吭取梧州以固肇慶之藩乃檄總兵葉承恩等進兵南韶成棟進
兵肇慶皆授策勦撫三郡悉平會明閣部丁魁楚擁明桂王朱由榔自肇慶竄
梧州養甲復令成棟移兵進擊魁楚等皆遁去遂下梧州別遣將取雷瓊高廉
四府養甲自駐廣州招降海上四姓賊首鄭昌四年加兵部尚書實授總督兼
廣東巡撫時標營將士調遣四出廣州僅存兵百餘人海賊馬元生及白旗賊
黃信林芳等窺省垣兵單集衆數萬突犯廣州養甲督官兵守陴躬冒矢石扼
太平門關外橋梁激勵鄉勇殺賊陣斬數百級生擒百餘人餘賊遁入海尋偕

成棟徇增城順德東莞三水新甯諸邑皆下之明總兵李成志等以平樂潯州二郡來降卽令收左江右江諸路六月招降明趙王裔朱由榛及其將李自璉七月明閣部陳子壯尚書張家玉給事中陳邦彥率衆萬餘攻廣州指揮楊可觀將翻城爲內應養甲破其謀擒斬之親督兵守禦成棟亦以兵赴援焚敵舟敵敗遁越六日復來犯又敗之時廣州初定監司守令未及銓授養甲疏請以廣東布政使耿獻忠爲巡撫復簡廉吏請 旨酌用又請移大同兵五千至兩廣資防勦其頻年隨征士卒增給資糧示體卹凡新降將卒才勇者留營訓練或分駐要隘餘令歸農又請蠲積年逋賦並允行先是雷廉二郡珠池每歲例遣官開採養甲以地險費繁奏罷其役時明桂王據桂林兩廣人心觀望有潛附爲應者乃策遣將士進攻之疏請造弓矢火器分遣禁旅進勦黔滇 上以廣西未定而恭順王孔有德已奉 詔進軍湖南防勦孫可望 特諭悉心安輯兩廣所請俟有德疏報再議養甲之署兩廣總督也成棟以總兵署兩廣提督帥師偕往既而養甲奏平定粵嶠成棟功多請實授廣東提督成棟自負

功績以所授官職未兼兩廣意殊不平又素與養甲部將郝尚久爭功有隙還
怒養甲五年夏成棟據南雄叛受桂王封爵與江西叛鎭金聲桓爲聲應養甲
遺書贛州守將令策應書爲成棟所獲益恨之乃以兵劫養甲擁至肇慶大罵
不屈遂被害事　聞贈太子少保廕一子入監　賜祭葬入祀昭忠祠公在粤
多惠政卒之年歲大饑人相食設法賑卹通糴所全活者甚衆粤人德之祀名
宦
佟養量初與弟佟岱俱爲牛彔章京養量兼理義州屯事勤於課督獲糧獨多
崇德八年與弟岱從克明中後所及前屯衞順治元年復與岱從克太原府二
年養量從定江南克揚州及江陰二城皆以紅衣礮有功蓋卽勤惠公舊所掌
者也而岱亦從征陝西敗賊於延安奪十五艘養量累官至宣大總督侍郎甍
岱累官至湖廣總督召還順治四年從恭順王孔有德征湖南敗賊渠黃朝選
於瀘口北岸追斬之衡州進克寶慶敗明桂王於武岡拔其城追至廣西全州
走明總督何騰蛟六年從征大同與都統左夢庚敗賊於傳家嶺又以紅衣礮

攻克渾源州及朔州汾州大谷等城遷吏部侍郎十一年授浙閩總督坐事免康熙初薨岱之從英親王征江西也歷下九江南康南昌袁州等府以所俘獲疏聞且言故明鍾祥王朱慈若等皆衰殘廢棄僅存餘喘請收卹以彰我　朝浩蕩之仁得　旨故明諸王流落直省者均令督撫資送來京分別恩養其鎮國將軍以下編籍輸稅自是假故明爲號者皆無所藉既杜亂源而所保全尤多云

佟國瑤者勤惠公孫也順治十七年襲三等伯授副都統康熙十二年吳三桂反　上以湖廣鄖陽地界三省山谷扼塞易藪奸且慮賊乘間奪踞　特授國瑤鄖陽提督往駐防明年三月襄陽總兵楊來嘉據穀城叛鄖陽副將洪福應之劫所部兵千餘反攻國瑤署國瑤率游擊佟大年等以健丁三百人奮擊賊退復來連日格鬬十餘陣斬首二百餘級賊遁走得　旨獎敘加左都督十四年夏洪福等分五路犯鄖西復大敗之追勦數十里陣斬僞將軍林躍等七人殺賊兵數百十五年春四川叛鎮譚洪犯鄖江北岸福等出兵應之國瑤分

兵勦禦敗賊於坪溝黃畈九里岡又渡江敗賊於南岸焚其舟械擒斬無算九月福遣衆伏鄖江兩岸以數十艘順流下泊琵琶灘進逼鄖陽運道塞國瑤與將軍噶爾漢等率水陸兵大破之晉一等伯加太子少保十七年進勦來嘉福於房縣擒僞副將以下五十二人獲僞印十二牌劄二十有四房縣保康相繼復二十一年授福建將軍　諭以恪遵國憲安輯兵民無忘恭敬疏請增協領以下驍騎校以上等官從之二十八年薨於位　賜祭葬如制　予諡忠毅子海福襲伯爵又有佟國鼐者忠毅公兄弟行也順治閒官福建巡撫招徠百姓禁防兵倚勢厲民時巡按周世科專用嚴刑國鼐濟以寬仁多所全活閩人歸心焉卒祀名宦

佟國器字匯山順治二年授浙江嘉湖兵備道偕副將張國興擒馬士英朱大定并招降白腰賊陸汧等再遷福建巡撫獲鄭芝龍父子交通私書進於朝詔撫南贛兵燹之後田多汙萊前撫臣請將十二年額賦一律科徵民情惶懼國器奏請以未墾之田交屯道屯廳開墾民心遂定山賊曾拱辰據興國之梅窖

剽掠吉贛二郡黃鄉賊楊興受撫復叛皆遣將討平之福建甯化等處土寇出沒次第翦除所部及鄰境羣盜略盡調撫浙江時海氛尙熾旣擊敗鄭成功於定關又招降寇黨賡明旗勦平阮六等浙東初定叛獄繁多國器平情讞鞫全活者多以勞疾卒官浙人追思祠祀之

佟國楨順治初由拔貢知無爲州瀕江田廬恃三壩爲捍蔽國楨增築隄四千丈有奇名四壩後三壩圮而田廬卒無恙州人賴之累遷大名府廣東陝西江南巡道康熙十三年由安徽按察使遷江西布政使時吳三桂耿精忠相繼叛賊兵分犯江西會巡撫白色純卒大將軍安親王岳樂奏國楨甚得民心遂特擢巡撫十五年大將軍簡親王喇布以贛州爲江西門戶投誠將士雜處彈壓需人奏　詔國楨暫駐贛州會廣東從逆提督嚴自明總兵張星耀等糾衆偪南康乃遣將迎勦於庫鎭埔破其營十七追奔七十餘里斬馘不可數計賊遁南安逆黨王割耳等擁衆犯信豐遣將分三路擊之斬二千餘級賊潰竄南雄尋遣將勦上猶賊復其城敗僞將郭應輔於黃土關斬賊五千有奇復龍泉

是年聞大兵克復汀州恐海賊竄入贛境遣將由間道相機恢勦十六年春大破賊於五里排復會昌尋復瑞金先後招撫僞總兵等百五十二人兵萬有六千五月復崇義招降僞總兵等十七人兵萬餘逆渠韓大任素驍悍賊中號小淮陰者也自甯都敗竄萬安國楨慮逸入楚境密調兵赴艮口大王廟等處截賊歸路別遣將繞出興國之田村大江口斷賊糧道賊窘甚竄突復遣將四路追勦十二月擊賊於鸕鷀寨十七年正月追至老虎洞大破之大任走汀州詣康親王軍門降江西平國楨回南昌加兵部尚書銜明年京察自陳降二級調用四十七年薨於家

佟國印父恆年以驍騎校隨其從父佟養正守朝鮮界之鎮江城殉難贈騎都尉國印襲世職崇德六年隨征錦州擊敗明將李洪步兵　上親統大兵圍明總督洪承疇於松山敵兵有逸入高橋南三臺者國印與都統劉之源用巨礮攻克之殲其衆七年春鄭親王等圍杏山塔山國印皆用礮擊其城下之敘功加一雲騎尉遷工部理事官　命赴錦州督鑄神威礮十一月隨饒餘貝勒

由黃崖口入明邊時沿邊設臺分防甚固而國印同都統李國翰屢擊敗敵衆克邊臺七又擊敗牆子嶺守兵八年鄭親王克明中後所進敗前屯兵國印以紅衣礮攻其城風迴礮火傷頷下創甚攻益力卒拔之順治元年晉輕車都尉尋擢工部右侍郎累晉三等男康熙十一年薨　賜祭葬如例子佟世德襲爵康熙十三年授副都統十四年隨貝洞鄂征叛鎮王輔臣於平涼賊衆迎拒世德等帥兵擊卻之賊復據山列陣世德撝戈直前搏戰貫其陣追斬甚衆十五年同前鋒統領穆占設伏平涼之南山擒賊偵卒敗其騎兵五戰皆捷復以紅衣礮擊毀賊壘覆其軍尋招降輔臣等並在事有功十七年　命隨撫遠大將軍圖海規復漢中興安十九年卒於軍　賜祭葬如禮

佟鳳彩字高岡起家香河知縣擢御史出爲武昌道歷河南督糧道禁運弁苛索諸弊超遷廣西右布政時雲南未定粵西屢更兵燹人民流離鳳彩悉心籌畫轉餉不匱遷江西左布政巡撫四川川省自張獻忠蹂躪後夔東餘孽及涼州番回劫掠常及川境鳳彩疏請修築成都府城并修江都堰核茶園鹽井製

戰船火器事集而民不知役憂歸尋授貴州巡撫手定賦役全書以絕濫征蘇積困依民俗用銀暫停鼓鑄罷添設之道員專責土司以除劫殺之弊又疏禁私征增置驛站黔困大蘇內艱歸復起撫河南兼理河道兩河爲患歲用銀三四十萬舊皆按畝以徵至是疏請發帑又請罷協濟輓豆之役從之吳三桂反大兵絡繹過境鳳彩調變有方民不苦擾康熙十三年以疾乞休許之總兵周邦甯以士民籲留入告左都御史姚文然言鳳彩老成練達謹慎和平民愛而信之聞其乞病皇皇如失所倚宜令力疾視事以順輿情有　旨令留任十六年秋薨於位　賜祭葬如典禮　予謚勤僖祀河南四川貴州名宦祠所著曰栖友堂集

佟襄勤公事略　子忠勇公國綱　端純公國維　孫法海　曾孫溫僖公補熙　介福等

襄勤公諱佟圖賴初名盛年後改今名遼東人其先爲滿洲世居佟佳以地爲氏後以貿易居開原繼遷撫順遂家焉父忠烈公佟養正天命初因從弟佟養性輸款於　太祖導大軍克明撫順忠烈公遂挈家弁族屬來歸隸漢軍正

藍旗後忠烈之孫曰國綱於康熙二十七年疏言臣先世本係滿洲曾蒙
太祖皇帝諭令與佟佳氏之巴都哩蒙阿圖諸大臣考訂支派敘族譜今請仍
歸滿洲事下部議以佟姓官職甚多應仍隸漢軍惟國綱本支許改入滿洲遂
爲鑲黃旗人天命六年忠烈公從征遼陽以功授輕車都尉世職奉　命駐守
朝鮮界之鎮江城時城守中軍陳萬策潛通明將毛文龍詐令諜者稱兵至各
堡皆呼譟城中大驚萬策乘亂據城叛忠烈公被執不屈死之長子佟豐年幷
從者六十人皆被害　詔以次子佟圖賴襲世職卽襄勤公也天聰五年從征
大淩河破明監軍道張春援兵有功授兵部右參政崇德五年隨睿親王圍錦
州取白官屯六年隨鄭親王復圍錦州取金塔口三台七年攻松山城明人突
出騎兵奪我紅衣礮公擊敗之又敗山口步兵攻塔山杏山下其城晉世職爲
一等擢都統是時各軍多奉　命分略明邊公以爲不若深入明境直取燕京
乃與都統李國翰等奏言　天意歸於　聖主大統攸屬明國人心搖動
宜因天時順人事攻拔燕京控扼山海則萬世之基由此而定　上以大兵

不克關外四城何能即克山海　優旨開諭之八年隨鄭親王收前屯衞中後所二城加一雲騎尉順治元年與都統巴哈納石廷柱招降山東府四州七縣三十有二擒僞濟王七月師圍太原公獨率數騎東西繞城相形勢城中兵突出且邀擊之來若風雨從騎皆失色公控馬大呼目光如電敵兵當之盡靡引北將入城大軍一麾乘之城遂破實奇捷也遂招降府九州二十七縣百四十有一師還　賜白金四百兩尋隨豫親王勦流賊李自成屢破賊於黃河岸毀其柵獲戰艦十五遂平河南二年五月軍次江南敗明舟師於揚子江先後攻揚州及嘉興諸城皆下之晉爵二等男　賜蟒服黃金三十兩白金千五百兩五年授定南將軍與都統劉之源帥左翼漢軍駐寶慶時湖南賊渠馬進忠等寇衡湘辰永間陷寶慶公至擊破賊衆拔其城六年鄭親王帥師征湖廣公分兵趨衡州所向皆捷陣斬僞總兵陶養用破僞伯胡一清等七營兵於城南乘勝疾擊連敗之一清窮竄集潰衆萬餘距廣西全州三十里立六營以自保又破之遂下全州還師駐衡州賊犯常甯遣佐領陳天謨等馳勦之戰於石鼓洞

賊大敗斬其渠二人八年凱旋　賜宴得　優賞授禮部侍郎晉爵三等子世
襲罔替十三年請老　世祖篤念前勞　命加太子太保許致仕十五年薨
年五十有三　上聞之輟朝震悼　予祭葬贈少保兼太子太師謚襄勤康
熙十六年　聖祖仁皇帝以　孝康皇太后推　恩所生　特贈一等公
令其子佟國綱襲雍正元年　詔追封佟養正一等公　賜謚忠烈入祀昭忠
祠與襄勤公並加贈太師明年　勅建襄勤公專祠　賜額曰功崇元祀子二
曰國綱國維

佟國綱初任一等侍衛康熙元年襲一等子尋任內大臣十四年察哈爾布爾
尼作亂　上命撫遠大將軍信郡王鄂扎討之授國綱安北將軍鎮宣府賊
平乃還十六年襲一等公爵授都統明年疏請改隸滿洲會俄羅斯遣使費耀
多羅等至尼布楚請定邊界　命國綱偕內大臣索額圖等往議既抵色棱額
固適噶爾丹侵掠喀爾喀部召還令遣人曉諭費耀多羅等緩期得其復書奏
聞明年四月同索額圖等往尼布楚定議以額爾固納河及格爾必齊河為

界立碑垂久遠二十九年秋　命撫遠大將軍裕親王福全征噶爾丹以國綱
參贊軍務八月朔師次烏蘭布通賊騎數萬陣山下依林阻水以萬駝縛足臥
地背加箱垛蒙以溼氈環列如柵士卒於垛隙發矢銃備鉤距號曰駝城公率
兵奮擊方破賊賊突發烏鎗中公遂歿於陣櫬至京　命皇子及內大臣侍衛
迎奠茶酒及將葬　上諭近臣曰佟國綱爲國效力忽爾陣亡每念之痛不
能已必須一視其喪朕心庶幾少慰弟國維暨諸臣叩阻再三乃　命諸皇子
及上三旗大臣侍衛部院大臣皆往送　賜祭葬如典禮諡忠勇以長子鄂倫
岱襲一等公其騎都尉兼一雲騎尉世職以第三子夸岱襲　世宗朝　特
贈太傅入祀昭忠祠並　敕立家廟鄂倫岱累官都統領侍衛內大臣康熙四
十七年與侍郎揆敘等倡議舉皇八子允禩爲皇太子　嚴旨詰責雍正三年
坐法死其長子補熙由廕生補員外郎遷副都統署天津總兵擢江南提督乾
隆元年授漕運總督憂歸補都統五年授綏遠城建威將軍十八年薨　賜諡
溫僖次子介福字受茲雍正癸丑進士選庶吉士由檢討累官吏部侍郎嘗五

典會試著有西清載筆錄等書
法海字淵若忠勇公次子也於羣從中最賢康熙甲戌進士由檢討擢侍講學
士入直上書房　上時巡齊魯秦晉吳越朝夕扈從侍　皇子講誦十年直
詞正色蒙　聖祖嘉與謂獨能不欺徐文定公嘗語方侍郎苞同官及勳戚
中志在君國而氣足以舉之學足以濟之者首推法公且曰　上爲諸王擇
傅吾對法某雖以侍　皇子得過然臣愚竊謂舍某無堪此者乙未夏公遂復
侍　皇子學與方侍郎共事蒙養齋時中貴人有氣燄者朝夕傳　旨至公視
之蔑如辭色間無幾微假借逾年巡撫廣東特參大吏更鹽政粵人久而思之
旋奉　命巡察海疆歷閩粵兩浙爲忌者所中廷議以公患噎膈不勝封疆任
詔落職赴西甯軍營效力雍正元年　召還　命督江南學政二年授浙江
巡撫　召授左都御史四年遷兵部尙書協理禮部事兼內務府總管坐事免
詔發西陲在水利處效力九年　召還乾隆元年　賞副都統銜管理咸安
宮事務明年卒年六十有七無子以兄子介祿嗣公嘗謂方公曰吾與子未面

而心傾久矣子亦知並世有法某否及督學江南叩方公廬出所為詩以心腑
相示始知公忠孝發於至誠嘗恨未得同志合道之人相與輔成治教而深惡
時人之以虛偽比周自便其身圖者然權要畏公伉直亦多深嫉公知公賢者
惟徐公方公耳公寓古寺終歲不還私室布衣蔬食老僕一人從意翛然自得
在西陲偃臥土室枯寂如老僧及見王公大帥動以大義相責皆人所不敢言
云
佟國維初任一等侍衛康熙九年授內大臣十二年冬逆藩吳三桂反其子應
熊居京師明年春逆黨謀不軌以紅帽為號國維發其事奉　命率侍衛三十
人至大佛寺擒獲十數人械送刑部鞫實伏法二十一年授領侍衛內大臣尋
列議政大臣二十八年因係　孝懿仁皇后之父封一等公明年七月大軍
征噶爾丹　命參贊軍務八月師次烏蘭布通與其兄都統國綱並率左翼兵
進擊時賊以駝城抗拒國綱循河岸戰歿國維由山腰遶賊後橫擊之步騎爭
先陷陣遂破其壘賊潰遁師還坐不窮追鐫四級留任罷議政後　聖祖兩

征噶爾丹國維皆從敘功復所降秩四十三年　命督賑山東尋以年老解任
四十八年正月　上召國維與諸大臣並集傳　旨詰問曰前因有人爲皇
太子條奏朕降硃諭示諸大臣爾曾奏稱皇上辦事精明天下人無不知曉斷
無錯誤之處此事關係聖躬甚大若日後易於措處祈速賜睿斷總之將原定
主見熟慮施行爲善爾係解任之人此事與爾無涉乃身先衆人啓奏是何心
哉國維引罪他日又諭曰皇太子允礽前染瘋疾朕爲國家而拘禁之後詳察
被人鎭魘之處將鎭魘物俱令發去其事乃明今調理痊愈始行釋放朕曾將
此情由用硃書詳諭諸大臣朕拘禁皇太子時並無他意殊不知爾之肆出大
言激烈陳奏者係何心也諸大臣情狀朕已知之不過碌碌素餐全無知識一
聞爾所奏之言衆皆恐懼欲立允禩爲皇太子而列名保奏矣朕臨御既久安
享太平並無難處之事臣庶託賴朕躬亦得安逸得所今因爾所奏之言羣下
小人就中捏造言詞各大臣侍衛等俱終日憂慮若無生路此事關係甚重觀
衆人情狀果符爾所奏日後難於措處之言矣爾聞外間匪類妄言理應禁止

乃倡造大言驚駭衆心有是理乎國維伏罪請死　諭曰朕特爲安撫羣下降
旨申明非欲有所誅戮也爾其坦懷勿懼五十八年薨　賜祭葬如例雍正元
年　贈太傅　予謚端純第三子隆科多襲一等公爵任吏部尚書兼步軍統
領　命總理事務與川陝總督年羹堯並加太保　賜雙眼孔雀翎四團龍補
服黃帶紫轡雍正五年坐黨附尚書阿靈阿揆敘年羹堯等及貪婪不法罪論
死　上召議政大臣等諭曰隆科多所犯四十一款罪不容誅但念　皇
考升遐之日大臣承　旨者惟隆科多一人朕不忍誅戮其永遠禁錮尋卒
賜白金千兩治喪弟慶福襲一等公官都統兼議政大臣歷工部戶部尚書授
領侍衛內大臣雍正十三年冬　高宗命代平郡王福彭爲定邊大將軍赴
北路軍營還授刑部尚書出爲兩江總督調督雲貴晉太子少保奏開金沙江
以通川運調兩廣總督入覲尋調川陝乾隆十年以四川打箭爐口外土司瞻
對抗逆不法疏請調兵勦之屢克其寨疏報逆酋班滾等乞降　上以爲未
可深信尋授文華殿大學士仍留總督任十一年夏疏報班滾遁走尋報攻克

泥日寨班滾等焚斃十二年春召還　命兼管兵部事以張廣泗代之廣泗尋
奏班滾實未死慶福將其子改名德昌喇嘛仍居班滾大碉冒稱經堂坐欺飾
奪職逾年賜自盡

石忠勇公事略　子華善　石琳　孫石文炳　石文晟

公諱石廷柱遼東人先世居蘇完姓瓜爾佳氏父石翰始家遼東遂以石爲氏
有子三長國柱次天柱次即公也生有智略遇事明敏善用兵初爲明廣甯千
總天命七年　太祖親征攻廣甯城天柱時亦爲千總出迎　上見而大
喜曰我國之人仍歸我國　賜金印鞍馬令撫慰城中士民公遂以城降授輕
車都尉後隸漢軍正白旗十一年從上討蒙古巴林部有功晉爵三等男天聰
三年　太宗命帥師搜勦明故將毛文龍所屬諸島會石城島以兵來犯擊
斬二百人俘十九人以歸尋從　上攻明北京班師至沙河驛與文臣達海
頒　諭城中軍民降之又收復漢兒庄率城中將士來謁五年明總兵祖大壽
築城大凌河　上親統軍圍之敵騎出戰公擒斬甚多大壽窮蹙將乞降其

從子澤潤以書繫矢射出城一以與公一奏 上乞令公往與大壽議公遂同達海等至城南臺下先遣陣獲千總入城大壽令游擊韓棟桂偕出迎公并以其義子可法爲質公乃踰濠與語大壽言決計歸順惟乞大軍速取錦州俾得妻子相見公還奏 上復遣公往諭之大壽遂出降七月隨貝勒岳託等入明旅順口凱旋 上親酌金巵以勞晉爵三等子九年貝勒多鐸統師伐明次廣甯令公及都統阿山率四百人先趨錦州至大淩河西遇明兵馳告貝勒大軍急赴之敵大驚潰公率所部掩擊陣斬副將劉應選獲其軍五百擒游擊曹得功及守備三人翼日復攻克一臺崇德元年春 上幸演武場以公軍容整肅獎賚之十二月 命統所部漢軍同恭順王孔有德懷順王耿仲明智順王尚可喜護紅衣礮隨大軍征朝鮮明年大軍既克朝鮮其國王李倧降遂征明皮島公從北隅督戰有功是年七月始分漢軍爲左右翼以公爲左翼都統 太宗嘗與諸臣論兵事 諭爲將者當以呂尚爲法公奏言呂尚能專制閫外生殺故所向有功今臣等若有過下所司逮訊雖佐領以下亦當與

之比肩對簿其何以堪諸大臣以其言過戇請下部論罪　上特宥之尋從
征錦州攻克諸屯堡獲人戶及牲畜甚多四年春　上統軍駐松山　命公
攻南城樓毀其堞臺兵不能支降其守將王昌功等四十餘人　上登松山
南岡相度城垣形勢　命公隨尚可喜用礮攻城南門之左公與都統馬光遠
先取城西南隅一臺諸將繼進合攻城盡墮其堞會以日暮罷犂旦復進攻則
敵守禦已固我雲梯兵不能入死者二十餘人公兄子達與漢亦中創　上
召詢諸將有德仲明可喜光遠議鑿地道攻城公以地中有水石必不可穿且
不能越濠而過持不可諸將不聽穴城卒無功遂罷攻城議是歲分漢軍兩翼
爲四旗以公爲鑲白旗都統初祖大壽之降也請歸錦州爲內應後竟背約屢
抗我師六年秋公上言錦州爲遼左首鎮我師鑿濠築壘暫翦滅此以圖進取
誠至計也第明以祖大壽爲保障我兵圍之急彼必益發援兵併力一戰宜及
此時簡精銳分布各旗屯田處遇警即並進伺其軍動我軍突入轉戰過錦州
至松山杏山間敵必敗遁錦州可破矣錦州破則關外八城聞風震動是即當

年瀋陽失而遼陽隨下沙嶺失而廣寧隨順之明效也明援兵從寧遠至松山所賫行糧不過六七日若少挫其鋒勢必速退宜設伏兵於高橋險狹處掘濠截擊仍以銳師尾其後俾進退無路則彼之援兵盡折而降於我矣洪承疇書生耳所統援遼兵皆烏合雖張聲勢心實怯如祖大壽一失則承疇與諸將縱得遁去亦東市就誅而已彼見我 皇上恩養降將最爲優渥或慕義歸誠亦未可料今明國災異迭見流寇披猖 聖主乘時應運定鼎中原機不可失疏入 上嘉納之後皆如公言大軍之圍松山也敵乘夜犯漢軍營公率所部禦擊斬首十餘級獲刀甲鎗礮無算晉爵二等子七年分漢軍爲八旗以公爲鑲紅旗都統順治元年隨大軍入山海關敗流賊偕都統巴顏等勦滅昌平土寇尋帥師勦撫山東郡邑復會都統葉臣攻克太原其山西河南賊寇悉平之師還 賜白金五百兩晉一等子六年從征大同叛鎮姜瓖復渾源太谷朔州汾州等城十二年授鎮海將軍駐防京口能戢兵安民民間稱爲石佛十四年請老 上念其宣力年久 命加少保兼太子太保致仕尋晉一等伯

十八年薨年六十有三　賜祭葬贈少傅兼太子太傅諡忠勇詔立碑紀功第
三子華善幼時豫親王多鐸以女妻之授和碩額駙尋任內大臣康熙六年以
上元節赴宴時譏誚莊親王博果鐸奪內大臣仍留額駙十三年春吳三桂反
命爲安南將軍帥師防守鎮江鎮海將軍王之鼎奏耿精忠結連海賊窺伺
內地應調右路官兵集天甯洲訓練　詔華善督所部兵習水戰九月　命簡
親王喇布爲揚威大將軍統兵駐江甯華善與王之鼎等參贊軍務十五年改
授平寇將軍統轄江南滿洲蒙古兵十六年簡親王駐江西疏請增兵　詔華
善率所部赴簡親王軍前聽調遣十七年改授定南將軍　命進湖南駐守茶
陵尋　命進守永興會三桂病死永興賊解去華善坐逗遛　嚴旨切責令隨
將軍穆占營領隊效力明年擊敗僞將軍吳國貴苑齊於永州華善並有功二
十四年薨　賜祭葬如例其子
石文炳順治中襲其祖忠勇公伯爵由參領擢總兵累遷都統康熙二十八年
授福建將軍三十九年秋因其父年老　召還仍授都統十一月薨於途　賜

祭葬如例以其子富達禮襲

石琳忠勇公第四子也由佐領兼郎中康熙元年按察山東左遷湖廣下荊南道十三年襄陽總兵楊來嘉副將洪福叛應吳三桂踞房縣保康竹山煽誘醜徒嘯聚南漳之天門蘭山雞公等寨琳及總兵劉成龍率師討平之累遷河南按察及浙江布政使其在河南也值禁旅南征駐牧於汴時當麥秋琳與統軍約令次於野不得入廛市琳坐其帳中凡四十餘日民賴以安在浙江時耿逆初平衢郡被兵尤甚戶口多逃亡而丁賦猶責之里甲琳核實請免之軍興既久供億浩繁逋欠叢積琳悉爲釐定除一切陋規尤禁加耗嘗曰華一分火耗便可增一分正供時以爲名言二十三年擢湖廣巡撫會工部以建造 太和殿檄各省採運柟木杉木琳以柟木產自萬山中挽運維艱疏請展限部議不許 特詔允之二十五年調撫雲南疏言賦役全書中有應行更改增刪者八事一滇省自明初置鎮設衛以田養軍曰屯田又有給指揮等官爲俸聽其招佃者曰官田其租入較民賦十數倍猶佃民之納租於田主我 朝開滇之始

吳三桂留鎮以租額爲正供相沿至今積逋愈多官民交困宜改照民賦上則起科一滇省鹽井有九以各井行鹽之多寡爲每年征課之重輕琅井每斤征課六釐白井八釐至黑井則倍之此明末額外橫征較明初原額不啻數倍今請減黑白二井之課照琅井例征收一開化府民田每畝科糧二斗六升三合較在昔未設府以前加賦至十倍應照河陽縣上則起科一元江府由土改流三桂於額糧之外別立名色凡四端以元江之山僻加賦倍征民不堪命應請各減其半一通海縣六寨地糧較民賦重幾三倍當改照新定民賦科則碍嘉縣每糧一石征條編銀四兩有奇亦爲偏重今既歸南安州附征即應與州賦一律每石征銀一兩四分一麗江界連土番古稱荒服三桂叛後割金沙江之喇普地以與蒙番地去而糧存宜刪除一建水州自明時設參將歲派村寨陋規銀三百餘兩糧八十餘石三桂遂編入正額宜裁革一新平縣之銀場易門縣之銅廠礦斷山空宜盡豁課稅疏下所司知之擢兩廣總督四十一年薨於位年六十有四　賜祭葬如典禮祀各省名宦祠

石文晟忠勇公長子一等侍衛綽爾們之子也性豁達多才略爲政務舉大綱由蘇州府同知改平陽府知府康熙三十三年 諭嘉其居官有聲超擢貴州布政使未幾擢撫雲南疏言滇省屯田較民田賦重數倍積逋纍纍非軍戶敢頑抗亦非有司不善催科也通省民賦最重者莫如河陽上則田每畝糧八升一合有奇若屯田則五倍之且有八九倍者臣叔石琳撫滇時曾具疏瀝陳未經部覆請將屯賦悉照河陽縣上則例起科以甦積困 特詔允之舊額十減其六又請增鄉試解額以振起人文三十六年冬入覲會安南國王黎維正疏言臣國牛羊蝴蝶普園三處爲鄰界土司侵佔請 敕歸還 上諭及其事文晟奏牛羊蝴蝶普園三處自明時卽內屬我 朝開闢雲南卽在蒙自縣征糧至康熙五年改歸開化府幷非安南地彼輕聽妄言擅具奏復遣兵伺邊臣與督臣仰體 皇上柔遠至意令防守者勿輕動臣愚以此地久入版圖所請不宜允乃下 詔切責之回滇疏改北勝州爲永北府下部議行四十三年調廣東巡撫明年擢湖廣總督尋罷任五十九年薨年七十有八

愛敬康公事略 子恭懿公富善

公諱愛星阿姓舒穆祿氏滿洲正黃旗人祖武勳王揚古利世居渾春其父郎柱爲庫爾喀部長率所部來歸　太祖厚遇之　命其子揚古利入侍郎柱爲部人所害圍其家其妻負幼子納穆泰於背屬鞬佩刀突圍出以其族來歸未幾庫爾喀舉部內附武勳王察知部人之殺其父者手刃之啖其耳鼻時年甫十四　上深異之日見信任且尚主焉始令守汎江上警備嚴密無敢犯者從征輝發阻大水衆難之武勳王率先逕渡大獲而還取訥殷部及朱舍里等路皆有功從征哈達擒其貝勒以歸奉　命收蜚悠城戶口侍衛扈爾漢以兵二百禦烏喇兵萬人方據山谷結營相持武勳王勵衆曰吾儕平居相謂與其死於疾無甯死於敵此非臨敵時乎乃持矛突入斬烏喇兵七人敵稍卻諸貝勒兵踵至併擊大破之征赫席黑木倫等路越重柵而進衝鋒奪險常爲衆先及再征烏喇攻青玉河敵勢甚銳　太祖遣使持信矢召諸將退武勳王獨麾衆薄城疾攻拔之從擊明兵於界藩先馳敵被傷裹創奮擊大破之進擊

尚閒崖有　旨令被創者勿行武勳王獨率佐領兵憑高馳擊大破明兵天命六年大兵取瀋陽乘勢取遼陽皆先登陷陣又敗明兵於沙嶺　上嘉其績且閔其傷痍　命位次八貝勒下統左翼兵授一等子世襲罔替兼　諭勿更臨戰陣十年明總兵毛文龍以兵三百人夜入耀州復帥師殲其衆天聰元年從征朝鮮有功三年秋及副都統阿山躡緝逃人至雅爾古遇文龍所遣採薓者斬九十六人擒千總三人以歸尋隨　太宗親征敗明總兵滿桂軍於燕京之北師旋略通州火其船遂取張家灣明兵來援薊州我兩紅旗護軍兵少卻武勳王鼓勇直前敗敵兵　命以兩紅旗罰鍰予之卽以分賜將士六年　上親征察哈爾　命同貝勒阿巴泰等留守七年夏　上以征明及朝鮮察哈爾三者何先　諭詢諸大臣武勳王奏宜深入明境朝鮮察哈爾自當歸順且極言用兵不可緩　上於是決計攻明　命帥師往略山海關明年晉超品一等公仍管六佐領事世襲罔替　賜敕免死罪三次從攻大同宣府拔靈邱鹽王家庄斬其知縣守備官崇德九年與武英郡王阿濟格等帥師直入

明境攻克關隘至安州下昌平等十二城五十八戰皆捷俘獲億萬計二年
太宗親征朝鮮其全羅清忠兩道兵來援營於南漢城會天大雨雪晝晦從
豫親王多鐸進擊敵兵追及山嶺有朝鮮敗卒竄伏崖側竊舉礮重傷而薨年
六十有六王自結髮從軍大小數百戰被創滿身不少挫而持身敬慎歷事
兩朝恩遇殊絕　太宗嘗命護軍爲之守門　賜豹尾槍二令親軍佩之甲
卒二十人爲之衛其卒於軍也　太宗解御衣衣之哭之慟親視含殮比葬
復　親臨奠醊置守冢八戶追封武勳王建碑墓道順治中配饗　太廟
聖祖復御製碑文紀其功雍正九年加封號曰武誠次子塔瞻襲爵敬康公
之父也順治八年　世祖皇帝追念武勳王功績加給敬康公輕車都尉俸
尋授領侍衛內大臣十六年大軍征雲南明桂王朱由榔與其黔國公沐天波
等奔緬甸僞晉王李定國奔孟艮僞鞏昌王白文選奔木邦　世祖命吳三
桂移平西藩屬鎮雲南十七年三桂疏請發兵入緬滅由榔以除邊患　詔加
公定西將軍與都統卓羅果爾欽遜塔護軍統領畢力克圖費雅思哈前鋒統

領白爾赫圖等率禁旅會同三桂進征十八年九月師次大理秣馬逾月出騰越州取道南甸隴川猛卯十一月至木邦擒僞副將馮國恩訊知定國走景線文選與定國不睦屯兵錫箔江公令費雅思哈等先簡精銳疾馳三百餘里至江濱文選已毀橋遁走茶山大軍至結筏以濟別遣總兵馬甯等追勦文選公及三桂領兵趨緬先是三桂屢檄諭緬人令擒獻桂王緬酋莽猛白盡殺桂王從官沐天波王維恭馬吉翔等數十人密使人守桂王謀生擒以獻十二月大軍次舊挽波距緬城六十里緬酋使人詣軍門請遣兵百人薄城公遣白爾赫圖率前鋒百人進次蘭鳩江復令畢力克圖等率護軍二百自後策應緬人聞大兵將薄城以船載桂王與其親屬及故從官妻女獻軍前時文選爲馬甯等追及於猛養度不能脫率衆數千降定國竄死猛獵康熙元年奏捷　優詔嘉獎　命振旅還京師仍爲內大臣加少保兼太子太保予世襲一等公　敕書三年二月薨　賜白金三千兩治喪　賜祭　賜葬　諡敬康子富善襲一等公爵十九年授領侍衞內大臣三十五年春　聖祖以噶爾丹背約肆優分

路進討　命撫遠大將軍費揚古出西路　親統大軍出中路富善領鑲紅
旗兵隨征　駕駐沙河　諭之曰古北口一路兵衆以爾統之所過城池村舍
其悉遵朕法令勿絲毫擾民其有以捕獸馳騁竭馬力者並飭禁之四月　駕
駐西巴爾臺達噶爾丹所居之克魯倫河計程五日議者謂宜俟西路兵會勦
富善奏言西路兵至尚須時日慮賊聞風竄即以中路兵勦賊未爲不足宜乘
其不備速遣精兵擊之奏入稱旨即　命進征克魯倫河會噶爾丹知　上
親征盡棄其廬帳牲畜器械潰竄　上已密諭費揚古等絶其歸路先整兵
特勒爾濟口以待陣斬二千餘級噶爾丹僅以身免降厄魯特部衆千餘人
上命班師每行營閱選駝馬徵輸芻粟富善承　旨以行咸當　上意冊
功加太子太保嘗扈　蹕至會岐口有疾　聖祖親臨視　賜醫藥四十七
年薨　賚白金二千兩　詔遣官經紀其喪　予祭葬如典以子海金襲雍正
八年　敕建賢良祠敬康公及富善並入祀乾隆元年追諡富善曰恭懿

平江李元度次青纂

名臣

索文忠公事略

公諱索尼姓赫舍哩氏滿洲正黃旗人父碩色大學士希福兄也太祖高皇帝時碩色自哈達部挈家來歸太祖以其兄弟父子並通國書及蒙古漢人文字咸擢至文館理事賜碩色希福巴克什號授公一等侍衛使出入扈從隨軍征討時哈達兵犯界藩城公身先士卒擊敗之復隨征棟揆蒙古援兵雲集立二寨互相犄角公與諸將合兵攻勦拔其一寨餘衆悉降天聰元年從太宗攻錦州遇明兵千餘徙大凌河戶口公以二十騎襲擊之多斬獲旋偵敵甯遠城內兵突出公奮戰追敵兵至壕而返二年上親征喀爾喀徵兵外藩科爾沁不至既遣希福率健士八人往趣之復詔公與侍衛阿珠祜賫諭飭責土謝圖額駙奧巴初奧巴爲台吉入朝太祖以貝勒舒

爾哈齊孫女妻焉既而奧巴屢違約私與明通時復徵兵不至公於是稟承
方略以行既入科爾沁其部人饋以牲公麾之去曰爾汗有異心爾物安可食
耶部人以告奧巴奧巴病足居別室公與阿珠祜詣見公主以 諭旨告奧巴
奧巴聞之扶掖至佯問曰此爲誰公曰吾儕 天使也爾有罪義當絕今特以
公主故來餽問耳奧巴語左右具饌公與阿珠祜不顧而出奧巴恐使台吉塞
冷等請其事公出璽書示之卽令從者先行奧巴得書大驚令所屬大臣環跽
請曰汗獲重罪甚惶懼今寇騎塞路恐使者卽歸遭侵掠益滋汗咎請少留公
曰銜 君命而來死何足辭與阿珠祜拂衣起整轡欲行衆皆泣且曰汗欲引
罪自謝叩馬首力挽之乃止翼日奧巴辭以足疾欲令其台吉拜思噶爾等偕
公入謝公曰汝欲解己罪而使他人行吾豈爲取拜思噶爾等來耶奧巴乃使
人請曰 上恕我我固應肉袒謝懼不我容而逐我耳公曰 皇上覆載
如天地汝果引罪入朝雖有罪必蒙 矜宥奧巴叩首決計入朝公見其悔罪
輸誠與阿珠祜偕其大臣黨阿賴先歸奏狀俱稱 旨三年從征至燕京明甯

遠巡撫袁崇煥赴援列營城東南公奉 諭傳令左翼迎擊貝勒豪格先馳入陣敵兵蹙之矢石如雨公躍馬突入東西衝擊當者無不靡碎遂拔貝勒於重圍明年正月大軍至榛子鎮城內無官守公同文臣達海頒漢字 詔諭降其民復招撫沙河驛越日拔永平與達海奉 命執黃旗於城上以漢語徧諭軍民皆歸順二月班師隨貝勒阿巴泰等率將士守永平五年正月朝鮮使臣樸蘭英來朝 詔以人蔘賜其王樸蘭英以賞薄辭公與參領英俄爾岱等斥責之蘭英懼拜 命七月擢啓心郎圍大淩河城明兵自錦州赴援公持短兵步戰敗之九月奉 命往瀋陽宣布捷音踰月偕參將祝世昌率漢軍千六百人及朝鮮使臣至軍營十二月與達海等奏定元旦朝賀儀制明年從征察哈爾由大同入明邊取阜臺寨會六部官署工竣 上召公及諸啓心郎 諭以啓迪諸貝勒俾勤事改過毋曠厥官八年授騎都尉世職仍與學士羅什等日直內院凡宣示 諭旨及察審功罪咸當 上意會有 旨以郡王禮祭貝勒岳託尚書阿拜誤以岳託子襲封郡王傳語都統葉臣事 聞下廷臣議誤

傳　詔旨罪以公任郎官應連坐　上曰索尼未奉　旨何至妄言　命免
議會考績超授三等男順治元年都統和洛輝訐告肅親王豪格言詞悖妄王
坐廢爲庶人　詔王大臣集衆宣示以公忠貞戮力不附肅王與都統譚泰護
軍統領圖賴並　賜鞍馬二年晉一等子是時睿忠親王攝政以公既授子爵
不宜復列郎官令解啓心郎任仍理部事先是公叔父希福以不附睿親王爲
譚泰構罪劾罷未幾公發譚泰隱匿　諭旨事譚泰亦坐削公爵有求古琴於
公者公於庫內取漆琴與之公又嘗令僕從於禁門橋下捕魚見庫院草長使
牧者秣馬院中譚泰遂臚狀劾公下法司勘訊論死睿親王奏從輕典削世職
遂罷廢三年正月圖賴劾譚泰事涉公逮問圖賴曰譚泰有罪吾於途次作書
致索尼使啓睿親王索尼以不啓聞及訊齎書者塞爾特曰書達索尼索尼囑
我勿言也諸大臣論公罪當斬王親鞫之公曰吾發譚泰隱　旨罪顧匿圖賴
書以庇之乎復訊塞爾特因得佐領希思漢慮譚泰得罪投書於河狀公遂昭
雪尋復二等子公終不附睿親王於政事多以理爭王由是惡之五年以貝子

屯齊等訐告公嘗與圖賴等私結盟誓謀立肅親王議罪應死有 旨免死褫職輸贖鍰遣守 昭陵追奪 賞賜八年 上旣躬親大政以前罪不實特召還朝復其爵遇 恩詔晉世襲一等伯 賜敕免死二次擢內大臣總管內務府事十七年應 詔上言十一事一小民寃抑有司不爲詳審者宜別爲嚴察使無壅於上聞一凡犯罪發覺問官以奉有 嚴旨往往不察其情輒加重罪乞敕法司量情詳愼一前議福建將士罪在大將軍者止削一不世襲之騎都尉而所屬將領其子男爵乃盡革輕重不均有乖懲勸請 敕更正一凡開國之臣自騎都尉以上皆有功行閒贊成大業者所授之職宜予世襲其後非有戰功但 恩詔所加者不宜給世襲 敕書一在外諸藩風俗不齊若必嚴以內定之例恐反滋擾宜格外寛容一近聞大臣勢豪奪據行市奸徒投託指引以攘貨財請嚴禁一四方商賈擔負捆載來京者多爲旗下大臣短價強買人將畏而不前請察禁一諸王貝勒及各官私引玉泉山水爲灌溉致竭泉流當禁一邊外木植皆商人僱民採伐今聞大臣於採木之地私行強佔致

商不聊生請禁止一大臣不殫力公事惟飾宅第請懲禁一五城審事諸官遇
世族富家與窮民搆訟必罪窮民曲意徇私不思執法請嚴飭毋得枉屈賄庇
疏入　上以所奏皆實事宜申禁　飭部議行十八年正月　世祖升遐
遺詔以公與內大臣蘇克薩哈遏必隆鼇拜四人輔政於是公及諸臣盟誓
受事未幾蘇克薩哈與鼇拜爭事成隙公惡之年已老矣且有疾康熙六年正
月與輔臣等奏請　聖祖親政四月　上諭吏部曰輔政大臣伯索尼
太祖時黽勉效力　太宗任以內外大事悉能果斷殫厥忠誠　世祖
皇帝以其勳舊忠貞堪受重託　遺詔俾令輔政恪遵　顧命夙夜靖共厥績
茂焉宜特加恩寵示酬庸之典遂晉一等公前所授一等伯並世襲公以寵榮
逾分悚仄難安陳情辭一等公爵　優旨不允是年七月薨　賜祭葬有加禮
諡文忠以第五子心裕襲一等伯第六子法保襲一等公授內大臣長子噶布
喇次子噶布拉俱任領侍衛內大臣十三年十二月　聖祖因　冊諡　孝誠
仁皇后　推恩所生授公及噶布拉俱爲一等公第三子索額圖官至保和殿

大學士太子太傅領侍衛內大臣坐家人訐告罪狀交宗人府拘禁尋卒

遏必隆傳公事略 子愨敬公伊德

公諱遏必隆姓鈕祜祿氏額駙宏毅公額亦都第十六子和碩公主所出也天聰八年　太宗賜敕命公襲其父一等子爵任侍衛九年　詔免功臣徭役公與焉尋授一等總兵官貝勒尼堪之福晉公兄都統圖爾格女也無子謀取僕婦女詐爲己生事發公坐徇庇奪職崇德六年從　上伐明移營松山築長圍環守之明總兵曹變蛟率乳峯山步騎欲棄寨突圍走屢犯兩黃旗營公奮擊連敗之夜三鼓變蛟集敗兵突犯　御營時諸將未及赴軍中驚擾公與侍衛巴什塔及內大臣賜翰等堅守後營門力戰殪十餘人變蛟負創走詔守衛不嚴諸臣輸罰鍰分賚禦敵將士公得　優賞七年隨饒餘貝勒阿巴泰等入明長城克薊州進兵山東抵兗州攻夏津先登克其城授騎都尉世職順治二年流賊李自成遺孽李錦郝搖旗等竄聚湖廣爲亂荊襄武漢閉道路多梗公隨順承郡王勒克德渾往討之師次武昌賊據守要隘公先率攻入大

軍繼之斬馘無算遂拔鐵關晉輕車都尉五年兄子侍衛科普索訐公與白旂
諸王有隙設兵護門事論死得 旨寬免奪世職及佐領籍家產之半八年
世祖親政公訟冤 詔復職明年科普索獲罪以所襲圖爾格之二等公爵
令公併襲爲一等公有護軍擺思哈喇者當 太宗上賓時託疾不守門至
是授騎都尉公舉劾其前罪下部論如律籍其家以與公旋任議政大臣領侍
衞內大臣加少保兼太子太保尋加少傅兼太子太傅十八年受 世祖遺
詔與索尼蘇克薩哈鼇拜同爲輔政大臣康熙六年三月御史張維赤疏請
聖祖皇帝親政於是索尼等以歸政請公亦懇請再三是年七月 上躬
親大政 諭部加恩輔臣加公一等公爵復以其長子法喀襲原授之一等公
公奏辭不允 賜戴雙眼孔雀翎明年加太師尋乞罷輔政 温諭慰留又明
年再請乃許之先是輔政時索尼老病鼇拜獨專恣與蘇克薩哈不相能公不
能自異及鼇拜倡圈易旗地之令中外大臣皆以爲不便公擬停止而鼇拜意
在必行弗能阻既而鼇拜矯 旨殺大學士蘇納海等復族誅蘇克薩哈公皆

不能正其罪八年鼇拜獲罪公坐緘默不言逮問論死　上以其結黨無實
宥之削太師銜及後　賜之一等公九年　諭兵部曰前以遏必隆知鼇拜樹
黨亂政不預行糾劾故坐之罪今念其爲　皇考顧命大臣且勳臣子其咎
止於因循瞻顧未嘗躬負重愆著仍以公爵宿衞內廷十二年冬疾篤　上
親臨慰問及薨　賜祭葬　賜謚恪僖勒石墓道碑文稱其賦性敬慎制行端
方慤誠報國著有勤勞云尋以　冊立　孝昭仁皇后推恩所生　特旨令
立家廟　賜　御製碑文復　御書策名金石四字額其祠五十一年　上
念公曾襲父爵緣事革除　特命以其第四子尹德襲一等子尹德初由佐領
授侍衞扈從　聖祖親征噶爾丹復扈　蹕甯夏於承襲子爵後復襲其伯
父圖爾格二等公其一等子卽以圖爾格之孫豐阿達襲尋由都統擢領侍衞
內大臣兼議政大臣雍正五年以病乞休　特遣內大臣慰問允致仕未幾薨
賜祭葬如例謚慤敬生平恭謹誠樸宿衞十餘年未嘗有過其以病罷歸第
也朔望必攝衣冠北向叩首歲入祿米必均諸宗族之貧者十年十月　詔以

公居心謹厚行己端方可入祀賢良祠乾隆元年　詔晉一等公懿敬公有子五人次子訥親四子阿里衮官皆至大學士乾隆中訥親以首輔經略金川軍務失機　詔以遏必隆之刀斬訥親於軍前

魏文毅公事略

魏公裔介字石生號貞庵一號崑林直隸柏鄉人祖純粹明萬歷中進士官御史公生而穎悟沈默寡言笑明季兵亂讀書邑西山之桃源洞講求經術時務或終日坐危究心於明體達用之學順治三年成進士選庶吉士明年改工科給事中五年典試山西尋轉吏科母憂歸九年補故官十一年遷兵科給事中明年遷太常少卿擢左副都御史十四年擢左都御史坐言事附和應奪職特旨留任尋遇　恩詔復原職十六年　諭奬公建言多裨國是加太子太保十七年春　世祖皇帝下罪己之詔并令羣臣各自陳公疏上奪宮保銜未幾疏劾大學士劉正宗成克鞏欺罔附會諸罪　詔正宗克鞏回奏未得實下法司勘鞫并罷公職與質訊正宗獲罪籍沒入旂克鞏奪職留任公復原官蓋

終　世祖之世十三四年閱公歷官臺諫及　聖祖嗣服復長御史臺康熙元年考績復宮保二年晉吏部尚書三年擢保和殿大學士充實錄總裁嘗請告還葬事竣趣還朝九年典會試十年以疾乞歸　優詔許之十一年加太子太傅公在言路最久先後二百餘疏或立見施行或始詘於衆議後卒以公言爲然或　天子排衆議而獨伸公言用著爲律令疏草具在可考而知也在工垣時　世祖已御極五載公言少而勤學古人比之日出之光竊恐年歲既盛嗜欲日開宜及時肇舉經筵日講以隆治本又言燕趙之民椎牛裹糧首先歸命此漢高之關中光武之河內也屢奉　詔書蠲賦獨畿輔未沾實惠宜切責奉行之吏彰信兆民又言各州縣遇災荒既經報部其例得蠲緩錢糧宜即停征以杜胥吏欺隱并就各州縣所有積穀及存留銀先行賑貸會應　詔陳言謂時事孔亟民不聊生日甚山左萑苻未靖畿輔因以燎原江右叛將甫擒雲中忽而豕突巴蜀湖湘游魂遺孽所以厪九重之宵旰者舉不足慮惟上下之情未通滿漢之氣中閡大臣闒茸以保富貴小臣鉗結而惜功名紀綱日

弛法度日壞貪官暴吏轉相吞噬以鳴得意臣實憂之宜改弦易轍盡反平日
之所爲請時　御正殿召對羣臣虛心咨訪令部院科道諸臣面奏政事仍令
史官記注以求救時之實　制下立行其說時匿逃之律甚峻因羣臣入對陳
言特寬其禁中外大悅先是江南既定明尚書張縉彥赴大學士洪承疇軍前
投誠至是河南巡撫吳景道援　恩詔薦舉部議許之公疏言縉彥在明朝任
中樞養寇誤國有盧杞賈似道之奸而庸劣過之宜擯棄以協公論疏下部察
議以事在　赦前予外用公在吏垣　世祖已親政公言督撫封疆重臣宜
慎擇不宜專用遼左舊人又言攝政王時匿逃法太嚴犯者家長坐斬時天下
囂然喪其樂生之心後寬其禁責成州縣法至善也若舍此別有峻法竊恐下
拂人心上干天和非尋常政治小小得失而已　皇上愛民如子各旗亦宜
仰體　聖意遇下以恩彼雖奴隸豈無戀主心而紛紛鳥獸竄胡爲也時朝儀
未定公又言深居高拱不如詢訪臣鄰批答詳明不若親承顏色故事有朔望
之朝有三六九之朝有早晚朝有內朝外朝今縱不能如舊例當一月三朝以

副勵精圖治至意自是始定月逢五視朝之制直隸河南山東水災公言勘報
移覆尚需時日議蠲議賑稍緩須臾即無救死徙言尤悚切有　旨出帑金二
十四萬兩分遣大臣十六人督賑全活十萬人皆自公發之也會有　詔訪明
季京城殉難諸臣公疏舉大學士范景文等三十人乞宣付史館予褒錄於是
諸臣先後得旌錄與祭諡在兵垣綜覈軍政所識拔後皆爲大將疏劾將軍續
順公沈永忠當流賊孫可望犯辰州時擁兵不救致總兵徐勇等力竭殉城請
罷斥又劾福建提督楊名高怠玩致漳州郡邑爲海寇鄭成功所陷永忠名高
均坐奪職會有　詔令內外臣工精思職守公陳用兵大勢言往事誠無及矣
今者劉文秀復起於川南孫可望竊據於貴竹李定國伺隙於西粵張名振流
氛於海島連年征討尚逋天誅爲目前進取計蜀爲滇黔門戶蜀既守而滇黔
之勢蹙故蜀不可不先取此西南之情形也粵西稍弱昨歲桂林之役未之大
創必圖再犯以牽制我湖南之師宜令藩鎮更番迭出相機戰守此三方者攻
瑕宜先粵西粵西潰則可望膽落滇黔亦當瓦解乃若鯨波未息則宜嚴斥堠

絶其窺伺大修戰艦諸路并力合勦勿使事久變生其後諸路進兵卒如公言
又請錄用建言得罪諸臣請倣唐李吉甫元和國計簿令度支歲計出入盈縮
呈　御覽請增官吏祿俸請禁金玉錦繡浮屠塔廟一切侈靡蠱蠹之事請立
勸農官請自今罪人勿發甯古塔請遣大臣督視河工言皆剴至及爲副憲疏
劾大學士陳之遴心術不端營私植黨　詔解任發遼陽閒住戶部議開吏員
納銀事例公言此衰世苟且之政也今縱不能加小吏工食奈何著爲令甲以
貲得官使銓政由此而壞又請定教官每年考察例令學政刊布明儒薛瑄王
守仁等講學諸書以培真才並下部議行其領御史臺也時在五月日月交食
公疏請廣言路停工作寬州縣催科考成速清　恩詔應釋滯獄酌復五品以
下官俸減調移之兵節供應之費　上嘉其奏立允行嘗春月侍經筵聽講
漢文帝春和之詔因舉仁政所先四事卽日以聞京師人生女多棄不舉公請
嚴禁惡俗　世祖宣示講筵　命閣臣紀其事正陽門外菜園居民稠密爲
前朝嘉蔬圃地所司檄歸之官公過其地百姓遮道訴公入言於　上立以

予民公嘗言天下未平皆由徵求太急刑罰太繁以致良法美意不能遍及窮簷今宜奬進直言激發忠義尙寬大平易之治勿爲刻薄瑣碎之計有 旨令對狀終以其言直不問也 世祖嘗召至中和殿諭之曰朕擢用卿非有人薦達也公稽首謝曰敢不竭孤忠以報知遇南苑閱武每 賜宴行宮應制賦詩 天顏輒喜甚一日侍坐問民閒收穫公曰畿內百姓困苦豐年僅供官稅

上稱唐太宗英主對曰晚年無魏徵苦諫遂窮兵高麗至貽後悔公因事納忠屢稱 旨疊拜名馬豐貂金幣之 賜 世祖幸南苑別殿夜半閱明孝宗實錄有召對兵部尚書劉大夏都御史戴珊事心喜曰朕所用何遽不若大夏珊明日宣梁尚書清標及公詣行幄備顧問其蒙 恩眷若此 聖祖沖齡踐阼輔政大臣議加練餉五百萬公疏爭之力 中旨停罷雲南初定請捐無名賦稅以慰新附之氓薦地方人才以收巖穴之士恤投誠文武以來膚敏之彥寬一切禁網以安溪峒之蠻又言雲南旣有吳三桂藩兵及督提兩標兵則滿洲兵可撤但滇黔川楚之閒不以滿兵鎮守要地儻戎寇生心恐鞭長

莫及荆襄乃天下腹心宜擇大將領滿洲兵數千常駐其地無事則控扼形勢可以銷奸宄之萌有事則提兵應援可以據水陸之勝疏入格於議公復請移舊駐武昌之湖廣總督於荆州從之其後滇南變亂人乃服公先見云公在政府張弛寬猛調劑異同單辭片語解紛決策及 仁皇帝親政公感 兩朝恩遇益奮發有爲終以直道忌者衆初陝撫張自德以贓款被劾給事中孫光祀因劾公瞻徇公疏辨及康熙庚戌夏內院承 旨會同吏禮部選新進士十六十人試以文藝 上親定二十七人爲庶吉士御史李之芳疏劾公先以閱擬上卷之二十四人私令家人通信并劾公前遇 恩詔時候缺未補其子嘉朦混得廕又劾公與班布爾善比暱用私人爲實錄館纂修提調官越格優敘班布爾善者以黨鼇拜伏誅之大學士也有 詔命公回奏公言閱卷非臣一人通信有何左驗廕子由吏部題明 恩允有案可稽至謂臣與班布爾善比暱則前此同在內院遇事輒相爭論以鼇拜之勢燄臣足跡不登其門況班布爾善乎因請 賜罷斥歸田疏入下吏部會質部議魏嘉廕生雖非朦混但候

補官無得陞之例法宜革明年公疾亟請告　上以其懇切不强留也公服官日夕讀書輿中輒攜一卷及致政紬繹經史百家之書拳拳服膺於窮理盡性之恉時有所深省獨得而不輕以語人其見於所著書有約言錄內外篇聖學知統錄二卷知統翼錄二卷致知格物解二卷論性書二卷所纂書有重訂周程張朱正脈薛文清讀書錄纂要其經學則有易經大全纂要四書精義彙解惺心篇捷解孝經注義史學則有經世編七十二卷詩有嶼舫集文曰兼濟堂集共五十餘卷又著希賢錄一書分五門二十五目以括格致誠正修齊治平之要生平篤孝友與人交質直無城府久要不忘尤喜獎掖後進急人之難不啻飲食嗜欲懸車十六年課督農桑混迹田夫野老閒人不知爲舊相也康熙二十五年薨年七十有一　賜祭葬如例雍正十年　詔入祀賢良祠乾隆元年　上念公與湯尚書斌等未邀易名之典　詔追謚文毅弟裔懋官平涼府知府有孝行著述亦多公有子四其三曰荔彤字念庭官至按察副使能繼公業著有懷舫集

魏敏果公事略

公諱象樞字環溪一字庸齋山西蔚州人順治三年進士選庶吉士明年改刑科給事中公性骨鯁敢言事尤注意於當世人才賢不肖治術得失民生休戚是是而非非必盡意乃止疏言督撫按聽用之官太雜道府州縣胥隸太濫請清理報可尋劾安徽巡撫王懩賄庇從逆之縣令鄧繼球罷之五年轉工科右給事中疏劾平陰知縣王國柱違禁擅殺人又請更定會典以明職掌七年轉刑科左給事中疏言督撫屢有訪糾道府全無開報請嚴徇縱律八年 世祖章皇帝初親政 詔免天下額賦罷城工除加派其時有以私征侵帑坐罪者因上疏極陳其弊且請定藩司會計奏報之法以杜欺隱立內外各官治事之限以清稽滯從之又請嚴考績大典禁反噬劾江蘇左布政劉漢祚缺賦五十餘萬請 敕部察究論如律最後請 聖躬慎起居一疏辭逼輔臣略言

聖政維新中外想望治平匪同昔日如 皇上近巡京畿輔臣當陪侍法從以效啓沃之忠儻遠有所幸尤當諫止 鑾輿以盡保傅之職疏上人謂

公禍且不測有　旨嘉之又因災變陳言謂天地之變乃人事反常所致歷舉近日顛倒　旨意輕重　綸言等事語侵權貴尤亟疏下九卿科道議左給事例不與議公補陳顛末　特命公會議公與諸大臣抗爭是非在廷爲仄目獨大學士范公文程心識之曰此我國家任事之臣也其後有搆公者輒於衆中剖晰之卒得白九年遷吏科都給事中十年大計鎖廳閱冊令兵馬司周廬巡徼綱紀肅然上四疏皆言計典其一謂糾拾之舊制宜復言官不宜反坐下所司議著爲令因奏白給事中劉楗糾拾被譴冤得　旨復職言官吳拜吳達坐言事論死公謂言官進言不實第宜治以考功法惟坐婪贓骫法報怨挾仇乃可下刑部又言會推督撫宜核事實勿徇虛名又詳陳民命民情民食民困四端以佐勤民大政皆報可十一年大學士陳名夏得罪言官坐不先事糾發六科長皆被議公降補詹事府主簿屢遵　旨陳言並奏定薦舉各官格式稍還光祿寺丞十六年告養歸家居十三年講求理學以躬行實踐爲宗丁母憂喪葬悉準古禮康熙十一年服除大學士馮公溥特疏薦　聖祖卽召公以疾

辭再　召乃趨朝補御史疏言欲明賞罰斷在奬廉黜貪請甄別考察並以操
守清廉爲上等又請增俸以養廉改罰俸爲記過又請永不許正月開征以昭
萬世法守又言畿輔盜案過多請設總督兼轄滿漢兵民尋劾湖廣藩司劉顯
貴虧帑九萬七千有奇撫臣徐化成巧爲出脫又劾給事中余司仁罔上行私
曲庇劉顯貴並下所司察治滿歲晉四品卿銜仍掌御史事疏言崇教化則宜
勵臣僚之家教重河工則宜蓄任使之人才正人心則宜戒淫巧定民志則宜
輯禮書　聖祖皆韙其言擢左僉都御史明年二月遷順天府尹原任巡按
御史郝浴爲吳三桂誣陷流徙尙陽堡凡二十年公屢疏薦之且曰臣才守學
識皆愧不如願以職讓其後浴卒起用爲名臣轉大理卿七月擢戶部侍郎承
旨保舉人才舉原任布政使李士楨慶陽道王天鑑候補道鄭端常熟知縣
魏允升皆報可會西南用兵上籌餉三疏曰確估價值以清浮冒嚴覈關稅以
杜侵漁愼簡藩司以清賦稅從之　上命公與侍郎班迪淸理部庫八閱月
而蕆事十七年授左都御史首疏申明憲綱十事謂　國家根本在百姓百姓

安危在督撫督撫廉則物阜民安督撫貪則民窮財盡願諸臣爲百姓留膏血

爲國家倍元氣臣不敢不爲　朝廷正紀綱　聖祖嘉其切中時弊立予

施行會徵博學鴻儒公舉原任布政使畢振姬嶺北道湯斌糧道王紫綬員外

郎馮雲驤評事白夢鼐應　詔時嘉定知縣陸隴其以盜案落職公以清操飲

冰愛民如子薦之鎮江知府劉鼎溺職無狀而報擢糧道絳州知州曹廷俞貪

酷厲民大吏庇縱不劾公特疏糾之又因磨勘順天鄉試卷陳科場八弊請設

內簾監試御史陳學政十弊請據爲三年考覈之實廷議並著爲令舉學臣之

賢者曰邵嘉勞之辨劾其劣者曰盧元培程汝璞會汝璞已經浙江督撫保擢

京堂公遂臚陳汝璞罪狀並劾督撫欺罔下九卿科道議尋論罪如律明年春

公奏事畢　上命近臣捧　御書詩卷一清慎勤大字三格物大字二以

賜公且傳　諭以爾居官克稱此三言故有此　賜他日復　賜紫貂披領

上面諭今年暫著明年且別製爲卿換之會京察自陳　優旨命供職未幾

有刑部尚書之　命公疏言當貪風日長吏治未清大吏因循小民困苦之際

仰見　皇上宵旰焦勞於上臣不計身家不避嫌怨奉　朝廷之法與海內臣工共相砥礪內而科道外而督撫參劾之疏屢上已有澄清之機而道府以上貪墨之官尚多漏網臣職司風紀夙夜兢兢不敢自安昔汲黯自請爲中郎補過拾遺臣亦妄欲竭愚悃請辭司寇留御史臺激濁揚清爲　皇上振肅綱紀

上嘉其奏遂加刑部尚書銜留原任於是方疏劾榷稅蕪湖之主事劉源驕恣貪污及山西巡撫土克善賄庇學道盧元培諸罪狀是日地連震

上晝夜坐武帳中公直入奏曰地臣道也臣失職則地反常臣不能肅風紀以修職業請先罪臣以回天變　上召公入公伏地涕泣請屏左右語移時極言天變若此乃索額圖明珠二相植黨市權排忠良引用僉壬以剝蒸黎之應及出副都御史施公維翰迎於後左門見公淚流頰未乾也是日公宿帳中語施云今百姓困苦已極而大臣家益富地方吏剝民媚上督撫司道又轉餽政府小民愁苦之氣上干天和致召水旱日食星變地震之異又會推動輒徇私將帥無復紀律蠲免錢糧災黎不沾實惠刑官鬻獄豪右爲姦皆可憂可危

之事施曰公何不極言之公曰　聖明洞燭何待吾言吾儕負　國萬死不足贖矣明日　上以六條宣廷臣集議大略如公指於是朝士咸知公造膝所請而用事大臣皆爲之股栗明年索額圖罷二十七年明珠爲郭總憲琇劾罷至四十五年春　聖祖始以公面對語諭羣臣二相之黜公最先有以發之也會　詔舉廉吏公疏薦原任侍郎高珩達哈塔雷虎班廸大理卿瑚密色侍讀蕭維豫郎中宋文運布政使畢振姬知縣陸隴其張沐皆得　旨錄用十九年任刑部尚書明年扈從謁　孝陵一慟幾絕賦詩至哀讀者皆感動尋　命與少宰科爾坤巡察畿輔公單騎按行墨吏豪家皆歛跡爲除泰甚者若而人還報稱　旨時積勞得疾　賜人蓡二斤蓡膏一器公感　上恩欲引退而不忍言二十三年春奏事　乾清門暈踣於地乃疏乞骸骨　温旨慰留仍力疾視事或勸少休公曰吾偷安一日罪人待讞者增一日苦矣八月再請　上惜其去以詞甚迫切　許馳驛歸並　諭三覲乃行始入　賜御膳再　賜茶三　賜御書寒松堂額寵其行公遂自號寒松老人出　國門公卿祖帳盈

道皆嘆息以謂公清勁之節至老不衰固不媿斯稱而 天子之知公則可謂至矣公門庭蕭寂圖書數千卷無異秀才時所增惟 編誥 宸章及諫草一囊而已二十五年薨於家年七十有一 賜祭葬如例諡敏果著有儒宗錄知言錄寒松堂集公為 本朝直臣之冠彈劾必匪人薦引必正人嘗言大臣之誼在以人事君故於君子小人進退消長之際爭之尤力其講學篤實醇正與孫夏峯李二曲及湯陸諸公遺書往復文章樸直如其為人其以薦起也度俸糈不足自給不欲出有李恆岳者妻兄弟也謂曰子在京師日費幾何曰得一金足矣恆岳曰子果出而有濟於世吾能任之公遂行終公在官無內顧憂者恆岳力也雍正八年 詔入祀賢良祠

李文勤公事略 杜文端公立德

李公諱霨字景霱直隸高陽人父國槽明大學士諡文敏明史列傳公七歲而孤自幼苦志讀書言行不茍順治三年進士選庶吉士授檢討 恩詔晉編修十年 世祖親試習國書翰林公與侍講胡兆龍檢討莊同生並列上等擢

中允再遷侍講學士教習庶吉士時始設日講官公與麻勒吉胡兆龍王熙曹本榮等充之十四年充經筵講官十五年充會試副總裁遷秘書院大學士尋改東閣大學士疏言內三院既改爲內閣別設翰林院宜分職掌以專責成上允所請十六年加太子太保命校定律例十八年聖祖御宇復設內三院公改宏文院大學士康熙三年典會試九年仍以內三院爲內閣公改保和殿大學士十一年纂修世祖實錄成賜銀幣鞍馬加太子太傅十三年詔舉素有清操堪任繁劇者公舉前布政使王舜年參議道俞之炎十五年再典會試十七年詔舉博學鴻儒公與大學士杜公立德馮公溥合疏薦副使曹溶布政使法若真參議道施閏章中書曹禾陳玉璂知縣米漢雯進士沈珩葉舒崇及召試三相國皆爲閱卷大臣所取皆名宿歷充方略聖訓實錄會典及明史總裁官晉太子太師會臺灣初定提督施琅請設官鎮守廷議未決有謂宜遷其人棄其地者上召問閣臣公奏棄其地恐爲外夷所據遷其人慮奸宄生事應如琅議上韙之二十三年六月薨於位年

六十公弱冠登第大拜時年裁三十有四老成持重風度端凝內介外和朝野
倚以爲重　聖祖冲齡時輔政諸臣多專決票擬或失當公每於談笑閒婉
言曲喻徐使改易調變之力居多三藩變作察哈爾部亦叛　朝廷命將討不
庭一應軍機方略　諭旨皆口授公起草每入直或夜分始出或留宿閣中有
問者輒默不應其慎密如此居相位久嫻掌故凡　朝廷大典禮必以屬公出
則扈從入則侍講幄所得　賜賚輒分給宗戚恪恭忠謹三十餘年如一日遺
疏聞　優詔賜卹命大學士明珠偕學士一人往奠爵　賜祭葬如禮謚文勤
四十九年　諭曰李霨任大學士時始終恪慎懋著勤勞其孫工部主事李敏
啓可超擢太常寺少卿以示優禮舊臣至意是歲公第三子其旋以教習授知
縣　特旨以主事即用晉員外郎公尋入祀鄉賢同鄉中與公偕登揆席者曰
寶坻杜文端公
杜公諱立德字純一明崇禎癸未進士　本朝順治二年以薦授中書考選給
事中疏言治平之道有三曰敬天曰法古曰愛人　上深嘉納六年疏陳漕

弊言漕臣庫禮搜獲運官使費冊三十本送部其中所費皆東南數百萬赤子脂膏供貪墨者之魚肉請按款察究從之八年疏請舉經筵擇經明行修之士爲講官又請定朝期杜加派肅禁地均蒙嘉納初睿親王攝政給事中許作梅御史吳達李森先等交章劾大學士馮銓姦貪狀疏上已旬日未下廷議公疏請令滿漢大臣集議以伸公論鼓直言之氣尋以事在赦前寢其議及　聖祖親政黜馮銓公因言許作梅吳達李森先等前因劾銓爲所切齒又僉都御史趙開心素爲銓所忌相繼搆陷斥去之茲逢　聖政方新乞矜察開心等皆得　旨起用公由太常少卿遷工吏兵刑四部侍郎加太子少保擢刑部尚書每讞重辟必周詳審慎反覆爲求生路得則退有喜色不得則日中不出署抵暮歸或竟忘食嘗入對既出　世祖顧左右曰爾等識此人乎此新授刑部尚書杜立德也不貪一錢亦不妄殺一人其被　殊眷若此康熙元年調戶部尚書二年加太子太保三年典會試轉吏部八年拜國史院大學士其明年改內三院爲內閣授保和殿大學士兼禮部尚書晉太子太傅公殫心獻納遇事

持大體　聖祖嘗諭左右閣臣如杜立德真不媿古大臣十二年再典會試
居相位十餘年　恩禮優渥嘗　賜宴內廷　特命列坐殿內漢大學士入殿
坐自公始也其後以疾未預宴　上特遣中使賚酒饌　賜之　諭曰卿弼
亮老臣久任機密玆海宇蕩平時當令序賜宴羣臣念卿臥病故遣使慰問且
賜醴饌卿其加餐珍攝副朕惓惓至意二十一年夏乞休得　諭㫖　御製五
言律一章　御書二軸及怡情洛社篆章以　賜會實錄告成晉太子太師三
十年六月薨於里第年八十有一　諭稱其稟性厚重行事正大從不肯茍隨
同列可謂賢臣矣　賜祭葬　予謚文端子恭俊官廣信知府三十九年迎
鑾三河　上詢知爲故相子甚喜并問公葬所　賜　御書永言惟舊四字
揭諸阡恭俊好義喜濟人急邑人陳某欠官糧三百金將鬻其女恭俊捐金代
償而并嫁其女父子並祀鄉賢

馮文毅公事略

國初諸大臣宏獎人才以益都相國馮文毅公稱首公嘗薦原任光祿寺丞蔚

州魏象樞兵部主事成性各以科道用後皆爲名臣康熙己未　詔舉博學鴻
詞科公薦原任布政使法若真副使道曹溶參議道施閏章進士沈珩葉舒崇
中書曹禾陳玉璂知縣米漢雯皆海內耆宿其餘應　召至者公皆傾心延攬
貧者爲授館病饋以藥喪者賻以金聞人有異才輒大書名姓揭座隅汲引如
不及天下士歸之如百川之赴巨海焉及試　上命公與高陽李相國霨寶
坻杜相國立德崑山葉掌院方靄並爲閱卷官中選者五十人皆入史館於是
閏章授侍講珩禾漢雯皆授編修餘高年如杜越傅山孫枝蔚等七人皆授中
書銜遣歸天下頌　聖祖得人之盛而公好賢下士出天性爲足仰贊闢門
之　盛治云公諱溥字孔博一字易齋山東益都人順治三年丙戌進士丁亥
補廷試選庶吉士尋授編修壬辰分校禮部試累遷秘書院侍讀學士　世
祖幸內閣指公謂閣臣曰朕視馮溥乃真翰林也未幾擢吏部侍郎會各省學
道缺部郎不副以知府補之經吏禮部共議奏而給事中張惟赤以徇私劾公
有　旨令回奏公疏辨　世祖曰吾固知馮溥不爲也置不問次年京堂三

品以上官自陳忽　嚴旨黜滿尙書科爾坤暨兩侍郎而獨留漢官在部公與尙書孫公廷銓疏言部事滿漢同治今滿臣得罪漢臣安得免臣等無狀乞并黜有　旨命供職會考績公疏請補滿堂官得　旨令公等考察滿員公以素與滿員不習無從定優劣辭　特旨命會同五部尙書及都察院考察其逾格者見重多類此　聖祖冲齡御極內大臣索尼蘇克薩哈遏必隆鼇拜並受顧命同輔政號曰四大臣御史李秀初以考績黜至是夤緣復官劾公爲故相劉正宗黨人主銓時破例徇私公疏辨　嚴旨飭秀誣訐康熙四年停各省巡按議遣大臣廉察督撫每行省各二人吏部尙書阿思哈侍郎太必𪧆遂議設公廨頒　敕印公執不可謂國家設立督撫皆重臣今謂不可信復遣兩大臣監之甚無謂也夫權重則勢相軋難保屬吏不仰承左右啓隙端太必𪧆性暴伉聞公言大恚瞋目起立奮拳將毆公公徐曰會議也獨不容吾兩議耶且可否自有　上裁豈爾我所敢專主時曹屬環跪公前使稍貶損從滿議公堅持不可疏入　上韙公言事遂寢其後太必𪧆反修好禮下於公然終以罪

誅先是公假滿入都時諸翰林官以新例五部員外郎得與翰林較俸遷侍讀毋論翰林俸不能較且論俸不論資則前後皆倒置爭乞公釐正至是始改循舊例丁未會試充主考官奏設育嬰堂於崇文門外厥後宛平王相國熙繼之其式遂徧於天下又就其旁買隙地種柳萬株名萬柳堂暇則與賓客觴詠其中文采風流照曜一世戊申遷左都御史時有紅本已發科鈔鼇拜取回改批公奏言本章既經批發不便更改鼇拜欲罪公　上特旨嘉公言　命輔政大臣此後當詳愼批發會盛京工部侍郎缺規避者多已會推奉　旨矣不旬日三易其人公疏稱王言不宜反汗當愼重於未有　旨之先不當更移於已奉　旨之後又疏言廣東盜賊充斥總兵官宜嚴加處分首相班布爾善惡公言直閣其奏　聖祖取公疏覽之稱善　命飭部施行時鼇拜晉太師於二等公爵外加　賜一等公專恣益甚日與班布爾善等比黨搆陷旣族誅輔政大臣蘇克薩哈復矯　詔殺大學士蘇納海內大臣飛揚古侍衞倭赫西住折克圖覺羅塞爾弼及直隸總督朱昌祚巡撫王登聯等滿漢內外大臣莫敢攖

其鋒其敢訟言其失者惟公及侍讀熊公賜履二人而已公又請寬逃人之禁分別新舊定讞又疏稱閩粵重兵皆攜家口約計十萬之師卽不下百萬一切途費及養育之資皆取諸　朝廷且家累重則緩急難於徵調宜申禁又疏稱吏部選官俱論年分進士則壓於歷科揀選之餘舉人則待之五科不中之後豈無昏耄不堪民牧者乎如其有之則謁選赴任路費不貲及履任而大吏以昏聵去之爲累不淺卽姑留嘗試事敗聽劾而地方已被其害且有老死他鄉妻孥代累者矣廕生應得州縣者例准十八歲選授豈無童心尙在操刀使割者乎如其有之則幕友丁役得攬其權而吏治不可問矣應請　敕部嘗截取之日略試以身言書判可者錄之否則以原銜休致其幼稚未通者停其授官俟學成再補或改授佐領等官待練習世務後照例遷除又嘗遵　旨陳言請寬刑稅謂古者罪人不孥今一事牽連數人或數十人雖事終省釋生死已不可知且問官貪懦不卽審結遲或一二年或七八年株累何堪請　敕部嚴禁有逾定限者卽治督撫以才力不及罪又正月開征追呼太急請夏稅定於六

月秋稅定於十月上培　國脈下寬民命疏入　上皆嘉納焉又言平南王
尚可喜靖南王耿繼茂續順公沈永忠均牒戶部請免所買馬匹稅恐匪人借
端滋弊請照例徵稅以昭畫一從之庚戌遷刑部尚書甫涖任即疏言愚民犯
法日衆　朝廷教化宜先　上韙其言未幾引年請告不許辛亥授文華殿
大學士疏請於豐歲廣行積貯從之明年復乞骸骨　聖祖云六十四歲未
衰也侯卿七十乃休耳癸丑典會試冬十一月吳三桂反公不敢言去戊午福
建平公疏言　皇上曾許臣七十乃休息壤在彼敢申請仍不許明年己未
典會試尋　命閱召試博學鴻儒卷所取五十人皆北面稱弟子是年夏公得
熱疾乞歸　上遣學士就家問疾傳　諭調理稍痊即出視事辛酉雲南平
公請告　上還其疏仍弗許壬戌上元　上賜宴諸大臣及詞臣講官於
乾清宮許羣臣至　御座旁觀鼇山燈　上親賜公巨觥命釂公不能飲
遂大醉尋捧觴稽首登臺獻及出　命內侍扶掖歸是日　上賦柏梁體詩
首唱云麗日和風被萬方羣臣各續成之　聖祖親書命曰昇平嘉宴詩

既而　上東謁　三陵返蹕公乞休得　旨卿輔弼重臣端敏練達覽奏
以年老請休情詞懇切可原官致仕馳驛回籍仍遣官護送以示眷懷及　陛
辭　上賜食傳　旨云卿自今無職掌可常至瀛臺一看越數日至瀛臺
賜飯訖　命遍遊西苑　上遣侍臣攜酒果隨公令每至一處坐飲三爵力
倦且稍憩勿遽出及歸仍以酒果卽家　賜之公疏言伏見　皇上掃除逆
孽廓清四海無念不思安全百姓日未出而求衣臣下章奏無不披覽其勞百
倍於臣工尙望靜以宜民寬以敷政凡事非萬不得已者勿爲勞費外省訐告
事非督撫所能審者則遣官其餘弗遣以省騷擾臺灣小醜不數年必自戕滅
不宜輕剿關稅鹽課借諸商賈出諸民不宜增額幷請停止部差以休養閭閻
培植元氣　溫旨報聞尋　賜　御製詩一首印章一其文曰適志東山次日
辭謝　上遣中書羅映臺護送到家京朝官數百人同餞彰義門外父老有
牽車泣下者會　太宗文皇帝實錄成　賜銀幣鞍馬加太子太傅三十年
十二月薨於家年八十有三　賜祭葬　予諡文毅所著有佳山堂集公愛才

若命立朝屢忤權貴嶽嶽無所回風節尤高天下當鄉舉時報至公方熟睡呼之不省太夫人大驚以水噀其面亦不省時公夢應召遊泰山乘雲而上至則張樂設宴將退聞雞鳴海中紅日如車輪既寤口鼻閧猶餘酒氣焉其應鄉試也寓省會藥王庵僧壐文有道行公方禮佛驚起曰老僧甫入定見東方紅光熊熊然悸而寤不知爲公至也寺門古松數株中有磐石流水環之公盤桓其閧壐文忽告曰願公毋坐此也旁有土地神祠夢以不安告公笑謝之數日後復來言如是者三公曰果爾可壘牆障之祠前至今蔽一牆以公故也事雖誕亦可想見公之生有自來云

姚端恪公事略 弟文熊

姚公諱文然字弱侯安徽桐城人明崇禎十六年進士 本朝順治三年以安慶巡撫李猶龍薦授國史院庶吉士五年三月改禮科給事中七月典山東鄉試六年疏請嚴敕撫按遵 恩詔清理刑獄勿任有司稽玩或條赦外有可矜疑原宥者許專疏上陳又請重定選用下第舉人之例以廣任使又言直隸與

山東河北接壤每遇盜賊竊發東西竄匿難於越境追捕請改保定巡撫爲總督統轄直隸山東及河南懷慶衞輝彰德三府庶盜患可弭又請嚴敕各省督撫勿濫委私人署州縣官疏皆下部議行尋轉工科八年請令都察院甄別各省巡撫疏下所司議分六等考核陞調有差是年秋江浙水災公言災地漕米宜改折以災之重輕定改折多寡又言折漕規則新立民不能周知官吏因緣爲奸或改折外重征耗銀或先已征米又收折價或私折重價而以輕價報解弊端不一請 敕漕臣密查嚴劾 上嘉納之十年疏言大臣負罪宜免鎖禁城門以存國體從之遷兵科都給事中尋乞養歸康熙五年補戶科六年疏言川楚諸省官吏借採木爲名或搜取民間屋材墓樹宜飭禁又言採買官物其由官發價者駁減之銀應如舊扣存司庫若價出自民餘銀宜還之民間又言一部可結之事即應一部逕結一疏可結之事即應一疏通結如各省錢糧考成已報完者部臣於議覆時宜即予開復以省奏牘均如所請行九年 命以四品服俸仍任給事中十年夏兩江總督麻勒吉以京口將軍李顯貴鎮江

守劉元輔侵帑事覺逮繫至京公疏言麻勒吉情罪輕重尚待質問宜釋鎖繫　上韙其言命自後赴質者槪免鎖繫著爲令尋擢副都御史遷刑部侍郎十二年調兵部督捕侍郎充會試副考官尋以京口將軍柯永蓁爲副都統張所養奏劾奉　命往鞫得實永蓁罷任是年遷左都御史十三年疏言耿精忠與孫延齡俱受吳三桂指揮背　恩反叛中閒阻隔者賴有廣東將士久駐其地熟悉山川地利以遏賊鋒儻與孫逆合謀互相犄角則廣東勢危江西毗連閩粵若逆賊侵踞贛州南安餉道中斷郵遞有梗亦屬可慮宜進駐重兵以通聲援　上從其議會陝西提督王輔臣叛所在騷動河南巡撫佟鳳彩乞休已得　旨解任矣公疏言河南密邇陝西恐流言煽惑鳳彩任巡撫數載甚得民心宜令力疾視事　上卽命留任如公言十五年擢刑部尚書十七年六月薨於位　賜祭葬如典諡端恪公自入仕任言責汔爲正卿所歷皆法官於　國家利害吏治得失民生休戚知無不言言無不當尤矜恤民命惟恐一物不得其所纖毫出入之疑必折而歸之於中前後所建白皆天下大計而尤推

本於君身故惓惓以調護 聖躬節愼起居爲言時韓侍郎菼等侍講幄見公叩首 丹陛言發涕零言人所不敢言而 上亦受之不咈也在刑部推廣 上恩所全活甚衆先是公爲科臣已屢上愼刑之書至是益自發抒不骩法不市恩一酌乎人心之安而猶恐失之校閱刑書常至夜午年衰成疾諸子諫之則曰刃殺人於一時例殺人於萬世其可忽乎哉嘗刺一人於法爲不應爭之不得公退而炷香長跽自責者久之其刻己恕物類此所著白雲語錄參酌例律鉅細必貫名法家可長據而守也公嘗自書座隅曰常覺胷中生意滿須知世上苦人多又曰憂人之憂樂己之樂又曰病之起由於不誠誠則中和百病不生所著奏疏及詩文集皆質實醇厚有古風平居一話一言罔不可爲法亦其生意之充滿者然也雍正八年 詔入祀賢良祠弟文熊字望侯康熙丁未進士令蕭山地當衝繁又閩亂未定芻糧取給於邑調度有方民以不困遷階州州與番地鄰亂後益凋敝到任悉除無名之征上官按舊例發吏督催文熊縛其驕橫者抶而遣之大計遂以不及例降調蕭山人祀之名宦祠

朱梅麓尚書事略

康熙五年二月兵部尚書河道總督朱公之錫薨於位十二年河督王光裕疏言公生而盡瘁殁爲河神江淮兩河商民追思惠政弗諼邳州宿遷中牟陽武曹單等縣皆建廟塑像尸祝漕艘運丁每涉險有禱輒驗謹據輿情籲請錫封疏下禮部部議以河臣封神無成例寢其議乾隆四十五年高宗巡視河工始允大學士阿桂請以公殁爲河神屢著靈應諭禮部賜封助順永甯侯春秋致祭後又敕加封號曰佑安謹按生英死靈理本不易而幽渺附會之說儒者或以爲無稽然古聖人以神道設教王者受命進退百神之祀凡以爲民而已其應乎天神地祇人鬼之典法者固爲秩宗所掌錄其能禦災捍患合乎以死勤事之義而又能見靈爽爲徵驗以奔走天下者王者亦秩而祀之所以從民望也國家之制歲以春秋二仲命所在守土官致祭英衛公伍員於錢塘敷澤興濟通祐王李冰父子於灌顯佑安瀾甯漕助順之神張巡於浮梁丹徒清河誠應武肅王錢鏐於臨安顯佑通濟昭靈效順廣利安民金

龍四大王謝緒於宿遷及濱河各邑靜安公張夏於蕭山甯江伯湯紹恩於紹興甯漕公宋禮及永濟之神白英於汶上威顯靈佑王許遠於山陽之高堰彰靈衞漕神張襄於清河佑民衍澤太湖神王天英於湖州及蘇州靈感普濟神許遜於南昌廣濟孚順侯蔣崇仁利濟孚順侯蔣崇義靈應孚佑侯蔣崇信於仁和保濟顯佑侯戴繼元於德清孚惠善政靈德侯王元暉於鄞孚惠佑民天井潭神劉揚祖於慈谿誠孚利濟之神陳道與於義烏宣威助順靖遠侯楊瀨於永綏廳靈佑宏濟顯惠王黃守才於陳留閿鄉及濱河各邑張桓侯飛趙將軍雲於曹諸葛武鄉侯亮於成都宣威布德康濟雷神陳文玉於雷州英佑驍騎將軍江起龍襄靖普佑神張瑜於徐聞顯佑英濟廣福王武當於義甯敷佑康澤靈應侯耿裕德於運河揚糧廳靈應鎮海威遠金華將軍曹杲於錢塘敬義侯尚義侯秉義侯詹姓三神於翁源孚惠侯晁說之於鄞顯佑宣靈王周雄於新城昭應伯王光鼎於建德靈佑伯周文煜於黔陽猛將軍劉承忠於各直省府州縣及助順永甯佑安侯朱之錫於濱河各邑皆載在祀典歷加　封號

紀在　大清通禮其人其地皆確鑿可稽用此見我　聖朝懷柔百神昭明
肸蠁能知萬物之情狀而後能知鬼神之情狀誠非一孔目論之士所能仰窺
而肊測也然考所祀諸神其事蹟或不盡顯著惟朱公治河十載功德在人而
其始終爲國爲民之精誠復能昭揭於身後則其殁爲明神也何疑焉公字孟
九號梅麓浙江義烏人順治三年進士選庶吉士授編修六年大學士范公文
程等請簡翰林官十二人編輯六科奏章備　國史之用公與焉十年遷宏文
院侍讀學士尋遷詹事時方纂修明史疏請　敕部宣示中外有以明末邸報
來上者量加賞賚幷責成各直省學臣購進遺書任滿時課多寡爲殿最下所
司議行十三年晉宏文院學士明年擢吏部右侍郎　世祖章皇帝嘗幸館
中給筆札賦詩有　禁內盤盂皆敬勝猶懷筆諫效前賢之句　上覽之大
喜　命坐　賜茶　諭嘉公氣度端醇才品勤敏令以兵部尚書銜總督河道
駐濟甯州十五年河決山陽公馳赴清江浦築戧堤以衞之決口遂塞宿遷董
家口爲淤沙所閼別開新河四百丈於舊渠迤東以通運道十六年疏言黃河

泛溢之害無代無之前明二百餘年數興大役治水名臣如徐有貞劉大夏潘季馴等塞決口疏河身役夫俱八九萬至十餘萬糜帑不貲我 朝數百萬京儲仰給東南凡籌河者必兼籌濟運黃河自滎澤至山陽運河自惠通至清口前明規制十存其五欲一一修復工繁帑絀謹酌盈虛權緩急條上十事一曰歲修夫役宜存舊額一曰淮工宜酌行民修舊例一曰隄閘宜擇最要者先治一曰柳料宜預爲籌備一曰誤工病民弊端宜嚴剔一曰曠盡銀兩宜釐核一曰河工職守宜慎重一曰河官既有專責不應別膺差委一曰歲終宜察核所屬賢否分別舉劾以示勸懲一曰黃運二河毗連數省宜 敕各巡撫共襄河務疏下部皆如所請行八月疏薦同知佟養鉅魏裔魯孫裔昌知縣余縉崔維雅等得 旨敘錄十月以兵船縴夫有守候越站攘奪奔追諸苦累請自今兵船分別征剿駐防酌定夫額設官巡察從之先是公丁母憂 命在任守制至是疏請扶柩歸葬 優詔給假治喪事竣仍即赴任十七年冬復任偕僚屬捐銀賑濟淮揚徐三府災民康熙元年加太子少保九月河決原武祥符蘭陽等

縣公力籌堵塞自爲短歌俾遒鐸徇行夫役皆踴躍趨事以是屢有成功是年河南巡撫劉源濬條奏南陽汝甯二府開墾荒地請免河工差徭十年部議令公覈覆公言差徭貴均勞逸新墾者偏逸則舊業之民偏勞請自今領墾地畝者五年後起派雜差又工部以江南瓜洲剝船逋欠河庫銀令公察追公言近年商船通行剝船無從覓利兼又撥應兵差其新舊額稅均宜豁免又疏請造船撈淺高郵四十五艘寶應江都各十八艘共支帑千七十餘兩並從之前後疏薦河工分司主事壽以仁高恆豫郎中吳煒河南驛傳道萬永祚揚州推官王士禎等俱敘錄四年疏言南旺爲運河之脊北至臨清南至台莊全賴四十餘閘啓閉節宣以資輓運若差船兵船不時駛至應閉者強之使開洩水下注則重運之在上游者阻矣應開者強之使閉留水待船則重運之在下游者又阻矣夫公差既由水程卽隨漕而進未致誤期如慮河路迂遲自應從陸乞天語申飭俾各遵例禁得 旨嗣後非奉極要敕旨差遣擅行啓閉閘口卽指名題參公治河殫竭心力每當各工並急則南北交馳寢食俱廢感暑介馬暴

烈日中隆冬犯霜雪首尾十年先是壬寅秋歲大祲山左中州淮南道殣相望
公設法倡賑全活甚衆至是督催空艘抵臨清積勞成疾及東旋形色顦顇明
年春復閱視大挑奔馳邳宿閒病日臻因繕疏請告未拜發而薨年四十有二
無子　優詔議卹　賜祭葬如例著有寒香館河防疏略行世初河庫貯銀十
餘萬兩頻年撙節得四十六萬有奇後公爲河督者若靳文襄陳恪勤齊勤恪
嵇文敏諸公皆有名績且皆　勅建專祠而公特開其先路其神異乃尤著云

國朝先正事略卷三

平江李元度次青纂

名臣

趙淸獻公事略

趙公廷臣字君鄰漢軍鑲黃旗人順治二年由貢生知山陽縣遷江甯府同知兼理運務能其職尤加意生儒優其家屬不以僉運嘗攝知府事時值編審以精核著稱亡何坐催征逾限免十年大學士洪承疇經略湖廣疏薦公清幹有爲授下湖南兵備道嘗秉燭治官書至丙夜曉起百函並發左右不得行其私平反寃獄剖決無留滯加意恤民行路爲之感泣尤嚴絕苞苴歲時饋獻不敢至其門十五年隨大兵定貴州遂授巡撫明年擢雲貴總督時兵燹之餘繼以荒歉公調劑兵民不遑食息性不喜繁侈每行部不過數騎甚有不知其至者先是土寇馮天裕等踞山寨屢出攻劫公調兵擊破賊營斬天裕及僞總兵冉宗孝等疏言貴州古稱鬼方自城市外四顧皆苗專事鬬殺敌馭之爲難臣以

爲教化無不可施之地請自今應襲土官年十三以上者皆令入學習禮由儒學起送承襲其族屬子弟願入學讀書者許其仕進則儒教興而悍俗可變又每歲終土官各上其世次之籍於布政司報部乃許承襲斯爭端可預杜尋奏改馬乃諸土司爲流官又言滇省田土荒蕪當急招民開墾請以順治十七年本省秋糧貸爲春種之資會吳三桂以五象進獻　上命停止送京公因請槩停邊貢以省解送之勞並從之以勦平土酋龍吉兆功加兵部尚書康熙元年調浙江總督加太子少保疏言浙中逋賦不清由征解繁雜請以一條鞭法征收即以一條鞭法起解令各屬隨征隨解由布政司察明注冊至爲簡便又請移海島投降官兵安插內地以杜賊煽誘定水師提鎮各營兵制以練水戰杭嘉湖三府毗連太湖泖湖最易藪奸請增造快船撥兵巡哨部議俱從其請時海寇鄭成功死公招其黨僞將軍阮美都督鄭殷侍郎蔡昌登等相繼降獨明魯王之兵部張煌言率衆盤踞浙島多年最稱狡脫公親赴定海與提督哈爾庫張杰等定議檄水師由甯台溫三府出洋搜勦斬敵兵六百有奇降其副

將陳棟知煌言披緇竄伏海島乃遣騎將徐元等詐爲僧人服率健丁潛伏普陀山朱家尖蘆花嶴三路以伺遇閒諜船急擊之獲其故校誘使言煌言竄處卽駕所獲船以夜半至懸嶴出山之背攀藤上潛入其帳擒煌言獲其敕印疏聞得 㫖嘉獎煌言死之煌言者明鄞縣舉人也 大軍下江南時浙東拒命煌言迎監國魯王於天台累官兵部尙書嘗航海至翁洲扈魯王再入閩尋招軍於天台與故將張名振合軍入長江趨丹陽掠丹徒登金山望石頭城遙祭孝陵逾年與鄭成功陷鎭江下蕪湖及徽甯池太等屬爲我總兵梁化鳳等所敗遁入臺灣成功尋沒於臺魯王亦殂煌言遂散軍居南田之懸嶴懸嶴在海中荒瘠無人惟山南有汊港通舟楫北則峭壁乃結茅其閒蓄雙猿伺動靜敵舟在十里外則猿鳴樹杪得準備至是軍以夜至始爲公所擒初煌言之航海也公係累其家屬以入告 世祖命無庸籍沒卽令其父以書諭煌言煌言復書曰願大人有兒如李通勿爲徐庶兒他日不憚作趙苞以自贖其父亦潛寄語曰勿以我爲慮也公與江督郎廷佐提督張杰累書招煌言皆不屈公仍

厚待其家及煌言被執公命寄獄中而供帳甚盛許其舊部曲得來慰問官吏
願見者弗禁杭人爭賂守者求入見或求書煌言亦應之既就義遺民萬斯大
等請葬煌言於南屏山在岳忠武于忠肅二墓之間公亦許之嗚呼煌言之忠
固不愧文信國而公之賢實遠出張洪範上而　仁祖如天之大度益可想
見矣軍興以來度支苦不給公疏請復二十四監鼓鑄泉貨遂通四年疏請崇
節儉以維風俗又言用人宜寬小眚請　敕部分別罣誤降革人員量才錄用
以收得人之效又言駐防滿洲收買民人宜令地方吏給印契并曉諭諸鄰俾
知某人鬻身旂下後或逃歸有容留者乃可坐以窩逃罪事並下部議行會部
檄各省流寓人責令回籍公疏言落職罷任之員應即回籍其身故而子孫願
留及流寓已有丁賦入版圖者聽自便得　旨漢軍速催回旗餘如所請五年
招降鄭錦之僞都督李順等六年夏以疾乞休　溫詔慰留八年二月薨於位
公涖浙八年多惠政而折獄尤敏有瞽者入屠者室呼無人竊其篋中錢而走
屠者追之則摶膺而詬曰天乎彼欺吾瞽而奪之錢也公令投錢盎水中見浮

脂以錢還屠者有殺人者既誣服矣公曰傷不及寸而刃盈尺必冤也戒吏更求之得真殺人者夏大旱山中人皆言魃至丹顏赤髯絳衣冠入門輒失財物公笑曰非魃也令邏者伺之遂獲盜營中將士多驕恣公嚴抑之告訐不得逞時浙東初平叛獄屢起公平情讞鞫全活者多遇忠義士之各爲其主者誠有司不得駢坐其家屬人以爲尤難遺疏上　賜祭葬如典予諡清獻廕一子入監讀書論者謂公一生清節誠足與宋趙清獻公先後媲徽云

李忠襄公事略

李公率泰字叔達漢軍正藍旗人父永芳明撫順游擊歸命官至總兵公其次子也初名延齡年十二卽入侍禁廷　太祖皇帝賜今名以宗室女妻之弱冠從征察哈爾天聰間從征朝鮮崇德間從征明錦州又從征山東並有功游擢副都統順治元年授刑部參政兼副都統帥師駐防錦州四月隨睿忠親王入關破流賊李自成尋同都統金礪招撫天津又帥甯遠駐防兵平定山東河南擒斬滿家洞賊將趙應元降其衆萬人二年隨豫親王破流賊於潼關移師

南征克揚州下江甯分領精兵三百徇蘇州松江所過城邑悉撫定惟江陰典史閻應元陳明遇等閉城抗拒逾月督兵攻破之豫王命公駐防蘇州會明將吳志葵黃蜚來犯時城中驍騎僅千餘公與巡撫土國寶登盤門塔以望外兵使百餘騎遶城外各張幟爲援兵志葵前鋒數百斬西門入長驅四五里不見一敵忽勁騎突起截擊殲之城外軍轟退公急令閉城嚴督薙髮違者斬髮既薙即驅之登陴內應既絕外攻遂潰蘇州獲全三年隨端重親王博洛下杭州定福建冊功授輕車都尉兼一雲騎尉五年海寇犯福州漳泉諸郡 詔公與靖南將軍陳泰同心協勦至則擒斬賊渠曾慶等及餘黨數萬人時鄭彩連䑸數千踞長樂連江諸城邑公會陳公分兵夾擊盡驅以出海復二縣又統師直入興化生擒僞總督顧世臣等十一人斬之興化平先是福州爲賊困十有四月城中人相食江西賊郭天才僞稱援兵自杉關長驅至福州駐兵洪塘截米麥江上誘郡民出就食會公提師抵建甯聞之即間道飛檄巡撫使偵備賊乃夜焚洪山橋掠就食者千人以遁公至命有司收賊餘粟以甦遺民巡按御史

周世科大治椿杵釘鉸之刑考掠士民恣取財賄巨萬巡撫不敢問公疏劾之世科伏誅百姓皆感泣六年從征大同叛鎮姜瓖下保德州擒斬賊黨牛化麟等敘功加一雲騎尉先是順治元年更定官制名參政曰侍郎公仍以刑部侍郎兼副都統事八年調吏部擢宏文院大學士條上三事一懲貪酷吏一給滿洲兵丁馬匹草料一酌量營造工程次第　上從之尋坐誤增　恩詔赦款免降世職爲騎都尉是年冬奉　特旨晉爵三等男十年以大學士洪承疇薦授兩廣總督時明桂王朱由榔居安隆其帥李定國擁兵粵西十一年土賊廖篤增等結定國爲寇公遣將分道進勦陣斬篤增於玉版巢十二年定國犯粵東公領兵禦之敗其將高文貴會靖南將軍珠瑪喇率禁旅至合兵夾擊大破之於新會城下乘勝逐北遂復高雷二郡所至賑恤民賴以安方新會之被圍也城中糧盡且食人守者掠取婦女千餘口待斃公言於諸將盡釋之十三年加太子太保調閩浙總督　命兼程赴任駐衢州當是時海寇鄭成功招集亡命爲江浙閩三省邊患公既涖任相度形勢以賊艘來往無常非急整舟師不

足資戰守特疏增設水軍三千復增造哨船百餘艘爲勦禦計十四年招降海盜陳德容並疏言欲勦鄭逆當散其黨羽以撫佐之又言成功父芝龍不宜徙甯古塔其地近海恐由此遁患更大　上悉韙其言是歲晉二等男加少保兼太子太保明年招降僞都督唐邦杰副將林翀等鄭成功犯温郡陷平陽瑞安浙東告警公調江甯滿兵助勦賊敗去會　詔分閩浙總督爲二以都統趙國祚督浙江而以公專督福建駐福州賊黨陳斌既降復叛率千餘人據羅星塔公馳檄會師燔其巨艦千餘賊遁因以舟師圍之斌降公奏斌屢叛狀誅之康熙元年公以漳州爲全閩門戶奏增設水師二千及副將游擊等官時賊踞定海之小埕公密會靖南王耿繼茂遣兵擊走之又萬安所先經遷毀僞總兵楊宜等復於其地築新壘公會師夾勦賊不能支揚帆遁未幾招降僞總兵林俊奇等六十一人兵千餘人二年降僞忠靖伯陳輝等僞官百三十餘人兵千六百人家屬八百餘人復統建甯延平邵武將弁三路進勦山賊擒逆渠王鐵佛斬之居亡何海賊五百餘人由梁山突犯內地公遣將夾擊大破之俘馘過

半復與靖南王統帥大兵航海攻克廈門乘勝取浯嶼金門二島鄭錦等勢窮宵遁三年四月擒斬甯化山賊錢禾招降僞總兵林國樑五月大兵至八尺門僞將軍翁求多率兵民六萬餘人納款公夜半渡海進拔銅山焚賊巢斬級三千三百有奇僞永安侯黃廷等率家屬及兵民三萬餘人降獲船艦軍械無算鄭錦僅以數十艘遁入臺灣　聖祖優詔獎敘六月以病乞休　手敕報曰覽奏知卿病當即允所請但閩省投誠官員兵民最爲繁衆其親行安插務使得所事竣然後來京閏六月遣將出洋勦賊擒僞總兵張賢時閩海金廈各島悉蕩平惟南山鎮海佛潭橋猶爲餘孽盤踞九月公遣將勦之斬賊黨七千有奇招撫男婦萬餘口十月別遣兵會勦茶子畲山寇生擒賊首余角四年再以病乞休　上慰留之士民亦固請留任五年正月薨於位遺疏言海賊遠竄臺灣奉　旨撤兵與民休息洵爲至計第將衆兵繁若撤之太驟則易致驚疑太遲又恐貽患目下當安反側之心日久須防難制之勢至數年以來令海濱居民遷移內地咸苦失其故業宜略寬界限俾獲耕漁庶稍甦殘喘疏上得

旨李率泰自任總督以來忠清卓著勦撫賊寇厥功懋焉今以久任巖疆積勞
病殞深堪憫惻下所司議卹加兵部尚書　予祭葬　賜諡忠襄明年敘功追
贈一等男子正宗襲

吳文僖公事略

國朝二百餘年來大湖南北登揆席者前後不及十人其科目最先特膺爰立
之選者則江夏吳文僖公也公名正治字當世號賡庵湖廣漢陽人父嵩有孝
行公登順治五年進士選庶吉士授國史院編修十一年充順天副考官母憂
歸服闋起原官十五年遷右庶子是歲　特簡翰林官十五人外轉公與湯文
正公竝與焉授江西南昌道歲暮單騎按獄其非法淹繫者悉釋之十六年遷
陝西按察使誅巨猾人皆稱快所至以清廉執法著稱十七年　詔內陞超遷
工部左侍郎調刑部釋江南無辜諸生二百餘人議奉行赦款宜速丈量宜停
止禁狀外指扳嚴婦女私嫁皆著爲令七年補原官八年丁父憂十年補兵部
督捕左侍郎充經筵講官明年擢左都御史疏言緝逃事例首嚴窩隱一有容

留雖親如父子但經隔宿即照例治罪使小民父子視若仇讎一經投止立時
拏解若係三次在逃之犯解到必當擬絞是甘心置之死地而不恤也伏思律
有親屬容隱之條惟叛逆不用此律夫逃人乃旗下家人之事視叛逆輕重懸
殊在律原無父子不許容隱之語今縱不便從寬亦當稍爲區別繼自今遇父
子窩逃被旁人舉發者逃犯請照常治罪免坐窩隱若容留逾旬父子首報解
部者逃犯照自首例減罪則首報者多逃人易獲　朝廷之法與天性之恩兩
不相悖矣又疏言今歲雨澤愆期　皇上恤民念切方事祈禱即沛甘霖小
民正可服勤農桑不宜以得已之役致奪農時近因酌添玉田灤州霸州雄縣
駐防旗兵因議蓋造營房伏思鼠竊剽掠有地方文武官捕治不煩添設旗兵
若成羣大盜又非僅添數十旗兵遂可撲滅雖設兵原以安民而愚民無知一
旦驟聞添設未免心生疑畏至蓋造營房縱不至驅取民房而工作方興未免
勞民動衆應暫停止俟農隙時酌量舉行疏下部並如所請先是睿親王當國
嚴旗下逃人之禁鼇拜等繼之禁益嚴株連窮治天下囂然喪其樂生之心至

圈地建營房凡關涉旗務者漢官皆莫敢置喙自　天子俞公議逃人禁稍寬居民若脫湯火而營房亦罷議添建疏出天下誦之是年遷工部尚書調禮部於典禮多所考正十三年應　詔舉廉能吏公疏薦前給事中周體觀前知州侯紹岐均下所司起用十五年典會試所得多知名士若彭侍講定求胡尚書會恩翁尚書叔元王相國頊齡王御史奐曾許給事承宣其尤著者也十八年自陳乞休　詔嘉其端誠勤慎慰留之二十年冬拜武英殿大學士時重修

太祖高皇帝實錄編輯　三朝聖訓　大清會典一統志平定三逆方略

公皆爲總裁官二十五年實錄成加太子太傅二十六年乞休　優詔許原官致仕三十年閏七月薨於里第年七十有四遺疏入　上震悼　命部臣議卹典閣臣議諡法詞臣撰代言之文　諭祭葬碑其墓道　親定諡曰文僖公在政府守成法持大體遇事竭忠勤盡言無隱　聖祖閱朝審冊有以刃刺人股致死而抵法者　聖祖曰刺股尚非致命傷此可寬也公對曰當念死者之無辜　聖祖曰朕非欲赦之當可議緩決耳他日又閱冊有囚當死

聖祖問此囚尚可活否衆皆以情實對公對曰　皇上好生之德臣等敢不奉行退而細檢果得可矜狀遂從末減嗚呼此可見　聖祖哀矜惻怛之仁而公所對均不愧大臣之言矣公崛起草茅以學行受　兩朝特達之知其大拜後熊文端公五年然文端逾年卽罷相其再入閣在公沒之後十八年公實爲先達居揆席五載以功名終所薦引多一時賢俊論楚材者當首屈一指云

楊以齋侍郎事略 子忠訥　孫守知

國初臺省諸臣以伉直著聲者推海甯楊公雍建卽墨郭公琇郭公長御史時疏劾大學士明珠余國柱結黨營私納賄兼及尚書佛倫等並降黜有差又劾河督靳輔詹事高士奇都御史王鴻緒編修陳元龍王頊齡給事中何楷皆罷免直聲震一時然如靳文襄高文恪陳文簡王文恭皆號稱名人郭公痛詆之論者或謂少過惟楊公事　世祖歷三垣三載疏前後三十上嘗一日而上九疏於天下事獨能見其大新城王文簡公稱公爲　本朝諫官第一公給事

兵科時　駕數幸南海子首上疏請愼起居略言郊原陂壢雖非畋遊可比然獸起於前馬逸於後驚屬車之淸塵不能無萬有一危之慮　世祖震怒宣公跪苑廷　諭以閱兵習武之義公神色不變　上徐爲霽容當是時平南王尙可喜靖南王耿繼茂並鎭廣東公疏言粤民困苦由兩藩並鎭每牧令缺員市井無賴輒用重賄營委署取償民閒凡土木工作役民無限制又增立鹽埠榷私稅縱悍卒鑿山刊木奪商賈利正賦外復以藩令採買曰王穀王席皆責民供億民困不支今川貴底定請移一藩往鎭俾粤民甦息此則盈廷所不敢置議者公以新進小臣獨奮舌及之旣而靖南移鎭福建實公之讜論最先有以發之也海寇鄭成功陷鎭江犯江甯公劾本兵梁淸標等不經畫於幾先又不圖維於事後請　嚴旨申飭各鎭級奪俸有差又疏劾銓政舛錯下宗人府都察院會議吏部諸臣並坐降罰又疏言明季仕途分門立戶意見橫生國事遂不可問由社盟標榜排擠報復所致請　飭學臣禁士子立社結盟以杜朋黨之漸又奏定鄉會試絕營競防弊竇之例皆下部議行及　聖祖御極

方在諒闇輔政大臣索尼鼇拜等頗張威福奏事者見之皆長跪公入獨立而語輔臣目送公曰此南苑上書諫獵者也自是奏事者皆得不跪康熙三年十二月有星孛於翼軫抵降婁公時掌刑科印同官或言此爲含譽星非彗也公獨疏請　皇上法宮齋戒下　詔罪己求直言詳詢利病有可惠民者立賜舉行疏入得　旨楊雍建直言可嘉今星象示異皆政教失宜所致宜力圖修省以答　天心尋　詔內外臣工各抒所見勿瞻顧因循公又言治本未登由於臣職未盡今部臣議事不肯直辭決斷或請下督撫或請移他部一案之處分經年未結一事之行止重複諮詢民間利病所關憚於釐正輒以往例爲詞是惟知推諉卸責而無任事之實心也督撫知百姓苦於私派浮征而不爲建長策以除積困見有司貪暴掊克間有特糾者又復摘微罪引輕條是惟以蒙蔽養奸而無澄清之實政也請　嚴敕內外臣工力圖稱職仍前玩泄者罪之　上韙其言遂赦天下公於天安門聽宣讀赦書是日　御前發下紅本二獄囚當決吏籍紙尾進請鈔發公曰昨頒赦而今日行刑是　詔令不信於

天下也紅本當封還同官皆變色爭言不可公曰六科以封駁爲職古制也吾封之咎吾任之不以累公等有　旨三法司再議二囚得不死用是直聲益震朝野焉公字自西一字以齋杭州海甯人補嘉興府學生貢太學順治十二年進士除高要縣知縣擢兵科給事中轉禮科分校己亥會試再轉吏科晉刑科掌印給事中以疾去　召授戶科給事中食四品俸轉掌禮科遷兵部督捕理事官晉通政使歷太僕卿擢副都御史充己未會試副總裁授貴州巡撫入爲兵部左侍郎乞養歸奉母四載既免喪　詔舊任巡撫學政諸臣分修河工公奉　命修高家堰以勞成疾引還四十三年五月卒於家年七十有四　賜祭葬如禮公之令高要也地當廣右之衝制府駐節於是軍行絡繹供億甚煩羽檄至徵民夫動累千百有逃者胥吏輒縶之若牽羊豕納諸廨舍隙地凍餒不堪歲除飲椒酒公蹙然曰民夫亦人子也忍使露宿耶命徙廊廡下徹酒饌給之皆感泣縣境羚羊峽產硯平南靖南兩藩遣掾吏采石役夫匠無算篝火入巖穴有失氣死者公力請罷役掾以硯遺公堅卻之人以比包孝肅云軍中索

榕樹條爲縚緪以然爇火耐風雨有百夫長持軍符下縣徵解語不遜公撻之歸告其帥帥怒之制府王公國光王公曰此廉吏不可犯也乃杖百夫長而薦公於　朝遂得行取入京考選授給事中故事守令歷再考始預薦牘三年方報最公治高要甫一載就徵洵異數矣其任副憲也疏劾江西巡撫佟國楨庸碌無能國楨爲元舅國綱國維之從弟家門鼎貴以公疏鐫二秩調用其出撫貴州也道次銅仁無一卒之衞時吳世璠尚據雲南賊烽猝迫城下官屬請避去公曰銅仁黔地巡撫任封疆去安之因命燔其後山開南門以待偵者賊疑有伏不敢前既至貴陽疏立營制禁侵掠蠲賦稅省力役安集流甿師旋有失約束者輒上章劾奏軍中號爲楊一本舊例土司謁巡撫必鳴鼓角交戟支於門俾拜其下公曰無庸也引至座前問疾苦賜以飲膳土苗咸輸服始至斗米值五千錢公連章請餉輓運相繼披榛薙棘教以耕稼比三年成樂土焉
天子嘉公成績召佐中樞公在行間久西南徼將弁多公所拔擢遇事得其要領措置咸宜公早以文學受知　世祖每上章奏輒稱善迨巡撫　命下

賜宴瀛臺例止予鞍馬甲冑公獨拜　命騎入東華門加　賜白金五百兩表裏各十端　聖祖南巡迎鑾三百里外　賜御書額曰松喬堂生平一話一言必準於古和而介剛而無虐故風節獨高一時所著有黃門疏稿二卷撫黔奏疏八卷政學編一卷景疏樓文集十卷子四長中訥字崙木康熙辛未進士由編修官中允督江南學政罷官後築園曰拙宜與許尚書汝霖查編修愼行陳侍御勷修香山洛社故事少學詩於竹垞檢討能得其傳著有叢桂集孫守知字次也庚辰進士官平涼知府工詩與歸安沈樹本平湖陸奎勳嘉善柯煜稱浙西四才子所著曰致軒集

王文靖公事略

公諱熙字子雍一字胥庭號慕齋順天宛平人父崇簡明崇禎癸未進士　國朝順治三年以薦補選庶吉士授檢討累官禮部尚書加太子太保嘗疏請賜卹明季殉難諸臣范景文蔡懋德等二十八人又議定帝王祀典罷宋臣潘美張浚從祀皆從之卒謚文貞公由順治四年進士選庶吉士授檢討十年春

世祖親試習國書翰林公列優等召見以滿語奏對大蒙褒賞累
遷司業中允洗馬諭德召入南苑校譯大學衍義及勸善書遂命長直南
苑常隨獵賜乘御馬十二年初設日講官以公及學士麻勒吉胡兆龍等
充之公直講稱旨諭嗣後講官不必立講遂侍坐尋奉有駕出即隨不
必請旨之諭明年遷侍講學士又明年晉宏文院學士時文貞公方任國史
院學士世祖諭曰父子同官古今所少以爾誠恪特加此恩尋充經筵講
官教習庶吉士典武會試擢禮部右侍郎兼掌院學士十七年上命造直
房景運門內公與諸翰林分班直宿考滿加禮部尚書銜文貞公適長禮部父
子同部尚書海內榮之十八年元日上不豫公日請安於御榻前初六
日漏三下召入養心殿諭曰朕勢將不起可詳聽朕命撰詔書公匍伏飲
泣筆不能下上命抑悲痛即榻前起草公拭涕書第一條進恐聖躬過
勞奏移乾清門下撰擬凡三次進呈皆報可初七日薄暮繕畢世祖即以
是夕上賓公偕顧命諸大臣入哭同擬尊謚及聖祖即位年號又爲輔

政大臣索尼等撰誓文至於面奉憑几之言有事關國家大計與諸大臣再三
密議而後決者公終身不以語人雖子弟莫得而傳也康熙元年以禮部尚書
管左侍郎事三年坐失察欠糧舉人入場奪尚書銜五年除左都御史疏請嚴
督撫徇庇司道處分又言近例招民百家送至盛京得授知縣不肖奸人往往
借資爲市宜改給散秩又言江楚閩粤諸路王公將軍督撫提鎮多自置官商
奪民利又奸商多指稱藩下挾勢橫行宜　嚴飭申禁又言官吏捐輸博議敘
名出私橐實取自民閒宜一切報罷均從之當是時平西王吳三桂駐雲南平
南王尚可喜駐廣東靖南王耿精忠駐福建擁兵踰制三桂尤驕縱公疏言一
歲賦入大半耗於兵餉就雲貴言歲需餉銀三百餘萬兩急宜減汰綠旗額兵
其藩下餘丁亦宜遣散屯種庶勢分而餉亦裕　詔下所司議省額餉百餘萬
七年夏旱金星晝見　詔求直言公疏陳法祖所以敬天請飭部院諸司詳察
見行事例有因變法而滋弊者悉遵舊例更正　詔下所司確議於是鄉會試
仍用八股文又前此各官儀衛踰制河工不立限期刑部獄囚霜降後不即朝

審至是皆改遵舊例其繁例就删者復數十事中外稱便又疏言逃人詭稱寄頓財物不必遽行句取致累無辜至窩逃之人物故其妻子請免流徙從之遷工部尚書調兵部十二年三桂反明年公疏言大兵已抵荊南元惡旦夕授首逆子應熊素憑勢位黨羽衆多大寇在外大憝在內請速正法傳首湖南四川以寒老賊之膽以絕羣姦之望以激厲三軍之心疏入應熊旋伏法方滇黔之初告變也都城內外一夕火四起尋有僞朱三太子之獄捕繫數百人掠治不得主名皆應熊及其黨爲之三桂自恃角距已成又以其子方尚主朝廷必不殺以爲之招及應熊誅三桂驚悸發病竟以死人皆韙公之能聲大義云十五年奉　諭專管密本前此漢官不與聞軍機異數也會　詔舉賢能官公疏薦原任御史郝浴候補司道鄭端周體觀　詔徵博學鴻儒薦原任推官尤侗中書汪懋麟皆次第錄用十七年丁父憂二十一年卽家授保和殿大學士兼禮部尚書公在政府務以和平寬大宣　上德意罷權宜之計停加征之額不沽名不市恩不植黨援於四方利病及國家典制沿革無不周知遇事直陳無隱

而一不以己與也二十五年加太子太傅二十七年典會試三十一年以疾請
告　温旨報曰　先帝舊臣俱已凋謝惟卿獨在班列雖精力就衰而老成
常侍左右殊有裨益其勉自調攝不必求罷嗣屢疏乞休四十年八月　優旨
允致仕晉少傅　賜寶露禁藥帑幣上珍明年上元節　賜宴於家四月遣侍
衞賚　手敕於榻前　賜公曰卿耆年舊德自去歲告病在家朕無日不注念
老臣也近日九卿皆求匾額字對想卿身雖在告心未嘗不在朝中故特書匾
一聯一賜卿卿其勉強餐食輔以醫藥慰朕不忘舊臣之至意復傳　諭如病
少愈朕尚欲一見四十二年上元節復　賜宴於家越旬有二日薨年七十有
六時　車駕方南巡聞訃震悼　命直郡王允禔大學士馬齊率侍衞往奠且
傳　諭直郡王曰大學士王熙係　世祖章皇帝舊臣宜行拜奠之禮舉哀
酹酒於是王行三叩禮大學士九卿等合詞具劄謝恩尋　賜祭葬如例謚文
靖公立朝五十餘年盡力抒忠完全名節以恩禮始終性篤孝十二歲母梁夫
人病革禱於天願減算益母壽文貞公晚歲好遊常徧歷西山諸勝公恐其勞

於登陟乃搆怡園於宅西偏時芍藥數百畦於豐臺別墅文貞公顧而樂之比
捐館舍公年踰五十矣號泣如孺子顏書屋曰慕齋待兄弟友愛布政使然巡
撫燕金衢道照皆以公推蔭起家者也生平邃於經史工詩文尤好施與京師
義學育嬰堂月有佽助凡大典禮如耕耤田冊立東宮陪祀闕里大制作如總
裁實錄玉牒典訓方略國史明史一統志公皆膺其任前後　賜宸翰十餘幅
堂額三曰席寵堂曰曲江風度曰耆年碩德他珍物不可勝紀公遇事持大體
在　上前或危論或微言率能動聽平定三逆後撰方略　聖祖忽諭閣
臣曰當三桂反時漢官有言不必發兵七旬有苗格者又其時漢官多移妻子
回家何也顧學士韓菼曰爾爲朕載之菼退而皇恐公昌言閣中曰有苗格乃
會議時魏蔚州語告者截去首尾遂失其本意然如其言豈非誤　國移家偶
然耳日久何從分別其移者豈非背　主漢官負此兩大罪何顏立　朝翼曰
公執奏懇懇如閣中語　上微笑曰固知此二事不可載也事遂寢公嘗語
諸學士曰吾昔從　駕椒園　世祖問有子幾人以二子對蒙　賜名克善

克勤克善實能文吾不使與試不然者當丁酉時吾不免作高郵公矣時
上痛懲漢人師生交通之弊公遇鄉會試輒辭免開列戊辰典禮部試蓋　特
命也雍正八年　詔入祀賢良祠

李文襄公事略

李公之芳字鄴園山東武定人順治四年進士任金華府推官居五年郡無滯獄入爲刑部主事累遷郎中會六部裁啓心郎屬公總理十四司覆奏事宜聲績大起十五年擢御史疏陳各省錢糧私僉民解之害又言州縣路當孔道迎送往來有曠官守請嚴飭禁止皆從之十六年疏劾廣督李棲鳳以失守城池之郭光祖委署左江道以私罪奪職之推官李弈聲復原任　敕部議處如例十七年出按山西甫半載墨吏皆解綬去康熙五年巡視兩浙鹽政八年內大臣鼇拜獲罪拘禁大學士班布爾善以結黨行私任意票擬伏誅公疏請飭大學士等均內直票擬公同候　旨杜任意更改之弊從之又言自順治十八年以後督撫多夤緣而得有所恃以無恐勒索屬員朘剝百姓根深蒂固惟其意

所欲爲自與受同罪之法嚴無敢糾督撫之貪者與者不認則言者涉虛卽確然有據亦不能執其人而問之矣有貪之利無貪之害彼何憚而不爲耶乞賜親裁罷斥溺職督撫吏治庶有起色於是直省督撫降黜休致者數人九年八月內陞

命支四品俸仍任御史十一年超拜左副都御史疏言吏治之敝在文法太密方面有司嘗有在任三兩年而罰俸至二三十年者夫俸薄尙恐不足養廉況積年無俸能責其潔己愛民乎且例之所在不問賢不肖但繩之以法雖廉能卓著遇細故亦多罣誤以去賢者不可多得來者不必盡賢徒病民而使權歸胥吏焉用之請除去繁苛求實效疏並下所司議行會巡鹽御史杭奇常錫允以詐贓爲商人控告

命公赴浙察審得實並論絞擢吏部右侍郎十二年夏

命以兵部侍郎總督浙江軍務汕事甫兩月吳三桂反雲南公檄總兵李榮副將王廷梅牟大寅陳世凱鮑虎等分道禦賊又請調江南滿漢官兵駐閩浙交界處並發江西重兵守鉛山玉山以壯聲援當是時賊由常山陷開化壽昌淳安由處州犯義烏浦江東陽湯溪龍游叛鎮祖宏勳陷平陽踞

温州尋陷黃巖犯台州及紹興集悍卒數萬窺衢州公偕平南將軍賴塔率滿兵千綠旗兵二千鄉勇五百以五月自杭趨衢時自巡撫以下僉謂會城根本地不當移鎮公曰今日事勢所爭在衢上游失則全浙動搖江淮以南皆不能安枕矣遂行七月閩賊大舉攻衢衆寡不敵公大閱將士於水亭門宣布　朝廷厚恩陳說大義衆感泣願決死戰兵既接礮聲震地流丸如雨左右請少避公不可曰今日之事以兵勝敗爲吾生死可稍怯耶守備程龍怯戰斬以徇於是將士殊死戰一可當百遂敗賊於阬西斬馘數千陳世凱等乘勝復義烏湯溪牟大寅破賊常山游擊王世萬破賊龍游鮑虎復壽昌王廷梅敗賊於金華李榮復東陽尋大敗賊於金華之壽溪斬僞總兵張元兆等毀寨十八參將洪起元敗賊於紹興復嵊縣先後得　旨嘉獎時大將軍康親王統禁旅出金華遣貝子傅拉塔等勦賊温台賊之在處州者逼衢州東南在江山者逼衢州西南公分飭守禦勿遽迎擊乃奏增本標爲五營得兵五千十一月賊衆五萬自常山逼衢州結寨數十冀聯南路賊巢公與賴塔督兵進戰斬賊萬餘追奔二

十里十四年冬疏言被賊之地一望蕭條啼號載路卽如衢州近城難民九千七百有奇散處各鄉者不可數計請發庫金賑從之時賊帥馬九玉朱懷德等屯踞江山常山開化其溪口清湖大溪灘茅村前嶺皆列賊營且散布處州金華山谷四出窺犯公命榮世凱廷梅等分路攻勦皆大捷五月公與賴公乘連旬水漲由南塘擣賊前嶺陣斬七百餘級墜崖落水死者無算十五年春遣將由遂安截賊後路連破賊寨復開化公遂建議直搗仙霞關爲摧堅制勝之策有 詔命公條上進取機宜公言進取之路不在温處在三衢今悍賊悉萃於此此賊破諸賊必駭散雖僞將馬九玉朱懷德等抗拒河西而江常之間有道可襲我軍進擊使賊首尾不相顧從此入閩可奏蕩平矣疏入從之時康親王自金華至衢州八月合軍進克大溪灘復江山縣將戰王問公公策以必勝明日捷書至王大喜曰岳忠武之策楊么不是過也時馬九玉猶冀繞道奪仙霞而諸將已受公密檄急據關口夾擊賊將金應虎等窮蹙乞降於是康親王大軍遂入閩臨行公啓曰王但飭諸軍勿擄掠卽長驅入福州兵不血刃矣未

幾精忠降檻送京師時温處賊悉解散而僞總兵馬鵬汪文生陳山僞將軍程
鳳等猶分踞江西之鉛山玉山弋陽德興公疏請會勦而江西兵方禦三桂逆
黨於袁州不遑東顧公遂遣將克玉山破賊木城六又自白沙關趨德興破賊
寨十有三擒馬鵬斬之別將復鉛山興安弋陽貴溪等城捷聞加兵部尙書十
六年夏遣參將蔣懋勛等勦玉山之巖椒洞陳山率衆降程鳳死其妻王氏以
所屬六萬七千餘人就撫而僞總兵林爾瞻尙擁衆數萬以鉛山上饒與福建
光澤錯壤之石壟爲巢穴公命懋勛等由鉛山進勦分扼要隘率數騎入寨招
撫乃以衆二萬出降又僞都督李日生僞提督洪成龍分踞玉山之八仙洞老
鼠洞十七年公遣懋勛及參將閻進等討平之各斬賊千餘毀其寨時海寇鄭
錦窺伺瀕海郡邑公遣將敗賊於象山又敗之於温州賊將詹天樞遂赴總兵
陳世凱軍前降十八年檄定海總兵牟大寅巡海遇賊戰於孝順洋斬僞將童
耀等及賊兵三千有奇毀船十九獲船十五賊奪氣遁公念賊平後最急者無
如蠲免及賑卹疏請豁金衢嚴温處五郡十六年以前額賦部議不可公上言

恤民以固邦本裕賦以資國用兩者並重然必使有可生之民而後有可征之賦浙東被賊蹂躪民不聊生不急予蠲免則舊逋既缺新逋愈積卽日黜一官於事無濟且蠲此不可復征之賦俾民得休養生息以供將來之稅正所以爲國家財賦計也　特詔從公言貧民陷賊中來歸者公悉給衣廩又設淖糜於通衢賑往來饑民百二十二萬有奇流移盡復故土方事之殷羽檄日數至人情洶懼東南數千里惟視公一人爲安危孤軍扼險搘拄三載卒使浙水以西無匹馬觭輪擾及境上則皆公守三衢力也公以文臣躬擐甲冑冒矢石大小百四十餘戰所向克捷雖宿將皆謝不如而部議敘功僅及十之一二前後招降文武僞官六千二百有奇賊兵十六萬五千五百有奇中樞敘武職加至二十九等銓曹敘有司亦如之獨以督臣轄全省不敘再奏　諭旨乃酌加三級久之授雲騎尉世職或有言賞不酬庸者公瞿然曰凡此敘錄皆出　特恩雖胙土之榮不是過也二十一年秋還杭州冬　召爲兵部尙書入朝口不言功有問及者則曰　天子廟謨將帥用命吾何有焉二十三年調吏部飭諸吏

坐曹聽行文書無得與銓事宿弊一清明年夏患癰　詔遣御醫診視頒上方珍藥既愈以老疾請　温旨慰留二十五年復請尋授文華殿大學士辦理機務明年春致政歸二十七年　乘輿南巡過德州公迎謁道左　聖祖垂詢曰卿尚能乘騎至此耶　賜上尊玉粒慰勞倍至里居凡七年薨時三十三年十一月也年七十有三是日天鼓鳴大星夜隕訃聞　上軫悼　賜祭葬特謚文襄公初在言路以謇諤聞彈劾貴要無所避既督兩浙沈毅持大體不輕言笑而批會案牘能曲盡物情在軍堅守賊衝有進無退與諸將軍約有犯令者必按法治罪使知吾輩不縱兵以毒民則民心固而軍法亦立將軍然之未幾滿兵有犯法者公升堂發令箭詰將軍縛兵至斬之百姓皆歡躍舟次富陽一卒與賣菜傭競立鞭之嗣是滿漢兵莫敢不奉法以能有成功入筦部務嶽嶽無所詭隨國家有大議片言擘畫確不可易敭歷中外四十年以精勤奉職以恪誠事主以天下善人君子得行其志爲愉快嘗言士大夫立名節易全名節難每聞中朝錄一正人輒喜形於色曰天下蒼生福也雍正十年　詔入

祀賢良祠乾隆三十二年　高宗追念公功所得世職　命世襲罔替

米敏果公事略 子貞襄公馬斯喀　文穆公馬齊　勤恪公馬武　莊慤公李榮保

公諱米思翰姓富察氏滿洲鑲黃旗人父恪僖公哈什屯天聰中授侍衛擢禮部參政從征瓦爾哈部有功崇德三年禮親王代善聞明總兵沈志祥欲率石城島兵衆歸附遣恪僖公招之志祥遂來歸六年大軍圍明錦州明總督洪承疇率兵十三萬赴援據松山總兵曹變蛟夜犯　御營恪僖公先衆捍禦手腕中鎗仍裹創力戰卻敵得　優賚白金及蒙古二戶順治元年擢內大臣予騎都尉世職晉輕車都尉加一雲騎尉列議政大臣七年秋攝政睿親王有疾恪僖公同貝子錫翰等往視睿親王曰予有疾　上宜臨視又曰勿以予言奏請既而　車駕幸視之王以大臣等違令擅請世罪之降世職為騎都尉明年　世祖親政鑒其無罪復所降職尋晉一等男初冷僧機與恪僖公同為內大臣冷僧機詔附攝政王及王薨冷僧機揄揚其功績因誣奏昔日兩黃旗大臣謀立肅親王事　詔下法司鞫問集恪僖公及議政大臣巴哈等質之盡得

其阿諛誣陷罪狀肅親王之爲睿親王害也尚書鞏阿岱與都統和洛輝等議
殺肅親王子富綬恪僖公言王無滅嗣之罪與巴哈力持不可事乃已至是
世祖封富綬爲顯親王和洛輝以黨附睿王爲議政大臣蘇克薩哈所劾磔
死鞏阿岱與冷僧機朋比爲奸事覺 詔逮勘恪僖公亦質之遂皆伏法時鄭
芝龍歸誠授子爵隸正黃旗其子鄭成功仍踞海島寇掠福建恪僖公奉 命
偕內大臣遏必隆鼇拜大學士范文程宣 諭芝龍令其招降成功芝龍因遣
人往福建取其妻妾及幼子至京十二年加太子太保兼一雲騎尉奉 命往
朝鮮勘獄還奏稱 旨尋致仕康熙二年薨年六十有六 賜祭葬諡恪僖乾
隆元年 詔入祀賢良祠十三年冊諡 孝賢純皇后 推恩先世追封一
等公長子米思翰襲一等男兼一雲騎尉卽敏果公也康熙六年由侍衛總管
內務府時輔政大臣有欲假用尚方器具者公曰惟名與器不可以假人嚴拒
之或怵以危言不爲動 聖祖皇帝旣親政知其守正不阿授禮部侍郎八
年擢戶部尚書列議政大臣先是各直省歲賦聽布政使存留司庫時有挪移

虧缺之弊公疏請通飭各省自俸餉諸經費所餘悉解部由是句稽出納瞭如
指掌當是時天下一統邊境乂安而尚可喜鎮廣東耿精忠鎮福建藩屬將弁
咸憏遊驕縱吳三桂鎮雲南尤自恣要請無已俸餉多浮糜輓輸勞費十二年
可喜請撤藩歸老遼東三桂精忠亦陽請以覘廷議疏下戶兵二部公與兵部
尚書明珠等議令俱撤藩移山海關外時廷臣有言三桂不可撤者以兩議入
奏公堅持宜撤得旨允行既而三桂叛聖祖命王貝勒大臣帥八旗兵
征討議者以軍需浩繁謂宜就近調兵禦守公言賊勢大非綠旂兵所能制宜
用八旂禁旅會勦至軍需內外協濟足支十年可無慮乃請以內府所儲分年
發給復綜核各省庫金倉粟以時撥運皆稱旨十三年疏言大兵勦賊屢奉
明詔以正賦給軍需恐有司或借端私派請敕各督撫嚴察所屬凡供應
糧餉薪芻一切動用官帑毋許苛派其購自民間者務視時價給值勿纖毫累
民奉諭如議速行公長戶部清操皭然竭力治軍需以勞成疾是年十二月
薨於位年四十有三聖祖軫恤備至賜祭葬如典禮諡敏果方三桂精

忠之相繼叛也滇黔楚蜀閩粵悉爲賊踞人謂撤藩實速之變爲持議者危
聖祖諭廷臣曰朕自少時即以三藩勢燄日熾不可不撤豈因其叛遂諉過
於人耶及逆黨平　上追憶持議諸臣猶　諭稱公不置乾隆元年　詔入
祀賢良祠十三年推　孝賢皇后恩追封一等公子四曰馬斯喀馬齊馬武
李榮保
馬斯喀初任侍衛兼佐領洊擢副都統領侍衛內大臣康熙三十五年三月
上親統大軍由中路進征噶爾丹　命領鑲黃旗馬鎗兵以從先朝奉　命
同內大臣等議定出征營陣隊伍序次四月　駕駐什巴爾台距克魯倫河不
遠而西路軍尚未至圖拉　諭王大臣集議機宜信郡王鄂札等請駐師稍待
馬斯喀與內大臣明珠等議即進薄敵營　上從其議五月師抵克魯倫河
噶爾丹望見　御營大驚奔竄　上親統師追至拖諾山　命馬斯喀爲平
北大將軍率師追勦至巴顏烏蘭噶爾丹已先遇西路軍轉戰至昭莫多大敗
竄遁馬斯喀迎會西路軍收集降人千餘乃班師尋列議政大臣九月扈　駕

出邊經理軍務十一月　命帥師駐大同三十六年春授昭武將軍移師甯夏
敕參贊撫遠大將軍費揚古軍務先是伊拉古克三胡土克圖自內地盜馬
逃歸噶爾丹大將軍令以降人導引率兵追之坐追勦遲緩論革任　詔留內
務府及佐領任尋授都統四十三年六月薨　賜白金千兩　遣內大臣領侍
衛十人奠茶酒　命皇子於發引時往　賜祭葬　予諡貞襄
馬齊由廕生授員外郎累遷郎中內閣侍讀學士康熙二十四年授山西布政
使就遷巡撫二十六年夏　上嘉直隸巡撫于成龍清廉　命九卿各舉廉
吏大學士等以馬齊及范承勳姚締虞對會御史陳紫芝疏劾湖廣巡撫張汧
貪黷　詔馬齊及于公成龍往鞫得實論如律二十七年遷左都御史　命籌
議遣官與俄羅斯定界事疏言俄羅斯侵踞疆土我守邊官兵困之於雅克薩
城本可即行勦滅　聖慈寬容不忍加誅釋歸故土今悔罪乞和已蒙　俞允
特遣大臣往議埀之史冊所關甚鉅其檔案宜兼書漢字漢官一體差往事
下部議行五月　命同尚書張玉書等往閱罷任總河靳輔所修中河諸工管

否暫署河道總督二十九年列議政大臣故事都御史不預議政異數也尋擢
兵部尚書明年春　詔安輯喀爾喀於沿邊內外避噶爾丹劫掠　命偕侍郎
布圖等先往調集左右翼部長至上都河等處候　上親行撫綏四月　駕
臨閱視　命詳議喀爾喀諸王貝子公等坐次儀節宴賚之又明年調戶部尚
書三十三年奉　命往盛京督賑尋奉　命往賑山西平陽等屬地震被灾戶
口動帑金十有二萬幷停征洪洞浮山等處額賦三十五年春　上親征噶
爾丹先期　命往調喀喇沁翁牛特兵還朝兼理藩院尚書　命與大學士阿
蘭泰等分班直宿禁城是年噶爾丹敗遁　詔以來春駐蹕邊外調度搜勦機
宜　命先往甯夏安設驛站並察勘行途宿次三十七年　命偕副都統烏達
禪等往涖喀爾喀諸部會盟宣　諭禁約三十八年奉　命勘漕河幷往山西
讞獄還授武英殿大學士　御書永世翼戴匾額　賜之四十七年冬內大臣
佟國維等以建儲事密奏　上諭滿漢大臣會議保奏　特諭馬齊勿預其
事四十八年正月　上問廷臣曰去年冬朕躬違和命爾等保奏可爲儲貳

者何以獨保允禩其日先舉允禩者爲誰諸臣奏公同保舉並無倡議者
上曰朕知此事必係佟國維馬齊授意於衆衆乃依阿立議耳馬齊奏諸臣所
議臣實不知　上復問大學士張玉書等玉書奏曰會議日大學士馬齊溫
達先臣列班臣問議舉者爲誰馬齊答以衆議欲舉　皇八子允禩臣等同行
保奏　上曰此明係馬齊暗中喻衆如此大事尚懷私意豈非欲樹恩於允
禩爲日後專恣計耶下王大臣等議立斬弟副都統馬武等坐罪有差盡奪其
族人官得　旨免死拘禁是年十二月俄羅斯貿易人至　上以馬齊舊管
俄羅斯事復令管理馬武等尋亦起用五十一年署內務府總管五十五年復
授武英殿大學士六十一年十一月　世宗御極賞輕車都尉　命襲其祖
恪僖公一等男爵合新給世職晉二等伯加太子太保雍正元年改保和殿大
學士晉太保三年秋以總理事務竭盡忠誠　賜騎都尉以其第十一子富良
襲十三年九月乞致仕　允之乾隆四年五月　高宗諭曰原任大學士二
等伯馬齊在　皇祖時即簡任機務倚毗甚殷及　皇考即位特命總理

事務嘉其勞績賞伯爵世襲罔替朕卽位之初以年老力求解退重違其意俞允致仕俾頤養高年以示優禮耆舊之意念其歷相三朝年逾大耋抒忠宣力領袖班聯舉朝大臣未有若此之久者茲聞患病甚重本欲親臨看視因北郊在卽時值齋戒不獲親往　特命和親王及皇長子永璜公訥親代朕看視望其痊可儻果不起可賞帑金五千兩經理後事是月薨年八十有八　諭部優卹　賜祭葬　贈太傅謚文穆仍　命富良襲爵合前襲之騎都尉晉一等伯兼一雲騎尉十五年　詔加伯號曰敦惠幷　命入祀賢良祠

馬武由侍衛兼管佐領擢副都統康熙二十七年奉　命閱視中河三十五年春　上親征噶爾丹　命從征五月凱旋十月從　上駐蹕歸化城　命迎犒右衛兵還奏兵丁步行者多食用未裕　詔兵部按籍賞銀人各三兩四十八年因兄大學士馬齊與內大臣阿靈阿等議奏保　皇太子事獲罪馬武亦褫職五十年起內務府總管六十年遷都統明年　世宗御極授領侍衛內大臣四年冬　冊封怡親王以大學士馬齊爲正使馬武副之　特旨皆晉

一秩十二月疾　遣太醫診視　諭曰馬武事　皇考五十餘年不離左右恪恭謹慎當盛暑嚴冬無幾微倦怠之色其平生胸懷坦白情性和平朕念係先朝侍從之人聞其病重屢降　旨往視諸大臣合詞勸止遣親王皇子前往代朕看視尚望其痊可儻至不起著照伯爵賜卹賞銀千兩并給世職以示朕優眷老臣至意尋薨　賜祭葬如典禮謚勤恪　予輕車都尉世職子薩喇襲

李榮保初襲一等男兼一雲騎尉由侍衛遷前鋒參領終察哈爾總管乾隆二年以　冊立　皇后彝典追封一等公予其第四子富文一等侯爵十三年追封米思翰一等公爵之　命下仍以富文襲十四年李榮保第十子大學士忠勇公傅恆經略金川功成凱旋　詔視勳臣額亦都佟國維之例　賜建宗祠春秋致祭自恪僖公始敏果公及李榮保並入祀追謚榮保曰莊慤

白忠勇公事略　蘇克薩哈　蘇納海　朱勤愍公昌祚　王慤愍公登聯

公諱白爾赫圖姓納喇氏滿洲正白旗人初授兵部副理事官崇德五年從圍

明錦州敵出城犯我左翼力戰卻之復擊敗杏山敵騎六年同前鋒統領吳拜等屢敗明總督洪承疇兵於松山杏山閼擢前鋒參領順治元年大兵入山海關討流賊公擊敗僞總兵唐通於一片石既定燕京追賊安肅及慶都大殲其衆復隨豫親王西勦李自成連破賊營克潼關二年移師江南徇蘇州擊走明巡撫楊文驄獲船二十有奇進征杭州敗馬士英之衆分兵徇湖州用雲梯克其城三年隨端重親王博洛征金華敗賊衆於八步嶺進定福建五年隨鄭親王濟爾哈朗征湖南時自成餘黨王進才馬進忠袁宗第等分踞寶慶武岡六年公帥本旗前鋒數百人至湘潭遇敵兵萬餘奮擊大破之進征寶慶敗迎戰賊衆克其東門賊於城外結九營將復來犯公擊之潰賊跳河走溺死者無算尋由武岡征沅州過洪山屢敗進才進忠宗第等賊據烏撒堅守偕前鋒科爾坤奪其門擊走之進定全州凱還得　優賚八年從征山東土寇戰於涼青山又戰於鳳凰山寨皆斬其將累晉一等輕車都尉十三年擢前鋒統領十五年從信郡王多尼征貴州時明桂王據雲南遣李定國白文選劉正國竇名望等

扼踞貴州要隘大兵至安莊衞正國逆戰公先諸將陷陣敗其衆斬正國於響水橋導大兵渡盤江進克雲南城十六年公率所部進攻玉龍關文選遁躡擊之獲金印一象三馬百有四十擒僞總兵呂三貴等大兵取永昌府渡潞江定國設伏磨盤山山在潞江南二十里亦名高黎貢山西南第一穹嶺也鳥道突箐曲通一騎定國度大軍累勝窮追必不戒設柵數重爲三伏以待約俟我師至三伏山巔號礮起首尾夾攻我前鋒既深入伏處覺其謀諸帥急退傳令舍騎而步以礮發其伏公下馬據石立連發三矢殪三人敵大駭潰我後軍繼進合擊之敵兵死林箐中者三之一鏖鬬死者三之一我軍殺傷亦略相當定國坐山巔聞信礮失序驚駭忽飛礮落其前擊土滿面乃奔竄名望據柵拒守公率衆拔柵斬名望遂取騰越州桂王及定國文選皆遁窮追踰南甸而還降明閣部大臣侯伯將軍總兵以下百餘人獲士馬象駝數萬　詔信郡王班師公及都統卓羅留駐雲南定國之竄孟艮也未幾復圖入犯約降將高應鳳內應以桂王印劄誘元江土司那嵩叛公與卓羅進討敗賊於磨籠口進圍元江掘

壕困之越月城陷那嵩自焚死擒應鳳斬於軍　賜白金鞍馬十八年隨定西
將軍愛星阿取桂王於緬甸十一月會師木邦聞白文選遁錫箔江公與都統
遜塔等簡精銳先發至則文選已毀橋遁乃結筏以濟師次舊挽坡將軍令公
率前鋒百人往蘭鳩江取緬人所獻明桂王及其親屬至軍中康熙元年　詔
班師晉爵一等男公在雲南戰功最著爲輔政大臣鼇拜所抑未得優敘六年
遂與於蘇克薩哈之難蘇克薩哈者額駙蘇納長子公之族人也少隨征明錦
州及松山杏山並著戰功襲父爵三等男順治八年任議政大臣晉一等男初
隸睿親王屬下既睿親王薨於獵所蘇克薩哈與王府護衞詹岱等舉首其殯
殮服色違制及謀遷永平諸逆狀　命諸大臣質訊皆實遂論睿親王如謀逆
律十年以護軍統領同都統陳泰等率禁旅出鎮湖南十二年賊帥劉文秀遣
僞將盧明臣馮雙禮等犯岳州武昌蘇克薩哈伏兵邀擊大破之文秀引兵寇
常德戰艦千餘蔽江下蘇克薩哈揮諸軍奮擊六戰皆捷縱火盡焚其船明臣
赴水死雙禮負創遁降僞將四十餘人文秀走貴州敘功晉二等子任領侍衞

內大臣加太子太保十八年正月與索尼及遏必隆鼇拜同受　顧命爲輔政大臣奉　聖祖皇帝嗣統是時索尼爲　四朝舊臣遏必隆鼇拜皆以公爵先蘇克薩哈爲內大臣鼇拜尤功多意氣凌轢人多憚之而蘇克薩哈以額駙子入侍　禁廷承　恩眷奉　遺詔輔政名亞索尼與鼇拜稱姻婭而論事多與之迕積以成隙會鼇拜欲令鑲黃旗與正白旗互易屯莊索尼遏必隆皆弗能止遂行圈換之令旗民皆不便康熙五年大學士蘇納海坐撥地遲悞總督朱昌祚巡撫王登聯等坐紛更阻撓罪皆論死　上覽部議　召詢輔臣咸曰應如議獨蘇克薩哈不對　上因不允所請鼇拜卒矯　詔並予棄市未幾索尼死鼇拜益驕恣蘇克薩哈慮其逼己也居常怏怏六年　聖祖親政諭部加恩輔臣越日蘇克薩哈奏請往守　先帝陵寢庶如綫餘息得以生全有　旨詰問鼇拜與其黨大學士班布爾善等遂文致之誣以怨望不欲歸政搆罪二十四款坐奸詐欺飾蓄異心論如大逆應與其長子內大臣查克旦皆磔死餘子六人孫一人兄弟之子二人皆斬決族人前鋒統領白爾赫圖

侍衛額爾德等皆斬決獄具入奏　上知鼇拜素與蘇克薩哈有隙搆成罪
狀　諭以核議未當不許所請而鼇拜攘臂　上前強奏累日卒坐蘇克薩
哈處絞餘悉如議八年五月鼇拜既敗奉　特旨蘇克薩哈卽有罪不至誅滅
子孫此皆鼇拜挾仇所致深爲可憫白爾赫圖等無罪誅戮尤爲寃屈其蘇克
薩哈及白爾赫圖等均復原官於是公得還官復一等男爵仍晉二等子白
爾肯襲爵尋　賜祭葬如典禮諡公曰忠勇而蘇克薩哈亦復原官及世爵三
等子　命其幼子蘇常壽襲

蘇納海公姓他塔喇氏滿洲正白旗人性慈祥才識尤明敏於順治三年由王
府護衛擢內宏文院學士歷吏部侍郎緣事罷尋起國史院學士充經筵講官
遷禮部侍郎加太子少保再遷工部尚書十八年　聖祖卽阼擢國史院大
學士兼管戶部尚書事時鼇拜等擅權蘇納海不肯阿附康熙五年鼇拜因己
隸鑲黃旗蘇克薩哈隸正白旗遂欲以正白旗屯莊改撥鑲黃旗而別圈民地
以與正白旗使旗人訴請以牒戶部公力持不可謂旗人安業已久民地曾奉

旨不許再圈宜罷議鼇拜銜之矯　旨遣貝子温齊等履勘旋以鑲黃旗地不堪耕種疏　聞遂遣公會同直隸總督朱昌祚巡撫王登聯經理其事昌祚登聯交章言兩旗人較量肥瘠相持不決而旗地待換民地待圈所在荒廢不耕農人環訴失業請停止圈換之令公亦以屯地難於丈量候　明詔進止鼇拜遂坐以藐視　上命械付刑部議罪部議律無正條擬鞭百籍沒家產

上覽疏　召四輔臣詢問鼇拜極言情罪重大索尼遏必隆附和之獨蘇克薩哈不對　上仍以部議不按律文弗允鼇拜出矯　旨即予處絞八年

上親政以鼇拜罪惡衆著　命逮治既伏辜　特旨爲蘇納海昭雪　敕部予恩卹　賜祭葬　予諡襄愍以其子瓦爾達爲三等侍衛

朱公昌祚字懋功號雲門高唐人隸漢軍鑲白旗順治初任宗人府啓心郎十八年以工部侍郎巡撫浙江會旱災捐金倡首煑粥以活飢民復疏請賑卹時海寇未靖有　旨令瀕海居民遷移內地公疏請酌撥荒田令開墾爲生俟三年成熟照例起科其舊所棄之田畝請蠲其賦均下部議行巡按御史既撤重

案悉歸巡撫逮繫者數千人公盡數月之力判結之得釋者甚衆復多設方略以歸順之利導賊黨聞者多解散大軍征海寇公厚犒諸將約以秋毫無犯弁嚴飭有司不得藉軍興苛斂於民浙人德之康熙三年擢福建總督以丁憂未之任四年　特詔起直隸山東河南三省總督請終制不允五年抵任正己率屬遇事執法無少媕娿會鼇拜圈地議起遣部臣會同督撫經理旗民囂然咸泣訴失業公上疏極陳其不便鼇拜怒革職逮問部議律無正條擬鞭責籍沒鼇拜入奏應置重典　上未允出矯　旨竟予立絞八年鼇拜伏罪　特諭昭雪復原官　賜祭葬如典禮諡勤愍祀直隸浙江名宦祠子紱以廕入監官至大理卿

王懿愍公諱登聯奉天人隸漢軍鑲紅旗順治初由貢生授鄭州知州巡撫吳景道薦其有德有才遂擢濟南道累遷通政司參議順天府丞大理卿順治十七年擢保定巡撫時海宇初定伏莽尚多官吏艱於緝捕互相容隱公請嚴縱盜之法重窩主之律厚捕首之賞由是盜賊屏息康熙元年裁順天巡撫以公

兼理其事加工部尚書銜河閒大名所屬災先後奏請發粟賑濟全活者多五年冬以撥圈旗地擾民密疏請令各安舊業言甚痛切忤鼇拜意與總督朱公同論死旗民哀之八年　特旨復原官　諭賜祭葬諡慤愍祀直隸名宦祠子
戚唐以廕入監授督捕理事官

國朝先正事略卷四

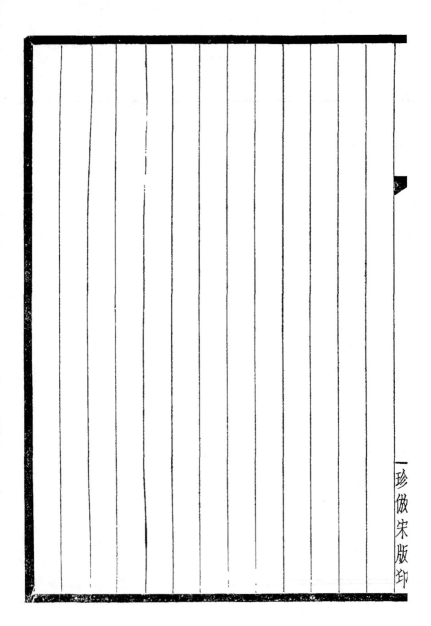

平江李元度次青纂

名臣

費襄壯公事略

公諱費揚古姓棟鄂氏滿洲正白旗人父剛毅公諱鄂碩剛毅之祖曰掄布
太祖時率四百人來歸　賜名魯克素授其長子錫罕騎都尉世職卽剛毅
父也錫罕隨大貝勒阿敏征朝鮮帥八十人先驅遇敵戰歿　太宗軫悼晉
輕車都尉以剛毅公襲尋授佐領隨大軍入明境至崞縣遇敵斬哨卒二獲馬
四由平魯衞出邊敵兵邀戰剛毅公與都統圖爾格擊卻之擢前鋒參領崇德
元年率兵百人偵明邊事至冷口斬哨卒三獲馬十有五三年隨睿親王伐明
由青山口入擊敗太監高起潛兵六月隨大軍圍錦州別將兵略甯遠遇明兵
六百騎引軍薄之大破敵搴纛二獲馬六十有奇七年隨饒餘貝勒阿巴泰從
界嶺口毀明邊牆入敗總督范志完兵於豐潤敵自密雲出劫我輜重奮擊卻

之遂越燕京趨山東所嚮克捷師旋出邊明總兵吳三桂遣步騎邀戰復擊走
之我軍乘夜掩襲搴纛三斬級數十擒哨卒二十九獲馬二百有奇順治元年
從大兵入山海關敗流賊李自成追至望都十一月追自成至陝州距潼關立
營賊據山爲寨重關夾隧伏火器偫糗糧以拒王師剛毅公與前鋒統領努山
率兵奪其寨二年陝西既定大兵由河南下江南帥前鋒兵先行至睢甯敗敵
兵千餘人復隨端重親王博洛分兵征蘇州擊明巡撫楊文驄舟師獲戰艦二
十有五趨杭州敗明魯王朱以海兵擒其總兵一尋搗湖州克其城累進二等
男擢副都統時明桂王朱由榔據湖南廣西剛毅公隨鄭親王濟爾哈朗往征
有功授前鋒統領擢內大臣晉三等子復以其爲　皇貴妃父晉三等伯十四
年九月薨　贈侯　賜祭葬　予謚剛毅明年襄壯公襲伯爵康熙十三年隨
安親王岳樂帥師赴江西討逆藩吳三桂時賊將黃乃忠糾衆萬餘自長沙犯
袁州公與總兵趙應奎等擊敗之擒僞官童聖功復萬載十五年走賊將夏國
相於萍鄉毀寨十二進圍長沙戰屢捷十八年敗賊將吳國貴於武岡凱旋擢

領侍衛內大臣列議政大臣二十九年　聖祖以噶爾丹劫掠喀爾喀又數
擾我邊境　命裕親王福全爲撫遠大將軍而以公參贊軍務往科爾沁調兵
隨征是年八月大敗噶爾丹於烏蘭布通破其駝城三十二年　命公爲安北
將軍駐歸化城明年五月噶爾丹使人至歸化城言將入貢公偵其踵至者男
婦幾二千人遣兵迎詰且遏之馳疏請　旨　上知噶爾丹陽修好實潛蓄
窺伺意　命侍郎滿丕諭責其使遣之還七月諜報噶爾丹將逼圖拉　詔公
及右衛將軍希福帥師往禦尋以圖拉無警慮噶爾丹趨歸化城有　詔命旋
師三十四年噶爾丹至哈密公帥師往禦尋竄去授公右衛將軍兼管歸化城
將軍事疏言噶爾丹見踞巴顏烏蘭距歸化城二千里宜預徵士馬芻糧於來
年二月進勦　上授公撫遠大將軍　召入覲面授方略三十五年二月
詔黑龍江將軍薩卜素帥師出東路　命公及振武將軍孫思克西安將軍博
霽帥陝甘兵出西路　上禡牙親征躬統大軍由獨石口出中路約期夾攻
四月公帥師抵察罕和碩噶爾丹悉驅賊衆趨克魯倫河當是時東路兵尚未

至科圖而 上已由科圖進逼賊境五月公師抵圖拉疏言賊盡焚草地我
軍迂道秣馬又遇雨糧運遲滯師行七十餘日士馬飢疲乞 上緩軍以待
會噶爾丹登克魯倫河之納蘭山望見 御營黃幄龍纛環以幔城又外爲網
城軍容山立大驚拔營宵遁翼日大軍至河則北岸已無一帳克魯倫河者起
車臣汗西界東北入黑龍江橫亘瀚海東北二千里乃內外蒙古之界也
上初意賊必扼河拒戰故兩路出師攻其腹背及是知賊已喪膽乃密 諭公
等邀擊而 親師大軍追之三日至拖諾山不見虜而還 命盡運中路之糧
以濟西師公聞噶爾丹遁即遣前鋒統領碩岱副都統阿南達等率兵先往挑
戰且戰且卻誘賊至昭莫多蒙古語大樹林也在肯特嶺之南土臘嶺之北汗
山之東平曠饒水草爲自古漠北戰場時敵軍至者近萬皆百戰之賊我軍飢
疲馬僵其半公以馬力不能馳擊非反客爲主以佚待勞不可距敵三十里即
止營其地有小山三面皆距河林木薈蔚可設伏公率左右翼步騎先據小山
陣於東餘沿土臘河陣於西遵 上所授方略各軍皆下馬步戰約聞角聲

始上馬將軍孫思克總兵殷化行以綠旗步兵居中據山頂臨之賊爭山鋒銳甚我軍據險俯擊礮矢疊發每進輒以拒馬列前自固賊冒矢石鏖戰自未至酉不退日暮賊騎相離二十步公吹角者三左右俱鳴角沿河伏騎盡起一橫貫其陣一襲其後隊輜重賊始崩潰乘夜追北三十餘里詰旦收軍斬級數千降二千獲馬駝牛羊廬帳器械無算幷殪其可敦阿奴可敦者準部稱其汗之妃也頎皙敢戰披銅甲腰弓矢騎異獸臨陣精銳悉隸麾下至是亦斃於礮噶爾丹以數十騎遁捷奏至　御營　詔班師留公駐守科圖　上親撰銘勒石拖諾山及昭莫多山還次歸化城親勞西路凱旋之師輟膳大饗士獻厄魯特之俘彈箏笳歌者畢集有老胡工笳口辯有膽氣兼能漢語　上賜之潼酒使奏伎音調悲壯歌曰雪花如血撲戰袍奪取黃河為馬槽滅我名王兮虜我使歌我欲走兮無駱駝嗚呼黃河以北奈若何嗚呼北斗以南奈若何遂伏地謝　上大笑手書以告　皇太子六月　駕還京師七月　詔公由科圖移駐喀爾喀遊牧地甫至噶爾丹潛使其黨來肆掠公遣副都統祖良璧擊走

之追勦至翁錦賊敗遁公尋以馬疲移軍喀喇穆倫會噶爾丹使其宰桑等來
請納款　上再幸塞外　駐蹕棟斯拉　命公馳赴行在入對　諭獎昭莫
多戰功公奏曰軍中機務皆遵　上密諭以底成功臣不能生擒噶爾丹以
獻臣之罪也　上曰噶爾丹窮蹙實甚朕不忍悉誅欲招降其衆撫而治之
公頓首曰　聖意非臣等愚昧所能測真天地好生之仁也翼日　賜御佩
櫜鞬弓矢遣還軍三十六年正月阿南達奏報哈密回人擒獻噶爾丹之子塞
卜騰巴珠等　上以其疏錄示公　賜胙肉鹿尾等物　諭曰時當上元令
節衆蒙古及投誠厄魯特齊集暢春園適阿南達疏至衆皆喜躍卿獨居邊塞
不得在朕左右殊深軫念故以疏示知並賜物問卿無恙即如與卿相見也二
月　上幸甯夏　命公及內大臣馬思喀兩路進兵　駕由黃河西岸　駐
蹕達拉布隆　頒賜上駟院馬五十駱駝十公進次薩奇爾巴勒哈遜時噶爾
丹窮蹙甚左右親信數臺吉多面懟聞大兵將至先後望風款附其兄子策妄
那布坦復擁勁兵伏阿爾泰山將擒以獻功噶爾丹進退無地每夕或數驚遂

仰藥死厄魯特部衆降者相繼　車駕方自甯夏循賀蘭山出邊公以噶爾丹
自伏天誅奏其下丹濟拉以其屍及子女來獻中途爲策妄那布坦奪而獻諸
朝所部悉降於是自阿爾泰山以東皆隸版圖拓喀爾喀西境千餘里朔漠平
四月　上復勒銘狼居胥山而還回鑾　御撰碑銘告成太學六月公駐師
察罕諾爾有疾　詔還京以昭武將軍馬思喀代領其衆晉封一等公領侍衛
內大臣如故公以噶爾丹未經生擒疏辭封爵　優旨令勿辭　諭閣臣曰塞
外情形不可肊度必身歷其境乃有確見朕親征噶爾丹衆皆不欲惟費揚古
密抒謀略與朕意合卒能大敗積寇累年以來統兵諸將未有能過之者也四
十年六月　上幸索約勒濟公扈從中途疾作　聖祖停蹕一日　親往
視疾　賜白金五千兩及　御帳蟒緞鞍馬等物　遣內大臣侍衛等護送還
家尋薨　賜祭葬　予謚襄壯子辰泰襲一等侯兼一雲騎尉雍正十年　詔
入祀賢良祠公性樸直貌奇偉待人以和無疾言遽色好在　上前自言所
短人多笑之在軍中與士卒同甘苦事無大小皆親決有求見者立召入好讀

左氏春秋手不釋卷尤工詩雖專門家自以弗逮　聖祖嘗御箭亭　命諸大臣校射公奏臣臂痛不可以弓許之出語人曰我曾爲大將軍儻一矢不中有損國威且爲外藩所笑故不與諸將軍角伎也人服其雅量

賚褰毅公事略

公諱賚塔姓那穆都魯氏滿洲正白旗人和碩額駙康古里第四子也年十四授三等侍衛崇德六年隨大軍圍明錦州擊松山杏山敵兵屢有斬獲明年隨貝勒阿巴泰入明邊越燕京趨山東攻新城高陽霸州壽光博興等城皆先登身中五鎗　賜人葠牲畜銀幣授前鋒侍衛順治元年隨大軍討李自成敗賊將唐通於一片石追擊自成至安肅望都授護軍參領隨豫親王多鐸由河南征陝西連敗自成賊衆於潼關明年隨豫親王征江南攻克揚州取江甯追敗明福王朱由崧於蕪湖　予雲騎尉世職三年隨端重親王博洛征福建明唐王朱聿鍵遁汀州率兵破其城晉騎都尉五年明桂王朱由榔據湖南公隨鄭親王濟爾哈朗往征六年夏師至衡州敗僞總兵陶養用於青草橋又敗僞伯

胡一清萬餘衆於府南山進攻祁陽僞總兵周進唐於大忠橋拒敵擊敗之又敗之於王公嶺一清旋與僞總兵王進才各率馬步數千人拒河岸亦敗潰公進擊僞總督譚宏於道州又擊一清及僞伯焦璉等於全州皆聞風竄遁七年晉輕車都尉初公叔父哈克都哩獲罪額駙公之世管佐領亦坐革　太宗諭以後有功仍給還至是公請於部得　賜復即予公承管十一年張獻忠餘黨李定國犯廣東公隨都統珠瑪喇等往征屢敗賊兵解新會圍定國遁走追敗之與業及橫州晉爵三等男十三年擢護軍統領十六年海寇鄭成功犯江甯　命安南將軍達素同公率師往征至則賊已敗遁遂移師福建明年同都統索渾勦賊廈門官軍不習水戰失利坐罷任革世職康熙二年署前鋒統領隨靖西將軍穆哩瑪征流賊李來亨等於茅麓山屢戰皆捷凱旋復授護軍統領兼佐領八年擢都統十三年逆藩耿精忠叛　命公爲平南將軍統兵赴浙江勦禦賊黨犯金華公遣副都統瑪哈達等擊走之復義烏諸暨公進駐衢州僞都督周列率賊二萬由常山來犯公遣將邀擊擒斬過半僞總兵桑明旋率

五萬衆犯衢州公與總督李之芳帥兵迎擊復敗之斬級萬餘十四年擊敗僞將軍馬九玉等於黃潭口等處僞副將李廷魁屯衢州城北元山口公督兵乘夜攻圍破走之焚其木城九玉同賊將林福等退據大溪灘時康親王傑書爲大將軍駐金華公奉 命參贊軍務并分駐衢州仍佩平南將軍印屢擊卻來犯賊衆十五年秋康親王進衢州公循例歸將軍印以都統任參贊先率兵馳擊大溪灘斷賊糧道復江山縣馬九玉遁尋同瑪哈達等率兵破仙霞關進拔浦城又與副都統吉勒塔布等敗賊於建陽克其城進復建甯府十月隨康親王抵延平精忠窮蹙乞降時漳泉興化俱爲海賊鄭錦所踞十六年同甯海將軍拉哈達勦賊興化連破三十六營陣斬僞總督趙得勝等復興化僞總兵郭維藩以仙遊降三月同拉哈達討叛鎮劉進忠於潮州進忠降康親王奏復授公平南將軍印守潮州十七年四月鄭錦遣僞總統劉國軒陷平和犯海澄

上命公赴援賊斷江東橋及長泰同安諸小徑師弗克進六月賊陷海澄漳平同安惠安犯全州九月公與總督姚啓聖合兵進討大敗賊兵於蜈蚣山破

其七營斬四千餘級復長泰十月復敗賊於漳州萬松關十八年僞將軍吳淑何佑等犯長泰公與提督楊捷等分道進擊斬二千餘級生擒僞總兵副將三人國軒復犯江東橋公迎擊敗之賊走太平寨追斬千餘級十九年二月同啓聖捷勦賊海澄招降僞總兵蘇堪復其城聞水師提督萬正色取海壇公由松嶼進征僞將軍陳昌率衆降鄭錦遁臺灣廈門金門相繼定四月 命移駐廣州會尚之信獲罪逮繫其藩下長史李天植等怨都統王國棟發難誘殺之藩兵咸畏罪思亂公密承 詔旨以罪不株連撫慰藩兵自率兵圍之信第收捕天植及同謀者繫獄候 旨餘釋勿問時逆孽吳世璠尚擁重兵據雲南定遠大將軍貝子彰泰自湖南進征貴州 上以公在福建廣東勞績素著授平南大將軍赴廣西調遣滿漢兵由南甯直進雲南公率兵由田州泗城進西隆州僞總兵周應龍迎降僞將軍何繼祖等擁賊數萬拒於石門坎石門坎者距安籠所三十里地峻隘稱天險公令都統貝勒希福瑪奇等率師直前自與副都統宏世祿總督金光祖分兵爲二由間道躡其後二十年正旦度賊無備飭

前軍進攻賊倉猝出禦後軍履險上前後夾攻大敗賊衆奪其隘口復進安籠所城降僞總兵陳義魁繼祖復糾僞將軍詹養王有功等率二萬人據黃草壩列衆拒戰二月二日公督兵奮擊自卯至未奪賊營二十有二生擒詹養王有功及賊衆千餘獲其象馬無算　上以公自廣西深入雲南獨先諸路大破賊　溫旨嘉奬師抵曲靖降僞總兵尹士元僞道劉世忠等隨遣兵取霑益州斷賊中路僞將軍線緎等皆遁歸分遣希福瑪奇等復雲龍州易龍所及楊林城營總碩塔等克嵩明州餘賊望風解散遂會合彰泰軍壁歸化寺僞將軍胡國柄等離城拒戰公與彰泰分兵進擊自卯至酉賊大潰斬國柄及僞總兵九生擒賊六百有奇逆孽吳世璠嬰城守陰調賊將馬寶胡國柱夏國相等還救大軍併力環攻賊內亂欲擒世璠出獻世璠自殺線緎等開城降遂磔僞大學士方光琛等於軍前戮世璠屍傳首京師國相竄廣南公與彰泰檄土官儂朋總兵李國樑率師追勦擒之西板橋又遣希福等追勦國柱於雲龍州國柱縊死其黨王敘李匡自焚餘衆悉降雲南平二十一年十月大軍凱旋　聖祖

親率諸王大臣郊勞於蘆溝橋西二十里外　御黃幄　詔彰泰及公行抱見禮二十二年以隱匿尙之信藩下應入宮婦女事覺當勘問　上曰賚塔自福建廣東雲南宣力勤勞樹立大功勿因細事遂加以非禮致失朝廷眷顧功臣之意下所司集質擬奪職治罪　詔從寬鐫級罰俸明年十二月薨　賜祭葬如典禮加祭二次諡襄毅二十四年　上諭王大臣曰平定雲南賚塔功最大縱有他過爲人訐告朕究不加罪也諸臣同聲感戴未幾冊勳予一等男子費葉楞襲雍正五年　世宗諭曰原任都統賚塔當三逆變亂時統兵征勦克復雲南功最著彼時因坐事功過相抵是以未封公爵在當日之不優封賚塔者欲使立功之人咸知儆惕不敢驕肆妄爲耳今事歷多年後人已知鑒戒奉法其追封一等公俾其孫博爾屯承襲八年建賢良祠　詔公與大學士圖文襄公並入祀九年加公號曰褒績

施清惠公事略

公諱維翰字及甫一字硏山江蘇上海人順治八年進士授臨江府推官有異

政以卓異徵擢兵部主事明年選授御史公體貌秀偉在班行中頎然俛視諸同列　世祖見而異之出巡按陝西未訖事以裁缺還京康熙二年請告其明年復補江南道公在臺嘗劾偏沅巡撫周召南曲庇貪吏又劾福建總督劉斗徇情題建故靖南王耿繼茂祠皆奉　旨嚴議一時懍然慴伏六年巡鹽河東十一年有　詔內陞仍以四品服俸管江南道事疏言登聞鼓之設原以伸士民冤抑請令滿漢科道司之如所請明年遷鴻臚少卿再轉光祿少卿大理丞累遷太僕卿宗人府丞十八年晉左副都御史協理院事公性穎敏通古今尤諳前代典故章數十上所言皆關大計未嘗毛舉人細過以沽名塞責素嫉貪吏以謂禁貪之法甚備而州縣多以賄聞者監司爲之囊橐也監司取諸州縣州縣不得不取諸吏民惟懲大貪則小貪自止又言士民各有定業今文武各官或兼事商賈質庫違肆估舶彌江既奪閭閻之利復脫關市之算不可不加禁止又言考察糾舉之法密於文臣疏於鎮帥慫忽養癰此由國家令甲無督撫甄別鎮帥之責故也請自今有婪賕肆虐者督撫不入告則事發同罪庶

幾軍肅而民安矣是歲方奉新例凡言官所糾不實準反坐論公力爭之且言督撫不能覺察州縣致爲科道所糾已有隱徇之咎矣今仍發與審鞫彼欲卸前責安得不益庇私人乎況乎陰肆營求陽騁狡辯彌縫掩飾何所不至言官身在中朝復非兩造又何從而折證之臣恐言路從此結舌矣閩督劉斗復題補總兵官公言總兵一方重鎮非　上命卽廷推從未有地方官題補之例以　朝廷推轂授鉞之權倒付大吏其弊豈可長乎時海上諸降卒日至無可安插公言投誠之衆不能計日而給食也一遇水旱恐爲隱憂臣思各提鎮官歲有汰兵簡其丁壯以補缺額使降者不以遊手長奸缺者不以召募滋擾亦杜漸防微之策也東南賦役煩重民力不支公言民間大役五年一僉小役十年一僉此定式也比來官吏奸貪每役止編一年僉審頻繁用邀賄賂宜復舊制俾小民得盡力耕桑以安南畝又請減蘇松重賦又言江南租入必俟九十月是以舊制十月開徵今民未東作而催科已迫何以給之又勸　天子親耕籍田以重農事又八旗犯罪者例先墩鎖各城門公言民人重罪監禁莫不

居有囚室食有囚糧而旗下墩門之害未易枚數暴露寒暑莫之飲食請得與民人一體羈監至於罪婦亦先墩門男女淆雜貞淫無辨宜另行羈候以別嫌疑崇風化公前後所言其善持大體悉類此雖下部議或從或否又有始格於議其後卒見施行者以故章每上京師士大夫率傳錄其諫草以相稱說而

天子亦甚器之既長御史臺適浙撫陳秉直薦舉學道程汝璞爲魏敏果公所劾例應降調而竟以所加級抵銷公首劾之曰秉直與汝璞見聞最近乃徇情妄舉顛倒是非非尋常詿誤可比請　勅部定議凡保舉非人坐降調者不許抵銷　上善其言著爲例已而巡撫山東之　命下公既荷　上殊遇甫至官則勸懲彰癉一奉憲綱以行屬歲大祲賴公賑恤有方境内遂得無事又請截留漕米五萬石以活羸餓又因青萊距臨清倉遠辦解維艱請永行改折以息轉輸又因米豆翔踊請一應兵馬支應悉照價估辦以甦賠累由是士民悅服三年政成遷浙江總督其爲政一如山東前督劾軍士鼓譟一案繫累二百餘人　陛辭　上諭曰兵丁鼓譟乃惡習宜嚴禁公奏曰祗因督撫提

鎮不和遂致兵丁生變臣當同心協力調劑軍民　上曰文武協和地方自安戢矣及抵任即日會讞多所平反不數月　聖祖以兩浙內地易治惟福建險遠其民甫脫湯火且地瀕海奸人易生心非具幹略有文武威風識大體者不能制臨而綏馭之會總督闕乃度廷臣而調公往焉公時已病會方遣滿大臣巡視海上公力疾偕行二十二年春始逾嶺病革未抵會城而薨年六十有三事聞　天子驚歎下　詔稱公操履清慎懋著勤勞　命所司賻卹有加　賜諡曰清惠公爲人孝友肫至與人交坦易不設城府撫幼弟及諸甥有恩其殁也弟甥皆喪之如父仕宦三十餘年慎於取予無攀援躭骫之習朝野重之祀鄉賢

郝雪海中丞事略　楊素蘊

郝公諱浴字冰滌號雪海直隸定州人生平負氣節棘棘不阿順治六年進士授刑部主事八年遷御史奉　命巡按四川時流賊張獻忠餘黨孫可望李定國劉文秀等降附明桂王朱由榔踞川南寇掠九年平西王吳三桂與都統李

國翰分兵復成都嘉定敘州重慶駐師綿州公在保甯監臨鄉試可望文秀等合衆數萬薄城公遣使告急綿州逾月三桂乃發援兵危城得全公因陳善後策略言大兵勦賊借陝西運餉道遠餉繁宜移陝西駐防屯田成都並招流民開墾借給土司牛種屯耕一年可抵輸運三年之利又言賊寇善騰山越嶺蜀中土官土兵習尚相近宜簡精銳爲前茅以滿洲驍騎繼其後疾雷迅霆之下寇必鳥獸散　上嘉其奏可採下部議部臣以戰守機宜應由三桂酌籌寢其議公又言土賊投誠給劄授官恣行劫掠爲民害請嗣後願歸伍者聽其願爲民者卽令有司造冊編丁以資生聚又請免牛租除雜派惟就熟地開征俾民賦有定額疏皆下部議行又劾奏永甯總兵柏永福臨陣畏縮廣元副將胡一鵬驕悍不法狀並奪職逮訊方保甯之奏捷也　詔頒賞將士三桂因以冠服與公公不受疏言翦平賊寇平西王責耳臣司風憲不預軍事而以臣預賞非黨臣則忌臣也因疏劾三桂擁兵觀望狀　上命三桂以賞物別賞有功將士大學士成公克鞏呂公宮等疏奏公固守保甯出入營伍奮不顧身卒轉

敗爲功宜擢用三桂因摘公保甯奏捷疏中有親冒矢石語劾公欺罔冒功吏議革職逮訊尋論死　命免死流徙奉天之尚陽堡當是時三桂開邸滇黔海內財賦輦輸軍前者歲亡慮數百萬計守令得自辟署珍貝犀象明珠南金之寶悉歸私室羣失職之士及亡賴多歸之疆吏攖其鋒者禍立至公以一御史首發其奸直聲震天下康熙十年　駕幸奉天公迎謁道左　上親垂問焉十二年三桂反明年尚書王公熙劉公沛先後交章薦公爲部議所格十四年魏公象樞兩疏薦公才學識兼優不宜終棄且曰臣自愧不如願以職讓遂得

旨召用復原官時陝西提督王輔臣叛應三桂公疏言大兵進勦平涼宜於西安潼關用重兵屯駐以待策應調鄖陽兵攻興安調河南兵入武關直取漢中則逆賊計日可擒疏下統兵大臣相機施行又言民間納糧多額外征求致正額反缺至招買軍需名爲市易實則攤派里民比及發價官役互相侵扣又於解餉時多索收餉之費任意遲延請　敕督撫嚴察又言京通各倉積貯已多請留山東河南額征耗米折銀濟軍需疏並如所請十六年巡視兩淮鹽課

明年兩遷至左副都御史十九年部更新例凡死罪減等及軍流人犯俱發黑龍江公以天旱民飢恐遣犯道斃者多疏陳新例未便下所司議惟贓吏照新例行餘仍舊又疏言出身非正途者雖經保薦不得選科道又言部院長官歲終宜舉劾屬吏賢否各一人以示懲勸均從之尋命巡撫廣西　賜御廄良馬一疏言粵西錢糧改折乃一時權宜計今軍餉既停請仍舊又請　御書清愼勤字額頒發各疆吏俾官民咸得瞻仰得　旨俞行又言粵西外控土司內制猺獞撫標兵不宜裁減部議許留其半又爲故死事撫臣馬公雄鎭傅公宏烈請祠爲故知府劉浩知縣周岱生請卹又請復賑濟貧生銀米均從之二十二年卒於位年六十一士民奔走巷哭凡三日喪歸爇香送者數千里不絕語及公皆霣涕云初傅公宏烈以軍需移取庫金七萬有奇米七千餘石公涖任擬以庫項扣抵及卒護印者劾公侵欺　詔遣部郎察審坐侵銀九萬有奇吏議奪職追補　特旨以公清廉免追用示優卹廉吏至意二十五年子林爲父訟寃請還職部議不可　特旨許追復林旋請卹　賜祭葬如例林以進士累官

禮部左侍郎加尙書銜致仕烏虖　聖祖之於公既簡諸生前又䘏諸身後曰廉曰潔褒許再四儼然家人父子其知公深矣然三桂兇燄方張公以一書生不揣而與之抗徵　世祖保全則公之元已喪而骨已朽矣迺謫公於遠示薄譴以稍殺三桂之怒而緩其反留公以爲異日股肱之用其　恩誼爲何如哉同時以御史劾三桂得罪後且大用者爲楊公素蘊與公齊名

楊公字筠湄一字退菴陝西宜君人順治九年進士除東明知縣地當河決後敗城郭民廬且盡居民依邱阜僅數十家公設法灑濬完聚三年間復業至萬餘戶山東盜發衆數千剽掠旁郡制府密以屬公設計招降之餘黨解散十六年以治績預行取入爲四川道御史公亢直敢言前後上章以十數皆切中時弊而尤著者在直糾逆藩一疏時三桂以分巡上湖南道胡允等十人題補雲南各道并及奉差部員無復顧忌公疏略言爵祿者天下之大柄綱紀者國家之大防前此經略用人奉有吏兵二部不得掣肘之　旨亦惟以軍前效用及所轄五省各官酌量題請耳從未聞敢以他省不相干涉之處及見任京朝官

公然坐缺定銜者也且疏稱求諸滇省既苦索駿之無良求諸遠方又恐叱馭之不速則湖南四川去滇猶近若京師山東江南距滇不下萬里不知其所謂遠者將更在何方　皇上特假便宜不過許其就近調補耳若盡天下之官不分內外不論遠近皆可擇而取之則何如歸其權於吏部銓授爲名正而言順乎縱或雲貴新經開闢料理乏人諸臣才品爲藩臣所素知亦宜請　旨令吏部籤補乃徑行擬用不亦輕名器而褻　國體乎古來人臣忠邪之分莫不起於一念之敬肆在藩臣敭歷有年自應熟諳大體此舉卽從封疆起見未必別有深心然防微杜漸當愼於幾先祈　申飭藩臣嗣後惟力圖進兵加意綏輯一切威福大權俱宜稟自　朝廷則　君恩臣誼兩盡其善矣疏入閣臣咋舌持其章不敢下　詔下部知之會　世祖皇帝晏駕輔臣出公爲川北道以前疏也而三桂猶銜公不置具疏辨詆其意含影射語伏危機有　旨令回奏公奏防微杜漸古今通義臣但期藩臣每事盡善爲　聖世純臣非有他也故事外吏拜疏必先具揭巡撫佟公見疏語直懼且得罪強公竄易二語奏上

坐含糊巧飾應降調公拂衣歸閉門不出者十年論者謂古今事變所伏每患深識之士知之而不敢言或言矣而不用語曰熒熒不救炎炎奈何嚮使公與郝公言獲用曲突徙薪之功可勝道哉三桂既反人始服公及郝公先識於是尚書郝公惟訥龔公如錫侍郎楊公永甯交章薦公可大用以外艱辭服闋赴湖廣軍前題補鄖襄道當是時賊軍據川東襄陽總兵楊來嘉副將洪福相繼以城叛肆掠房保間與賊相犬牙而王師餫饟自襄至房保路險陿舟車不通歲調安襄德三郡丁夫擔負率僦十致一夏秋霖潦溪水漲冬雨雪徑滑顛溺死者相望丁夫缺仍檄郡勾補三郡大困而餉苦不繼公訪知穀城有小溪可通舟乃親按行川谷燒石翦木數十里開漕船道於是水運通利省三郡丁夫十九而軍興無乏遷山西提學道以公明尤著列薦章內陞通政司參議遷奉天丞晉順天尹康熙二十六年巡撫安徽會歲饑甫拜疏請賑卽檄州縣開倉發粟吏難之公曰若待報則需時日是棄民也且 皇上仁聖必得請尋報可所全活無算明年夏叛卒夏逢龍據武昌全楚震動而安慶當三省衝訛言

屢驚婦女爭出城走避有司呵之不止公大書榜四門曰願出城者聽而徐以塘報殺賊狀曉示遠近數日人情安堵出城者復歸十月移撫湖北時逢龍雖誅脅從者尙衆人情恇擾或一夕數驚公至首嚴告訐之禁以安反側會上元節許民間張燈火陳魚龍百戲元夜坐堂皇朝門洞開令士民出入縱觀明日市井熙然矣公定變大略多類此是歲旱疏請緩徵漕糧又請兵餉免搭放制錢先後得報可二十八年十月薨年六十先是湖北郡縣疾苦最甚者若沔陽衞之沈塌田地江陵之沙壓空壓漢陽嘉魚之崩坍咸甯黃陂景陵之穀折江夏武昌崇陽通城漢陽漢川雲夢孝感應城之穀田科重監利之一年兩賦凡六事而受害者十七州縣蓋積數十年矣公廉得其實條爲兩疏未及上會病甚遂口授於遺疏中切陳之就枕上作叩首狀曰此疏行臣目瞑矣嗚乎孳孳爲國知無不爲公殆無媿宜與郝公並磊磊軒天地歟

湯文正公事略

湯公諱斌字孔伯一字荊峴號潛庵河南睢州人父祖契州學生母趙氏明末

流寇陷州城罵賊死被旌建專祠公少避兵流寓衢州順治九年成進士授
國史院檢討十三年應　詔陳言請廣搜遺書修明史且言宋史修於元至正
特傳文天祥之忠元史修於明洪武亦著巴顏布哈之義我　朝順治元二年
間前明諸臣亦有抗節不屈臨危致命者宜令纂修諸臣勿事瞻顧大學士馮
銓金之俊謂公誇獎抗逆之人擬　旨嚴飭　世祖特詔公至南苑　温諭
移時是年　詔選翰林出爲監司公授潼關道大兵下滇蜀關中當孔道總兵
陳德以師過檄車五千兩實需二千餘冀以金代公密具車二千自坐關上揮
士卒升車盈十兩卽出之夜漏四鼓盡出關總兵不得已亦出至洛陽留帀月
軍變而關城以公故得晏然於是嚴保伍行鄉約建義倉立社學流民復業數
千戶會歲旱無麥兵餉例給麥價浮於穀公請以倉穀代主兵者不可曰如是
兵且變公曰民且飢死獨不能變乎兵有變吾自任之卽與兵約以穀餉明年
補餉以麥而令還穀於官兵皆帖然公涖事精敏訟無留獄環禁五十里聽貧
者不賫宿糧常出勘荒遇雨止大樹下民朱欄其樹時以比甘棠云十六年調

江西嶺北道甫三日清積獄八百有奇李玉庭者明舊將也有衆萬人踞雩都山寨詐約降會海寇鄭成功犯江甯遣諜來贛公獲諜斬之策玉庭且中變急移兵守南安玉庭果至擊走之復遣兵扼其歸路卒就擒平南軍過南安殺人有司以鬬殺論公曰力伻者謂之鬬今軍無寸傷而民以兵死與律不應卒抵軍於法尋乞病歸里丁父憂服除聞容城孫徵君講學夏峯往受業歸與同人爲志學會杜門將母有同年生來爲方伯見郡守問公近狀守對言實未聞有此人方伯嗟歎康熙十七年　召試博學鴻儒授侍講與修明史復疏請順治元二年以前抗拒　本朝臨危致命諸臣皆據事直書毋瞻顧　聖祖嘉與頒之史館爲成命由是明季諸義烈皆得表章二十年典試浙江轉侍讀明年充明史總裁官直經筵遷左庶子公爲講官每進講先一日齋肅潛思經義嘗言君心正則天下治如天樞之運衆星故務積誠以動　上二十二年擢內閣學士河南災閣臣議遣官往勘公曰無益也使者所至苛擾州縣一聞遣使輒輟耕以待勘是再荒也不如令有司自勘便已而河南果畏勘災諱者半給

事中任辰旦議阻巡狩封禪事閣臣擬　旨切責公曰給事言是李沆云邊患旣息恐人主漸生侈心相公當以爲慮或議改法令公曰官之失德寵賂章也不此之懲而特區區之法乎時江甯巡撫余國柱內召廷推代者　聖祖曰朕聞學士湯斌曾與孫奇逢講明道學身體力行可特授巡撫瀕行　諭曰朕非忍出卿於外顧吳俗奢靡以卿耐清苦冀有所變革　賜御書三軸馬一表裏十白金五百兩幷撤　御饌賜之十月　上南巡至蘇州蘇城道狹總督將毀民居廣馳道公曰此非　聖主勤民意也止之再　賜御書及蟒服時滯獄山積公就舟中判決不假寐者六晝夜初國柱疏言淮陽二屬水淹涸出者令次年輸額賦至是公遣官履勘水如故疏入部議令再勘公仍以實奏事乃寢於是除耗羨禁私派清漕政汰蠹役行保伍革鹽商匣費自總督以下皆相戒不得受所屬一錢京朝官奉使過者不敢有所搜索所部肅然蘇松常苦賦重積逋相仍而江北諸州縣又屢被水旱公以爲民氣未蘇教化未易行也乃奏緩蘇松積欠請分年帶徵從之又請蠲十八十九兩年災欠請除邳州版

荒田賦又請蠲明萬歷時所加九釐餉又極陳蘇松浮糧之困先後奏免額賦
數十萬兩二十年淮揚徐水災條上蠲賑事宜請發帑銀五萬告糴江西湖廣
先借所屬州縣倉穀散放不竢　詔下遣官遽行又言饑民流亡者多請飭漕
臣徐旭齡河臣靳輔分督淮安賑務臣卽至清河桃源諸州縣察賑　上命
侍郎素赫往助災民咸就撫輯乃興學以善民俗令城內外及鄉鎮二百家以
上皆立社學就學者廩之擇諸生中賢者爲之師月會明倫堂講孝經小學朔
望集士民講　上諭十六條皆身涖之重修泰伯祠及范文正周忠介二祠
朔望往謁禁婦女遊觀胥吏倡優毋得衣裘帛燬坊刻淫詞小說諸無賴爲民
害者悉痛除之禁火葬及淹柩者令下一歲報葬三萬餘棺奏劾知府趙祿星
知縣張協濬等常州守祖進朝有異政以失察屬吏降調公疏留吳縣令劉滋
吳江令郭琇皆廉能稱最以積欠未徵不得與行取公疏薦皆格於部議　特
旨允行監生王某有奴竊貲逃數年突引弓刀二十騎稱贖身王府詬詈索金
公立擒付獄論如律常熟奴某持其主父國初所得隆武劄迫主遠逃將據其

主婦公追劉燔之立斃奴杖下蘇州府城上方山有祠曰五通禱賽甚盛凡少年婦女感寒熱巫覡輒謂五通將娶爲婦往往羸瘵死歲常數十家前有大吏擬撤其祠遇祟死民益神之公收妖像投水火盡燬所屬淫祠請 旨勒石永禁公夜治文書常至四鼓日中始一食或勸以少休慨然曰君命卽天命也曰監在茲敢自暇逸乎居二年吏治蒸蒸民俗丕變時執政明珠方樹黨招權利引國柱長戶部先後蠲漕及緩征以部費爲名索金四十萬布政使累以爲言公弗許及大計兩司治行有所需憚公不敢發遂徒手入都以是諸要人皆不便公所爲明珠有家隸言事多效所至大府常郊迎過蘇畏公威聲弗敢謁自監司以下朝夕候其門公聞使召之將命者用故事以客禮請從騎數十至轅門公辟大門傳呼隸大窘脫斵輿服被之入至階下見公南面坐乃跽而聽命公犒以酒食命門卒爲主人隸大慚沮去歸訴之珠謀致難於公而公聲績甚偉 上方嚮公念公在外無從得事端會東宮出閣讀書乃薦公輔導 皇太子 上然之授禮部尚書管詹事府事將行百姓號呼如兒失母罷市三

日各繪像以祀去之日窮鄉下邑士女童叟手瓣香來會送共閣城門且以農
器塞水陸道不可行公揭示吾在外不能爲父老德往者屢請核減浮糧並爲
廷議阻今入見　天子當面陳之民皆羅拜泣良久乃得行敝簏數肩不增
一物於舊入朝　温諭褒其廉問路所由及地方利病公以鳳陽災對　上
遽遣近臣往賑時國柱已爲大學士兼管戶部得公所出示以告明珠曰曩議
皆　上所可也今市恩推過號於衆以爲名使　上知此立蹶矣比公至
語已　上聞而公未之知也進講東宮首陳大學財聚民散之義畢講東宮
入侍　上問所肆具以聞　上曰此列國分疆時語也若海內一統民散
將安之試詢之公具陳秦隋土崩狀且言一統而民散禍更烈於分國時
上聞猶諒其忠先是淮泗水溢山陽鹽城寶應高郵泰州興化如臯七州縣蕩
析離居　上南巡命濬海口洩積水　敕按察使于成龍主工楨尋以廷臣
議使受河督靳輔節制成龍議工費八十餘萬輔議海口沙淤非起高郵車邏
鎮築高隄束內水高丈餘不能出海估費二百七十八萬　上召輔及成龍

面詢成龍力排輔議淮南士大夫懼傷廬墓亦廷爭之乃命尚書薩穆哈學士穆成格會公及總漕徐旭齡合勘兼問七州縣耆老云何輔議本執政主之上心頗是成龍廷臣知輔議勢不可行欲并罷成龍工役公力爭使者曰公言吾當口奏旣而匿不以聞至是公內召　上語及海口公對開一丈有一丈之利一尺有一尺之利　上愕然曰爾時胡不言公具陳前事詰旦　召二人與質對二人強辨公徐曰某固知有此也汝行後卽彙士民呈牒並某議具文書印冊存漕臣所漕臣亦具牘存巡撫所可覆視也二人語塞　上怒立黜之遣工部侍郎孫在豐往濬下河如公議時始設太子講官以公及詹事尹泰鄂荼少詹事舒淑中允閣世繩贊善黃與堅任之公疏薦候補道耿介剛方篤實學有淵源　上遂授介少詹事　命公與耿公輔導太子二十六年夏不雨　聖祖下詔求言公言民閒春稅力弗能堪宜復夏秋兩稅又言蘆課徵銅銅不常有仍聽輸銀便國柱遽起拉公曰公欲變此法俟國柱去戶部未晚也會靈臺郎董漢臣上書請諭教元良愼簡宰執語多指斥時事御史陶

式玉劾漢臣撫浮詞欺世盜名請逮治下內閣九卿議執政惶悚議與同列因
服待罪王相國熙繼至貌甚暇徐曰市兒妄語立斬之則事畢矣執政曰
上閱奏至再三親點次類嘉與之何君言若是王笑曰第以吾言入視何如時
公最後至國柱述兩議以決於公公曰彼言雖妄無死法且所言早諭教崇節
儉宜施行大臣不言故小臣言之吾輩當自省國柱曰此語可上聞乎公曰
上見問固當以此對於是大學士勒德洪吏部尚書達哈嗒皆如公議明珠
入奏國柱尾其後而與之語　命下漢臣免議旋以公當會議時有慚對董漢
臣之語傳　旨詰問公奏漢臣以諭教爲言臣忝長宮僚動違典禮負疚實多
上以詞涉含糊令再回奏公具疏引罪　旨仍切責之於是左都御史璙
丹王鴻緒副都御史徐元琪鄭重等劾公奉　諭申飭不痛自引咎並追論其
去任時巧飾文告沽名會耿公以疾乞休尹泰舒淑及少詹事開音布翁叔元
劾介實無疾並劾公妄薦舉朝多爲不平而達哈嗒獨上疏請與斌介同罷並
下部察議當奪職　詔公與達公仍留任許介去公適聞繼母疾乞歸省

聖祖手詔慰留而忌者意未已國柱宣言　上將籍公內府或勸公委曲諸
公間以自解公曰六十老翁尚何求吾安之矣或又勸發忌者陰事以紓禍公
曰吾不屑爲也九月改工部尚書九卿會議公以入講不至坐降二級留任尋
得疾　敕御醫就視十月疾少間度材於通州某日日下晡忽返招鄉人某官
與語客退獨坐一室嚮晦語家人吾腹不甯夜半遂薨年六十有一臨終戒其
子溥曰孟子言乍見孺子皆有怵惕惻隱之心爾等當養此真心時時發見久
之可達天德若襲取於外終爲鄉愿無益也又曰吾數月來心無一綫放逸得
力深於平時遺疏入　上遣大臣奠茶酒　詔由驛歸櫬下所司議卹部臣
以曾降七級奏　特旨仍視尚書例　予祭葬踰月　上與諸大臣語曰吾
遇湯某特厚而怨訕不休何也衆曰無之　上曰廷議董漢臣彼昌言朝無
善政君多失德大臣不言故小臣言之尚不爲怨訕乎衆乃知公爲執政所傾
也非　上寬仁夙重公必無倖矣公之爲巡撫也其夫人及諸公子衣皆布
行李蕭然夏從質肆中易苧帳自蔽春野薺生日采取和豆羹民間至以諺語

呼爲豆腐湯偶閱簿見某日市隻雞公愕曰吾至吳未嘗食雞誰市者乎僕叩頭曰公子公怒立召公子跪庭下責之曰汝謂蘇州雞賤如河南耶汝思啖雞便歸去惡有士不嚼菜根而能作百事者哉并笞其僕遣之公生日搢紳知公絕餽遺惟製屏爲壽公辭焉啓曰汪琬撰文在上命錄以入而返其屏公見屬吏必霽顏告以君恩不可負民命不可殘懇懇如家人語又以州縣爲親民官愛民必恤吏立意培護故皆畏而愛之爭自勉於爲善所發公移皆手定數月後屬吏參謁必面詢始末辨論以求至當有門下士以給事中奉使過蘇力言東南鹽政大病於商民因條舉數事每發公詰難正言其非其人怏怏出比使歸踰月次第禁革壹如所言給事語人曰吾師至誠而或以術馭人賢者固不可測也蘇之巨室有優伶恃姿容結黨行強有司不敢問公迹而得之痛予杖戒無傷筋骨故瘡將合更薄笞朔望縛載以徇於市逾年膚剝見骨始瘐死由是奇衺浮淫者心悸相勸改前行公又嘗上言歲祲免租民困少蘇而已必屢舉於豐年富乃可藏於民又凡免當年田租皆中飽於官吏故每遇　國有大

慶或水旱形見不肖者轉急徵以待賜除必豫免次年田租然後民不可欺吏難巧法　聖祖深嘉與之遂定爲經法凡免地丁編折銀必於前一年頒諭康熙三十年　特諭戶部自今以往海內農田正賦編折銀通三年輪免一年週而復始直省均以徧皆豫免不問豐凶其後雖以西邊事起中輟而　大訓炳然籍藏於故府　世宗　高宗當重熙累洽之餘繼志述事屢蠲天下全租皆先一年降　旨以次輪免是公之訏謨實受其福者非一世也公薨都城士民奔走長號其歸也哀音過車相屬初吳民有妄傳公訃者輒相驚巷哭有司曉之乃已毋何訃果至則益哭曰官紿我共建祠祀公水旱有祈輒應瞻拜者無不淚下陝西江西江南皆祀名宦雍正十年　詔入祀賢良祠乾隆元年　賜謚文正道光三年　詔從祀孔子廟庭公與陸清獻公俱號醇儒清獻之學篤守程朱攻陸王不遺餘力公之學源出夏峯而能持新安金谿之平大指主於刻勵實行以講求實用無王學杳冥放蕩之弊故爲異趣而同歸官侍讀時　聖祖命進所著詩文中有王守仁論　上閱之問爾意云何公曰

守仁致良知之說與朱子不相剌謬且稱其直節豐功不獨理學　上首肯曰朕意亦如此公所著有洛學編睢州志潛菴語錄詩文集孫之旭字孟升康熙丙戌進士甲午以編修典試浙江初文正公主浙試力疾衡校不爽銖兩孟升克繼之改御史出爲霸昌道內遷左通政在官不尚威猛而風采懔然憂歸以毀卒

靳文襄公事略子治豫

靳公諱輔字紫垣遼陽人隸漢軍鑲黃旗順治九年由官學生考授國史院編修改中書累遷郎中右通政康熙二年擢國史院學士改內閣學士十年巡撫安徽皖屬頻旱民多流亡公撫卹招徠復業數千戶奏臨淮靈璧二縣虛報開墾田四千六百餘頃請免其賦從之又言爲政首在足民足民有道在因民之力而教以生財之方大江以北如鳳陽等屬盡失溝洫之舊一遇水旱即成石田今欲足民莫如力行溝田之法溝田者古井田遺意也然井田法制繁重溝田但鑿一溝修浚甚易其法以十畝爲畘二十畘爲一溝以地三畝有奇爲二

十畘中之經界二十畝之外圍以深溝溝道廣丈八尺溝廣丈二尺深七尺五寸開溝之土即累溝道上使溝道高於田五尺溝低於田七尺五寸視溝道深一丈二尺五寸澇則以田內之水車入溝中旱則以溝中之水車灌田內溝田一行其利有四水旱不虞一也溝洫通而水有所洩下流不憂驟漲二也財賦有所出三也經界既正無隱占包賠之弊四也疏方下部議行而滇閩變作十三年吳耿二逆寇江西公練標兵募鄉勇嚴斥堠遠偵探武備大振巨寇宋鑣踞歙郡山中爲亂公遣兵躡剿以計擒之於巢湖上游以安部議省驛遞費以佐軍餉事下各巡撫議公以謂省費莫先省事今督撫提鎮每事必專弁馳奏靡費實多計惟事關軍機必專騎馳奏餘悉彙奏以三事爲率是一騎足供三事之役矣議上著爲令歲省驛遞金錢百餘萬加兵部尚書十六年授河道總督時黃水四潰不復歸海清口運道盡塞公上下千里泥行相度喟然曰河之壞極矣是未可以尺寸治之也審全局於胸中徹首尾而治之庶有瘳乎遂條上河工事宜分列八疏大略謂事有當師古者有當酌今者有當分別先後者

有當一時並舉者而大恉以因勢利導爲主廷議以軍輿餉絀難之姑令量修要害公又疏言清江口以下不濬築則黃淮無歸清口以上不鑿引河則淮流不暢高堰之決口不盡封塞則淮分而刷河不力黃必內灌而下流清水潭亦危且黃河南岸不隄則高堰仍有隱憂北岸不隄山以東必遭衝潰故築隄岸疏下流塞決口但有先後無緩急今不爲一勞永逸之計屢築屢圮勢將何所底止疏上廷議如前　聖祖以河道關係重大下前後廷議令再具奏公堅持前議　上特如所請葢　上深知公忠勇沈毅可任大事故排羣議用之也公感激知遇昕夕不遑開通清口爛泥淺引河四道濬清江浦至雲梯關外河身築束水隄萬八千丈塞王家岡武家墩高家堰諸決口河隄外加築縷隄及格隄於徐州宿遷築減水壩十三座清水潭舊隄潰最號險工公用棄深就淺計築西隄九百二十餘丈東隄六百餘丈更挑新河八百四十丈奏改名永安河又浚甘羅城西運河凡十里請裁冗員專責成嚴賞罰改河夫爲兵領以武弁畫地分疆日稽月考著爲令甲而諉卸中飽之弊絕凡公所爲懲因循

謀經久皆此類也方功之未竟也公以時閱三年自請議處部議奪職　詔遣尚書伊桑阿等來閱工並令布政使崔維雅隨往維雅奏上河防芻議兩河治略二書幷條列二十四事欲更改公所行減水壩諸法公疏陳海口大闢腹心之患已除蕭家渡決口亦易塞不宜有所更張因詳辯維雅所上二十四事不可行章並下廷議工部尚書薩穆哈欲令賠修決口　上不允且曰維雅所條奏朕初以爲可取及覽靳輔回奏知所陳一無可行因　召公入覲公至力言維雅所言之謬　上韙之　特旨免賠修仍發帑堵築二十二年四月疏報蕭家渡工成河歸故道　上嘉悅　優詔批答還公職二十三年　車駕南巡閱河　天顏甚喜　御書閱河詩賜之幷　賜公佳哈御舟　上用帷幙異數也明年疏請添建黃河南岸毛城埔減水閘一王家山減水閘三北岸大谷山減水閘二以保徐州上流隄工並於歸仁隄添建石壩二攔馬河及清河運口各添建石閘一又請添築考成儀封陽武三縣河隄七千八百丈有奇封邱縣荊隆口月隄三百三十丈滎澤縣埽工三百一十丈以防上流異漲又

請增設蘭陽儀封滎澤河員免開歸二府民採辦青柳均從之會 聖祖垂
念高寶諸州縣湖水泛溢爲災 命安徽按察使于成龍經理海口及下河事
宜仍聽公節制公疏言下河低於海潮五尺疏海口則引潮內侵大不便請自
高郵城東車邏鎭築長隄二歷興化白駒場至海口東所洩之水入海隄內涸
出田畝丈量還民其餘田招民屯墾以抵經費廷議如所奏 召公及于公入
都于公力主開濬海口故道公持議築長隄高丈五尺束水敵海潮大學士九
卿俱從公議通政司參議成其範給事中王又旦御史錢珏從于公議侍讀喬
萊寶應人也極言公議非是乃 命尚書薩穆哈等往勘尋以開海口無益奏
會湯公斌入爲尚書奏下河宜疏濬 上命孫侍郎在豐往董其事公議遂
寢二十六年 詔詢下河田疇何策可紓水患公疏言杜患於流不若杜患於
源高家堰隄外正東爲下河東北爲清口當自翟家壩起歷唐埂古溝周橋閘
高良澗高家堰築重隄一道長一萬六千丈需費七十九萬兩有奇此工一成
束堰隄減下之水使北出清口則洪澤湖水不復東洴下河其下河十餘萬頃

之地可變成沃產而高寶諸湖俱可涸出田畝數千頃招人屯墾可裕河庫且高堰原爲最險之工增此則永資保固洪澤湖廣闊非常舟行遭風多覆溺行此隄內之河避險就夷有便於商民者甚大先是公過邯鄲見題壁詩異之蹤跡其人則布衣陳潢也潢字天裔秀水人饒學識公禮之入幕深資贊助

上閱工時嘗從容問曰爾必有通今博古之人爲之佐公遂以潢對至是言此議若行非陳潢協力區畫不可疏下廷議如所請並　賜陳潢僉事道銜當是時于公成龍巡撫直隸　上以公疏示詢成龍成龍言下河宜開重隄不宜築　詔遣尚書佛倫侍郎熊一瀟與總督董訥漕督慕天顏會勘慕公及孫侍郎議與公左佛公等以應從公議還奏仍下九卿議二十七年御史郭琇疏劾公并及潢給事中劉楷御史陸祖修繼之天顏在豐亦疏論屯田累民及公阻撓下河開濬事　詔俟于成龍至會議嚴察公尋得請入覲先疏論成龍天顏在豐朋謀傾陷狀又自辯受命治河之日正當兩河極敝之時自碭山抵海口兩岸決口七十八處高家堰決口三十四處翟家壩成河四道清水潭久潰下

河七州縣一望汪洋清口運河變爲陸地臣晝夜奔馳盡復其故又創開阜河
俾漕艘無阻久在　聖鑒之中至濬築經費初蒙　特遣部臣勘估計需六百
萬兩臣苦心節省自徐州起直抵海口兩岸隄工幷高家堰清水潭及前所未
估之阜河暨堵塞楊家莊修築歸仁隄改移運口止用帑二百五十一萬不及
部臣估計之半而諸臣詆爲糜帑營私奪田屯墾必欲陷臣殺臣而後已倘蒙
聖駕再巡親閱隄工更　命重臣清丈隱佔地畝則是非功罪可以立明
上覽疏謂閣臣曰近因靳輔被劾議論其過者甚多輔若不陳辯朕前復何
所控告耶其並下九卿察議三月　上御乾清門　命公與于成龍郭琇各
陳所見成龍言海口必應開濬琇言屯田奪民產業　上曰屯田之事因取
民餘田致民嗟怨靳輔當無可置辯公奏河旁田畝向被水淹臣任事後將決
口堵塞其田盡皆涸出臣將原納租稅之民田給與本主其餘丈出之田作爲
屯田抵補河工錢糧因屬吏奉行不善致招民怨臣無可辯乞賜處分　上
曰各省民田未有不溢於糧額者以餘田作屯誠擾民無庸復議至下河作何

開濬重隄應否停築其令九卿公同詳酌尋允九卿議停築重隄奪公職並奪陳潢職銜初漕艘出清口入黃河行二百里始抵張莊運口公奏開中河一道俾漕艘既出清口截流徑渡北岸避黃河百八十里之險由仲家莊閘內進中河歷皁河泇河北上及工竣學士開音布等往勘稱善　上諭廷臣曰前于成龍奏靳輔開中河無益反爲民累今開音布等則云河漕兩利謂靳輔治河無功微獨輔不服朕亦不愜於心矣乃命尚書張公玉書等確勘還奏應如輔所定章程無庸改二十八年　上再南巡公迎　駕淮安　顧問河工善後事宜甚悉　特詔復公官以原品致仕有實心任事之褒公家居三載　上念公不忘凡三　命閱河一賜　召對三十一年　上諭閣臣曰朕聽政以來以三藩及河務漕運爲三大事夙夜廑念曾書之宮中柱上至今尚存河務倘不得人漕運亦必貽悞關繫匪輕其令靳輔仍爲河道總督公以老病辭不許會陝西西鳳二郡災有　旨截南漕二十萬石泝河而上貯蒲州以振秦民仍　命公董其役公不敢復辭力疾就道再　賜佳哈御舟以旌異之公至卽

經畫西運自清河至滎澤達三門砥柱安流無恙事竣以病狀聞　詔公長子
治豫馳驛省視公抵淮疏陳兩河善後策及河工守成事宜幾及萬言又請豁
開河築隄諸廢田之糧并清淤出成熟地畝之賦均從之再疏乞解任　命內
大臣明珠往視十一月薨於位年六十遺疏至　上臨軒太息櫬歸　特命
入都城治喪漢大臣前此所未有也尋　命大臣侍衞奠茶酒　命禮部議賜
祭葬　命內閣議易名　賜謚文襄公所著有治河書十二卷奏疏若干卷嘗
論古今治河成敗之效略曰經生家論河莫不侈賈讓三策其實不然讓上策
欲徙冀州之民自宋時河徙已非漢之故道中策多張水門旱則開東方下水
門以溉冀州水則開西方高門以分河流不知黃河所經卑即淤高數年之後
水從何放且禹貢言九澤既陂所謂陂卽今之隄也蓋水流甚平而地勢有高
下使非約之以隄水經由卑地能不漫潰乎讓以繕完故隄增卑培薄爲下策
是故與禹貢相反矣故公治河盡矯讓言專主築隄束水績用告成其詳具載
治河書實千古河防龜鑑也公性孝友九歲喪母執禮如成人居家整肅言笑

不苟而其精力獨瘁於河工中河之役尤國家百世之利論者謂功不在宋禮開會通陳瑄鑿清江浦下云三十五年河督董國安以江南士民籲建專祠入告允之四十六年　上三巡江南還　諭獎公功績且云靳輔經理之法雖後任河臣互有損益而規模措置不能易也至開創中河有功運道民生尤大且遠朕每涖河干偏加諮訪沿淮居民皆感頌治績久而不衰其加贈太子太保予騎都尉世職用彰朝廷追念勳臣之典爲矢忠宣力者勸雍正三年
世宗以治豫向隨父任明晰河務由副參領加工部侍郎協理江南河務五年
上覽治河方略嘉公勞績追贈工部尚書予祭一次七年　詔江撫尹繼善擇地建祠祀公及齊蘇勒公有司春秋致祭八年　詔建賢良祠京師以公入祀

伊文端公事略

公諱伊桑阿姓伊爾根覺羅氏滿洲正黃旗人順治九年進士授禮部主事康熙三年遷員外郎尋由刑部郎中遷內閣侍讀學士擢內閣學士充經筵講官

十四年擢禮部右侍郎調戶部十五年冬 命同工部尚書龔如錫往視淮揚
等處河工十六年擢工部尚書調戶部時逆藩吳三桂踞湖南廷議製烏船沙
船由岳州入洞庭橫亙湖中以斷賊糧道因 敕公赴江南督造明年復偕刑
部侍郎禪塔海赴茶陵督造戰艦二十一年黃河決 敕公往勘兼籌海運事
宜公疏言黃河運道非獨輸挽天庾即商賈百貨賴以通達 國家在所必治
若海運先需造船所費不貲且膠萊諸河久淤塞開通匪易似屬難行 上
是其言是年冬俄羅斯犯邊公奉 命往甯古塔督修戰艦明年調吏部尚書
二十三年四月旱 命同大學士王熙等清理刑部繫囚九月扈 蹕南巡奉
諭閱視海口公疏言車路串場諸河及白駒草堰丁溪諸口宜 敕河臣靳
輔詳閱地勢挑濬深闊引流入海 上以靳輔督理黃河隄岸勢難兼顧海
口 命按察使于成龍分董其事二十四年調兵部尚書明年轉禮部二十七
年拜文華殿大學士兼吏部尚書充 三朝國史總裁兼管兵部三十五年以
臺站馬匹多斃部臣不預嚴飭又不劾奏部議公應奪職得 旨降三級留任

明年　聖祖親征噶爾丹　命公往甯夏安設驛站事平充平定朔漠方略總裁官三十七年以老乞休　上諭大學士阿蘭泰曰伊桑阿厚重老成宣力年久爾二人自任閣務以來凡事推誠布公不惟朕知之天下無不知之者伊桑阿雖以年老求罷朕不忍令去也四十一年復以疾請告得　旨卿品行端凝才識敏練勤勞歲久倚畀正殷今以老病乞休情詞懇切可原官致仕仍加意調攝以副朕篤念老成至意四十二年七月薨年六十有六遺疏上　優旨下所司議卹　賜祭葬如典禮諡文端公在政府十五年鎮靜和平實心任職尤留心刑獄每侍直句本　上有所問輒能舉其詞不待按冊而得同列服其精詳　上嘗御批本房公與大學士王公熙吳公琠及學士韓公菼等以折本請　旨　上曰人命至重今當句決命在須臾尤不可不詳慎爾等於各讞詞既經閱過苟有所見皆當盡言公乃舉可矜疑者十餘人以對遂皆得緩死每　垂問奏對悉稱　旨　上徐曰此等所犯皆當死朕猶於當死之中曲求其可生之路不忍輕斃一人因念淮揚百姓頻被水災死亡不知凡

幾何罪何辜罹此慘酷朕惄然傷之河患不除夙興夜寐不能暫釋於懷也公隨陳災民困苦狀　上曰百姓既被水災存者必至流離轉徙田多不耕賦安從出今當預免明年田賦俾災黎於水退時思歸故鄉粗安生業　上又曰天下黎元皆朕赤子其中朕最憫念者有三等人一讀書寒士一飢寒窮民一無知犯法之人於是公等稽首奏曰　聖心與天地同德即今斷獄之時念淮揚百萬生靈之苦而預籌蠲恤又普念天下士民之不得其所者仰見仁心惻怛無所不用其極也既出即擬　旨預免淮揚田租聞者莫不感頌此雖一端可想見　明良一德之盛矣乾隆十二年　詔以公及大學士馬齊並入祀賢良祠

宋文恪公事略

宋公德宜字右之江蘇長洲人父學朱明進士官御史公登順治十二年進士選庶吉士授編修遷司業侍讀祭酒晉侍讀學士充日講起居注官康熙十年擢內閣學士充經筵講官尋擢戶部右侍郎龍江關大使李九宮解銅赴京圖

給門票以銀四十兩賁夜餽公私宅公劾之　聖祖嘉公舉首餽遺不負簡
任議九宮罪褫其職未幾調公吏部十五年充會試副考官十六年擢左都御
史疏言逆賊吳三桂勢窮計蹙已如釜底游魂而尚敢逆我師行者所恃不過
鎗礮而已夫鎗礮專藉硝磺而磺乃河南山西所產必奸民圖利私販賊營請
嚴敕督撫提鎮於附近賊境之隘口閑道遣將弁巡緝奸販庶窮寇之接濟
可杜得　旨下兵刑二部詳議飭禁又言捐例係萬不得已而開然開例三載
所入止二百萬有奇而捐納最多者莫如知縣至五百餘人始因缺多易得踊
躍爭趨今見非數年不得選授亦觀望徘徊請　敕部限期停止以示慎重名
器之意又言從前海禁甚嚴特慮內地奸民句引島寇貽誤邊疆耳近者　天
威遐布薄海蕩平宜及此時撫卹流移令沿海商民願採捕及通販海島者許
造船官給印票照舊例輸稅其人口貨物往來出入咸稽核之則弛禁仍可防
奸裕民生兼資軍計矣疏並下所司議行又言各路統兵大將軍王貝勒以下
多玩寇殃民或越省購買婦女或擾奪民間財物稍不如意即指爲叛逆請嚴

飭禁絶從之又疏言逷方未靖　宵旰憂勤　天顏視昔清減神理之閒蘊結未舒尤宜珍惜保護昔唐太宗銳意勤學其臣劉洎諫以多記損心宋儒程頤亦曰帝王之學與儒生異伏願　皇上於紬繹羣書時略方名象數之繁祛月露風雲之豔擇其有關政治裨益身心者乃講習而討論之稍節耳目之勞用保中和之德　上嘉納焉時山東提督柯永蓁縱兵鼓譟刃傷知縣吳闓啓復隱匿不報公疏劾之　詔罷永蓁任公尋擢刑部尚書調兵部十八年典會試先是　詔舉博學鴻儒公薦主事汪琬生員陳維崧及廷試並列一等琬維崧授編修檢討有差會廷推江西按察使議論未決公以異議爲憲臣所劾當奪級　詔免其處分當是時大兵方攻滇黔秦蜀之餉彼此互推侍郎趙璟等言四川過於苦累公奏陝西四川互相推諉皆由總督分設之故若併川陝總督爲一人則痛癢相關隨地可以調撥　上從之會靖逆將軍張勇以甘肅邊防緊要請緩裁所添兵額部議如所請公別爲一議言前因河東賊亂添設馬步戰兵原議事平裁汰者應卽裁汰其將軍麾下前以步兵二千改爲馬

兵宜仍復馬六步四舊制惟因防邊添設之兵可無庸議裁　上遣尙書哲

爾肯往會將軍督撫提督閱核酌留河州甯夏所添防兵餘仍復原定經制如

公議二十一年調吏部尙書二十三年拜文華殿大學士充　政治訓典一統

志總裁先是重修　太祖實錄公亦爲總裁官及告成加太子太傅二十六

年六月薨於位年六十有二　優詔悼卹遣官護送由驛歸櫬禮臣議卹典翰

林院撰代言之文以祭以葬內閣以易名請得　旨謚文恪公河目海口風度

端凝學殖尤淵博訥於言然每議國家大事必侃侃獨攄所見常邀　特允大

軍之平黔滇蜀粵也所俘獲婦女無數皆隸旗下驅之北行公疏言婦女何辜

宜聽收贖一時得贖者約數千人如脫湯火民尤德之性孝友年十七以父學

朱巡按山東死事狀伏闕上書明莊烈帝允加贈卹兄德宸字御之弟德宏字

疇三早著文譽時有三宋之目子駿業由副貢授待詔官至兵部侍郎大業官

至內閣學士

國朝先正事略卷五

平江李元度次青纂

名臣

王文簡公事略 兄士祿 士祜

國家文治軼前古扢雅揚風鉅公接踵出而一代正宗必以新城王公稱首公
以詩鳴海內五十餘年士大夫識與不識皆尊之爲泰山北斗當開國時人皆
厭明代王李之膚廓鍾譚之纖仄公以大雅之材起而振之獨標神韻籠蓋百
家其聲望足以奔走天下雖身後詆諆者不少然論者謂 本朝有公如宋之
東坡元之道園明之青邱屹然爲一代大宗未有能易之者也公官郎中時遭
遇
聖祖留意古學嘗 召對閣臣從容問在廷中博學能詩文者孰爲最
於是李公霨馮公溥陳公廷敬張公英交口薦公 特詔公賦詩稱 旨次日
傳
諭王士禛詩文兼優著以翰林官用遂改侍講尋轉侍讀入直南書房嘗
徵其詩錄進三百篇曰 御覽集 國朝漢人由部曹改詞臣自公始公薨後

五十餘載當乾隆之三十年　高宗特旨以公績學工詩在本朝諸家中流派較正從前未邀易名之典宜示褒榮以爲稽古者勸遂　賜諡曰文簡可謂不世之遭久益論定矣然公歷官諸政蹟及生平風節實與其文章足並垂天壤未可軒輊論也公之司理揚州也　朝命侍郎葉成格駐江寧治通海寇獄羅織甚衆公力保全良善嚴反坐以息誣陷揚故有欽贓積逋二萬餘金前任以考成故重督之逮繫者衆公至惻然曰此溝中瘠耳雖日敲朴何益悉縱遣之而手疏募諸當事自監司郡守及屬邑悉割俸代輸不足則募諸商人諸商故以海寇獄德公傾貲恐後又不足則言於巡撫具疏請豁免於是積逋一清在揚五年完大案八十有三雪高郵居烈婦向氏冤人稱神君公既由司理起家復以大司寇致政與刑官相終始每讞獄必多方以求其生嘗會議閔煥郭振羽竇子章獄三人皆以救父故持金刃殺傷人論重辟公曰此當論其救父與否不當以梃刃論輕重也遂得改緩決任副憲時又嘗爭楊成獄貳戶部時復爭聊城于相元太平王訓齊河房得亮獄俱減等而衡陽左道蕭儒英則又

爭而必致之法徐起龍爲曹氏所誣則釋徐而罪曹案其所與私者皆伏法其慎於用刑多類此公爲政能持大體以和平養士氣清不戾俗和而有執故長成均則整飭教條杜請託所奬拔如金居敬湯右曾查昇陶元淳惠周惕輩皆時名人又疏請定 文廟祀典舞用八佾籩豆十二升增從祀先儒一時皆韙其論及掌邦憲則絜持綱維戒言者不得毛舉細故會廷議裁御史員額公力爭以爲 天子耳目官可增不可減奏上卒從公議在計部時秦中方大饑開入粟例公預戒所司不得以一呈一稿至前先後七年皭然無所與其筦理錢法也例故有樣錢公立禁革之其榷關淸江浦也船廠有陋例言於漕帥盡罷之公與睢州湯文正公初未識面會徵博學鴻儒公言於魏公象樞曰公以學行聞天下薦士不當以文藝必如湯君者乃可應 詔人知湯公之薦由魏公而不知自公發之也生平自重其詩不輕爲人作內大臣明珠稱壽有大僚某手金箋請得一詩以侑觴公曰曲筆以媚權貴君子不爲也力辭之公之幹濟風節若此而世不盡知爲詩名所掩耳公諱士禛字貽上號阮亭別自號漁洋

山人世爲新城右族年十八中順治八年鄉試祖方伯公象晉年九十有一猶及見之以家藏邢太僕書白鸚鵡賦賜公十五年舉會試越三年選授揚州推官康熙三年總督郎公廷佐總河朱公之錫先後疏薦公擢禮部主事累遷郎中榷清江關十一年典四川鄉試母憂歸旋補戶部郎中十七年特擢侍讀尋遷祭酒二十三年晉少詹事奉 命祭告南海明年丁父憂二十九年由原官遷左副都御史充經筵講官晉兵部督捕侍郎三十年充會試副考官調戶部侍郎三十五年 命祭告西嶽西鎭江瀆三十七年擢左都御史復 命直南書房編 御製文集明年遷刑部尚書前後 賜御書帶經堂信古齋匾額各一四十三年坐讞獄失出罷官時公年七十一矣四十九年 上眷念在籍諸老臣 命復職五十年五月薨於里第年七十有八公八歲能詩頻夢五色小鳥如鳳凰飛遶左右又屢夢人贈古墨嚊之有異香人以爲文字之祥少游歷下集諸名士於明湖賦秋柳詩和者數百人在京師與汪苕文程周量劉公㦷梁曰緝葉子吉彭羨門李聖一董文驥等以詩相倡和在揚州與林茂之杜

于皇孫豹人方爾止等修禊紅橋又與陳其年邵潛夫等修禊如皋冒氏之水繪園每公暇輒召賓客泛舟載酒平山堂吳梅村云貽上在廣陵晝了公事夜接詞人蓋實錄也迄官禮部復與李湘北陳午亭宋牧仲及汪程劉梁等爲文社時宋荔裳施愚山曹顧庵沈繹堂皆在京師與公兄弟酬唱無虛日又嘗奉使南海西嶽徧游秦晉洛蜀閩越江楚閒所至訪其賢豪考其風土遇佳山水必登臨融懌薈萃一發之於詩故其詩能盡古今之奇變蔚然爲一代風氣所歸公典順天試與韓文懿共事典辛未會試與張文貞陳文貞李文貞共事所得士爲楊文定名時陳恪勤鵬年黃侍郎叔琳惠硏溪周惕等晚直南書房與張文端陳文貞共事皆極九等人表之最可想見一時之盛云公所著有帶經堂集九十二卷漁洋詩話三卷蜀道驛程記二卷皇華紀聞四卷粵行三志三卷池北偶談二十六卷隴蜀餘聞二卷秦蜀驛程後記二卷古懽錄八卷居易錄三十四卷浯溪考二卷感舊集香祖筆記分甘餘話北征日記各如干卷又有唐賢三昧集唐人萬首絶句唐詩十選諸書皆行世兄士祿字子底號西樵

順治十六年進士官考功員外郎康熙癸卯典試河南坐磨勘罷官以母憂哀毀卒嘗病二十一史宂駁乖舛三國志並列爲非謂宜廢陳氏而用謝陛季漢書倣晉書例列魏吳爲世家去宋齊梁陳魏北齊周七書而用李延壽南北二史其宋遼金則用柯維騏宋史新編合爲十二史旣正史體復省繁複擬上書不果又謂坊本子貢詩傳申公詩說皆僞書李維禎序行津逮秘書收之皆誤也所著有司勳五種集士祜字子測號東亭康熙九年進士並能詩有古鉢集

熊文端公事略

公諱賜履字青岳湖北孝感人順治十五年進士選庶吉士授檢討十七年充順天鄉試副考官康熙二年遷司業晉宏文院侍讀六年夏　詔臣工極言得失時內大臣鼇拜輔政自專公應　詔上書略言民生困苦已極私派倍於官征雜項浮於正額一旦水旱頻仍蠲豁則吏收其實而民受其名賑濟則官增其肥而民重其瘠民情實大可憫矣雖然此非獨守令之過也上之有監司又上之有督撫　朝廷方責守令以廉而上官實教之以貪方授守令以養民之

職而上官實課以厲民之行故督撫廉則監司廉守令亦不得不廉督撫貪則
監司貪守令亦不得不貪此又理勢之必然者也伏乞將督撫大加甄别以民
生之苦樂爲守令之賢否以守令之貪廉爲督撫之優劣督撫得人則監司自
得其人守令亦得其人矣雖然內臣者外臣之表也京師者四方之倡也本原
之地在乎朝廷而其大者則在立綱陳紀用人行政之間今政事極其紛更而
國體因之日傷職業極其惰窳而士氣因之日靡學校極其廢弛而文教因之
日衰風俗極其奢僭而禮制因之日壞宜急思所以補救之乞　皇上申飭
滿漢諸臣虛衷酌理實心任事化情面爲肝膽轉推諉爲擔當漢官勿阿附滿
官堂官勿偏任司官宰執盡心獻納勿以唯諾爲休容臺諫極力糾繩勿以鉗
結爲將順庶職業修舉官箴日肅雖然猶非本計也根本切要之地則端在我
　皇上之一身矣蓋　皇躬者萬幾所受裁萬化所從出也我　皇上聖
明天縱豈常情所能窺然生長深宮春秋方富正宜慎選左右輔導　聖躬薰
陶德性優以保衡之任隆以師傅之禮又妙選天下英俊使之陪侍法從朝夕

獻納毋徒事講幄之虛文毋徒應經筵之故事毋以寒暑有輟毋以晨夕有閒
於是考諸六經之文監於歷代之迹實體諸身心以爲敷政出治之本若夫左
右近習必端其選綴衣虎賁亦擇其人佞倖不置於前聲色不御於側非聖之
書不讀無益之事不爲內而深宮燕閑之閒外而大廷廣衆之際微而起居言
動之恆凡所以維持此身者無不備防閑此心者無不周主德清明君身強固
舉立政敷教知人安民無非天德所流行天則所昭著由是直接二帝三王之
心法自足措斯世於唐虞三代之盛又何吏治之不清民生之不遂哉疏入鼇
拜惡其侵己曰是劾我也遂請治公妄言罪且請申禁言官不得上書陳奏
聖祖弗許曰彼自陳國家事何預汝等耶七年遷秘書院侍讀學士復上言
朝政積習未除國計隱憂可慮年來災異頻仍饑荒疊見正宵旰憂勤徹縣減
膳之日講學勤政在今日最爲切要乞時御便殿接見羣臣講論政治設誠而
致行之庶可轉咎徵爲休徵疏入鼇拜傳　旨詰問積習隱憂實事以所陳無
據妄奏沽名議降二級用　聖祖原之八年鼇拜敗　聖祖手書前事付

廷臣命康親王等勘鞫鼇拜罪狀讞詞有鼇拜銜賜履劾己意圖傾害一款論
如律方鼇拜枋用時黜陟生殺惟其意或在 上前忿爭或呵叱部臣張威
福劫衆大臣稍異同其閒立致死惟公以一詞臣論事侃侃無所避用此直聲
浩氣震天下公又以 上卽位後尙未舉經筵大典疏請愼選儒臣資啓沃
並請設起居注官備記言記動之職會 上欲巡幸邊外公疏言水旱頻仍
聖駕不宜輕出 詔罷前命並嘉其直俾繼今以後事有未當其悉陳所見
朕不憚改焉九年四月擢國史院學士 召入內廷命作楷書大書敬天法祖
知人安民八字以進復承 命講大學中庸 聖祖首肯者數四十月改內
三院爲內閣設翰林院以公爲掌院學士會復設日講起居注官以公充之遂
以明年二月肇舉經筵大典於保和殿以公爲講官知經筵事頃之 聖祖
以春秋兩講爲期闊疏遂 命公日進講宏德殿 聖祖有疑必問公上陳
道德下達民隱引伸觸類竭盡表裏蓋公自初應 詔上書卽力言聖學爲第
一要務其後屢以爲言會 聖祖日益勤學旣開經筵益盡心於堯舜羲孔

之道暨周程張朱五子之學咨諏討論達於政事仁浹而義炳其端緒自公發
之及公去位後　聖祖每諭侍學諸臣未嘗不稱公之忠益也十年夏乞省
母疾歸　命勿開缺十一年　命教習庶吉士十二年充會試副考官時有
詔撤三藩　聖祖舉以問之公奏吳三桂年已老俟其身後撤之其勢易宜
緩圖　聖祖以語諸大臣惟明珠米思翰力言三桂僅一子質於朝可勿慮
其宅又安能爲未幾三桂反明年耿精忠反十四年春授公武英殿大學士兼
刑部尚書公疏辭不許既受　命參畫軍機及諸道糧餉並請嚴飭軍行所過
不得蹂踐禾稼使兵不病民民不失業十五年陝督哈占有開復疏防官一疏
內閣誤票三法司核議既檢舉大學士索額圖索初擬票稿不得謂公有改寫
情弊請察議免歸家於金陵二十三年　聖祖南巡　召對行在賞賚有加
尋書經義齋三字題其居二十七年夏起禮部尚書冬丁母憂歸先是公因進
見言西夷噶爾丹且有變宜爲備至二十九年邊人告警　聖祖念公言趣
起前官三十年充經筵講官典武會試明年春命往江南鞫獄冬調吏部尚書

會河督靳輔請豁近河所占民田額賦　詔公會督撫察勘還奏免高郵山陽等州縣額賦三千七百二十八頃有奇三十三年典會試屬九卿會推兩江總督以侍郞布彥圖等十二人列奏　上詰問保布彥圖者何人閣臣以公對　上察知尚書庫勒納與布彥圖有私　特諭切責之而置公弗問三十五年春　聖祖親征噶爾丹公言內大臣費揚古可重任　聖祖命爲撫遠大將軍御史龔翔麟劾吏部選補不公謂公竊道學虛名負恩溺職疏下都察院察議以回奏含糊矛盾公與庫勒納等並應降三級用　上命從寬留任三十六年復典會試三十八年拜東閣大學士知經筵如故嘗進言海內乂安休養化導正在此時宜益崇學校廣教化豫積貯戒奢汰則萬世太平之業也每入見輒陳四方水旱官方得失推古聖人所以憂民保治之意竭慮無隱　聖祖輒改容稱善三十九年典會試四十一年復典會試明年春以老乞休優詔許解機務留京師食俸備顧問四十五年疏辭食俸乞歸金陵　陛辭御書壽者二字賜之　召入講論累日公因言　巡幸所至官民供辦不無

煩費唯　上留意　聖祖領之　命馳驛歸官爲護送明年　聖祖視河工幸金陵　賜御用冠服會纂朱子全書　詔李文貞與公移書往復商定公平生論學以默識爲真修以篤行爲至教由程朱之塗而上溯孔孟其言曰聖賢之道不外乎庸庸乃所以爲神也所著書有學統學辨學規學餘經義齋諸集四十八年十月薨於家年七十有五　命禮部遣官視其喪　賜賻金千兩祭葬如制贈太子太保諡文端當公之薨也遺疏至京其同姓編修熊本竄入薦己語　上察其僞　命江督取其疏草以進果無是語罪本如律五十一年　諭吏部曰朕初立講官原任大學士熊賜履日以內聖外王之道正心修身之本直言讜論務得至理而後已且品行淸正學問優長身後屢加賜恤至今猶軫於懷可錄用其子以示不忘耆舊之意其後侍郞方苞疏請以公祀賢良祠初格於吏議後卒從之

顧文端公事略　孫顧琮

公諱顧八代字文起姓伊爾根覺羅氏滿洲鑲黃旗人父顧納禪天聰九年隨

征明大同攻小石城先登　賜號巴圖魯予騎都尉世職任參領順治初從征流賊平定陝楚江浙皆在事有功嘗以十人夜遇賊騎數萬大呼馳之衆矢齊發賊不測多寡驚潰晉輕車都尉世襲罔替公其次子也好讀書兼資文武能引十二石弓順治十六年以廕生充護軍隨征雲南凱旋授筆帖式累擢文選司郎中銓次守法賄不得行康熙十四年　聖祖御試旗員列第一改翰林院侍讀學士異數也會逆藩吳三桂踞湖南遣賊將掠兩廣鎮南將軍莽依圖由江西進廣東駐韶州十六年　上命公傳　諭莽依圖規復廣西并授方略卽　命留營隨征軍中多用其謀嘗與傅宏烈等議軍事策其必敗未幾吳世琮兵至諸將皆敗鎮南兵援之賊乃敗退公料賊且復至除夕益戒嚴世琮果以三萬人夜犯我軍公奮擊大敗之進剿雲南莽公疾公代治軍與賊再戰皆敗之世琮窮蹙自殺莽公疾愈具奏其功公以讓諸將馬承廕再反與吳逆合軍十萬諸軍屢卻公直前突陣或挽之公怒曰諸將軍不併命戰安得勝我雖文臣當率先赴敵死諸將愧憤合擊遂大敗賊衆十八年京察公爲首輔索

額圖所忌改注浮躁例降調莽公疏言公襄辦軍務竭誠奮勉三年中運籌決勝動合機宜請留軍營以副都統參贊軍務得 旨以原銜隨征十九年廣西定莽公卒於軍公隨平南大將軍賚塔進征二十年師至雲南公與勇略將軍趙良棟等定攻取策賚公從之遂殄滅逆孽吳世璠雲南平諸將多以匿財貨及婦女獲罪公獨以廉慎免凱旋補侍讀學士入直上書房二十四年擢內閣學士充經筵講官二十六年授禮部侍郎二十八年擢尚書 聖祖親征噶爾丹公侍帷幄平生所敷奏皆本仁義而性沈密雖妻子不令知尤以守正爲權要所忌三十二年秋坐事免以世職隨旗行走仍直內廷三十七年以疾休四十七年薨家貧不能殮身後子孫不免飢寒雍正四年 世宗特諭曰原任禮部尚書顧八代品行端方學術醇正當征勦吳逆時以學士協贊軍務克復粵西滇南勞績茂著 皇考因其品學優長足爲模範 特命爲朕兄弟之師朕自幼與共朝夕講論忠孝大義研究經書肫誠周至獲益良多嗣以詿誤罷職仍在內廷課讀數載戊子冬物故朕親臨其喪本欲陳情 皇考之

前求加恩賜卹值　聖體違和不敢瀆奏迄今回憶當年誦讀情景宛然如
昨應優加贈卹以展朕篤念師資至意遂復禮部尚書加贈太傅　予祭葬如
典禮諡文端立碑墓道　上復念其子孫貧　賞白金萬兩八年七月　命
建賢良祠京師　特諭應入祀滿洲大臣凡五人大學士圖海都統賚塔次則
公及尚書瑪爾漢總河齊蘇勒也公乞休後子顧儼襲輕車都尉由參領擢任

副都統

顧琮字用方顧儼之子也少習兵農書算不屑章句之學　聖祖開算學館
公與焉議敘得吏部員外郎　世宗登極稽核財賦開會考館以公領職有
書吏行賄某官某官首之於總理局務怡親王王命公訊吏狡抵公笞之忌者
誣公欲殺吏以滅口王疑公亦受賕遂奏劾公交刑部幷訊吏證公無纖毫染
公得無罪　特旨授戶部郎中遷御史出爲河南觀風正俗使巡視長蘆鹽政
疏言州縣於私鹽案每監斃人命請定議處之例從之旋授坐糧廳遷太僕卿
充霸州營田觀察使協理直隸總河晉太常卿署直隸總督雍正十一年授直

隸總河明年四月奏報永定河口久淤正議挑濬仰蒙　天賜引河二十餘里
顯著嘉祥　諭虔誠展祀以答靈貺尋疏言直隸向無額設因糧多致飢饉請
併給以廣　皇仁得　旨俞允又言直隸河道紛歧廳員應改撥就近管轄
并於要處增河官八缺以專責成至天津清河二道向無搶修物料請照通定
通永二道例酌工程險易預爲採辦大名道無歲修銀亦請於清河道庫撥用
均下部議行乾隆元年署江蘇巡撫條奏海塘善後事宜六則並請增海防道
一駐松泰適中地專管下九卿議行十月父憂回旗二年協辦吏部尚書事七
月永定河隄決　命公偕總督李衞等搶修遂署河道總督明年代者至仍協
同辦理十月授河督五年疏陳青縣之興濟滄州之捷地兩減河善後事宜六
則皆議行六年秋以題銷永定河修築銀被譴　命回京候旨十二月授漕運
總督七年疏陳漕務十則　上可其奏尋奏獲匪徒劫盜船並於安東山陽
各增浮汎撥兵防察　上嘉其留心經理十一年春署南河總督九月回本
任十二年浙閩總督喀爾吉善劾浙撫常安貪婪各款　命同大學士高斌往

訊即授公浙江巡撫嗣又 命大學士訥親往會審論如律公坐不能案款窮究部擬奪職 詔留任尋調東河總督十七年疏言運隄向無堡房兵夫遊巡兩夜難以棲止請照黃河例每二里建堡房一共四百所撥司庫耗羨銀與造每年酌給歲修銀十九年因河南任內浮費部議再奪職 諭來京候旨十二月薨年七十公剛正孤介百折不回有顧鐵牛之稱嘗上書力言培本根持大體不屑承順風旨奏開捐非善政永宜停止洋洋數千言又嘗入朝天旱多風

上有憂勤之旨公徐曰洪範云蒙恆風若今風色過厲慮朝臣有蒙蔽君父者 上為之動容嘗持議欲行限田法以均貧富與用事大臣動色爭於

上前素以不欺待人而不虞人欺恤下犒勞必厚而自奉極儉轂在京師小車敝帷至不能僦屋以居其為觀風正俗使也有密奏豫省歲荒者 世

宗命山東運米十萬石賑之總督田文鏡諱災以謂歲熟民無需米仍令運官帶回公爭曰此時民未必不需米就使不需然既運以來存之亦有備無患之義若仍令運回則運費不能動官項仍取諸民民何以堪且王者有分土無分

民豫省官民卽山東官民也爲臣子者當同心共濟不宜自分區域粉飾太平以希恩寵田滋不悅密奏公倨傲氣凌其上意滅其下　上以問公公曰觀察爲　欽差官與督撫平交無所爲上也地方吏皆隸督撫非觀察屬吏無所爲下也既無上下臣何凌滅之有　世宗笑曰奏卿者田文鏡也毋乃爲爭米事忮汝乎公於友朋風義尤篤督東河時前任完顏偉病劇將出署調治公止之曰我與公比肩事主卽兄弟也公之眷屬雖先行然弟在兄何憂一切湯藥事躬爲料理完顏公氣息纔屬猶戀戀呼公公應聲卽至身後事皆公任之後巡漕御史伊靈阿亦病垂死歎曰有顧公在死何憂公亦典衣物治喪如送完顏公時與朱文端徐文定及方侍郎苞交甚篤以道義相切劘嘗言人如高安乃真無近名之念當　聖祖崩時守官者各次其守方侍郎次於佛寺將歸語同官曰事君猶事父在禮公等居倚廬宜再期今旬未三終歸至家止於外不入室焉可也聞者皆變色易容公時方喪耦十一載既得仕納徵於李氏以　國卹故踰年弗親迎或詫焉其官適罷曰吾貧未能也既而起家爲部郎

遷御史出筦鹽政訖者滋多曰吾追公事未暇也其娶以雍正三年冬十一月

蓋謂三年中不宜有空日也問焉而不自襮不以人之所不能者愧人也公督

漕時與前任魏公交代有文覺禪師者方自都門出騎從如雲勢烜赫大吏率

屬郊迎恐後公與魏公若弗聞也者此雖小節亦可見二公之所守云魏公名

廷珍字君璧直隸景州人以清德重於時亦與方侍郎善

瑪恭勤公事略 桓儒公馮國相

公諱瑪爾漢姓兆佳氏滿洲正白旗人順治十一年由繙譯舉人授筆帖式累

遷內閣侍讀刑部員外郎康熙十三年陝西提督王輔臣叛應吳三桂　上

命揚威將軍阿密達自江寧移師往討公隨征署驍騎參領十四年同副都統

鄂克濟哈穆等由涇州進勦連破賊寨斬級數百復甯州城十五年夏撫遠大

將軍圖海統兵圍平涼輔臣降公還京十二月圖公請調涼州甯夏固原諸鎮

兵進定興安漢中　上命副都統烏丹赴諸鎮經理征調事並詢緩急機宜

甘肅提督張勇言與安漢中山峻路險糧運維艱宜暫緩進征　上是其言

令圖海駐守鳳翔秦州諸要隘分兵助湖廣大軍　命公隨征南將軍穆占規
復湖南十七年授御史仍留軍營十九年穆占征貴州二十年進征雲南公俱
隨征有功是年　命巡視河東鹽務會御史許承宣羅秉倫先後劾奏前山西
巡撫圖克善勒令平陽所屬十三州縣增報鹽丁加課累民狀下巡撫穆爾賽
同公確核復奏虛報餘丁萬有七千應豁免課銀萬五百四十餘兩得　旨允
行二十五年以審理歸化城都統固穆德罪案不實降三秩調用二十六年補
理藩院司務尋遷戶部郎中擢侍講學士晉兵部侍郎三十五年　上親帥
大軍由中路征噶爾丹　命公經理驛站駐劄土木遇西路軍營奏報遞送
御營以解送軍營馬匹多斃吏議奪職　詔從寬留任三十八年擢左都御史
尋遷兵部尚書充經筵講官兼議政大臣四十三年三月　上諭八旗都統
曰聞京城就食災民近自河間遠自山東來者日衆已於五城給食恐尚未遍
及著八旗各分三處煑粥派家計殷實家人衆多之大臣監散凡就賑之民病
則醫治歿則棺殮於給粥時察明務令周徧於是公同內大臣佟國維明珠阿

密達等並奉　命監賑四十六年調吏部尚書逾年以老乞休許之五十七年冬薨年八十有五遺疏入　優旨下所司議卹遣內大臣往奠　賜祭葬如制雍正八年　世宗諭閣臣曰原任吏部尚書瑪爾漢謹慎小心老成忠厚在
聖祖時宣力多年完名引退中外皆稱爲善人可加贈太子太傅　賜祭一次以示眷念耆舊之意是年　詔建賢良祠以大學士圖海都統賚塔尚書顧八代等與公並入祀乾隆元年　詔九卿核議已祀賢良諸臣應予追諡特賜公諡曰恭勤其後滿大臣續祀賢良者曰桓僖公馮國相

馮公諱國相漢軍鑲白旗人父有功崇德八年從征明中後所前屯衛凱旋授佐領順治元年隨征山西以紅衣礮攻克太原城二年隨征湖廣擊敗僞總兵馬進忠於武昌獲賊船十有三予雲騎尉世職授杭州協領晉三等輕車都尉十八年卒公襲職康熙十三年逆藩吳三桂踞湖南公隨順承郡王勒爾錦往征賊將陶繼智等犯宜昌公領隊發礮擊卻賊衆尋隨貝勒密尼敗賊於岳州十八年隨都統根特敗賊於虎渡口遂進征澧州常德屢立戰功十九年授參

領擢副都統三十四年噶爾丹侵擾邊境公率兵至阿爾丹蘇台偵賊聲息明年
聖祖親征駐蹕克魯倫河公運礮至軍前隨撫遠大將軍費揚古等由西路督兵敗賊衆於昭莫多俘獲無算晉二等輕車都尉四十一年擢都統五十七年薨
賜祭葬子毅襲職由參領授副都統六十一年擢廣東提督雍正元年薨於位
諭賜祭葬如初三年
憲皇帝以八旗公庫事務惟國相辦理時綜計明晰下部議卹加一雲騎尉十年
上諭九卿曰原任都統馮國相謹慎小心樸誠自矢服官辦事從無過愆向來各旗公庫俱有虧空惟國相所管正藍旗全無欠缺此即其出納謹嚴操守潔清之明驗伊係朕藩邸中人知之有素可入祀賢良祠乾隆元年
賜諡曰桓僖

李文定公事略

康熙三十八年十月大學士合肥李公薨於位遺疏聞
聖祖軫悼
命大臣侍衞至邸第奠茶酒禮臣舉卹典閣臣議諡法翰林院撰文以祭且最其生平立朝行己之大者著之碑先是公寢疾
上自塞外聞之曰胡不早奏即

遣學士特默德就問所苦　賜禁方上藥　諭御醫調理日視朝畢輒問病勢
增減狀蓋　上臨御久嘗屢易執政大臣深惟政本之地爲治化樞恆難其
選試公者歷有年所益信其可大任而公入閣未期月卽以憂去　上特虛
席以遲其來公益慎乃位屬海內乂安持大體不求赫赫名惟清靜和平化百
僚紛更異同之迹歸於無事以仰稱　聖天子休養元元含宏廣大之意惜
在位五年耆始耆終而天下猶以年未篤老不獲竟其施爲惜云公諱天馥字
湘北號容齋先世自黃岡遷合肥公少穎異七歲卽能詩稱神童始公家有別
子占衞籍永城公卽以其籍登順治十四年鄉薦明年成進士選庶吉士在館
益閎覽四庫書渟泫迤演蓋經世之學基此矣尋授檢討父憂歸服闋補故官
康熙十一年遷司業晉侍講充日講起居注官歷講讀學士少詹事十六年擢
內閣學士充經筵講官典武會試在　上前有所見必直陳無隱多見從會
兩澤愆期　特命偕大學士明珠等會同三法司詳鞫已成諸獄皆減等發落
二十年擢戶部左侍郎部故利藪有以苞苴謁者公拒之曰吾一日在部爾曹

無望茲事之行也皆動色縮手相戒明年充會試副考官二十三年調吏部尤以揚清激濁爲己任前後在戶部四年吏部五年而壹無所私　上自是器公深矣二十七年擢工部尚書當是時　上召總河靳輔巡撫于成龍面詢河工事宜靳公以高家堰外宜築重隄截水使出清口不令歸下河庶淮揚七州縣之田可出若開濬下河恐有海水倒灌之患于公以修下河開海口係遵
特旨行今高家堰築重隄停開海口縱上流水不至而秋霖暴漲天長六合等處水無所洩海口仍應開二人各堅執一說　上下九卿詳議公建議下河海口宜開高家堰重隄宜停　上從之尋調刑兵二部三十年遷長吏部曹司吏素不便於公者畏公復來而選人稔聞公名則喜甚公逐吏之尤黠者以便選人曹部爲一清時當補大學士已逾年一日　上諭閣臣曰機務重任必不可用喜事之人李天馥老成清慎學行俱優朕知其決不生事遂拜武英殿大學士三十一年十月也明年丁母憂　諭曰李天馥入閣未久倚畀方殷未及展施遽以憂去深軫朕懷遂　賜御書貞松二大字兼　賜書一幅曰

儒者當學探本原行迪醇茂循序進德守己沖虛一言一動罔有不謹嘉謀嘉猷必以入告斯廣譽翕然爲周行之士蓋因公之所已能而益厲其加勉也出都後一日 上曰李天馥侍朕三十餘年未嘗有失三年易過此官不必補人三十四年 召入閣視事公感 上知之深益退然若不自勝威福歸之於朝毀譽不出於口凡宰物應機悉以虛公處之一不以己與也 上三征朔漠還偃兵息民公尤以簡易爲主謂欲變法不如守法欲救弊未必無弊奉行成憲不敢失尺寸此乃所以報也昔宋李文靖公爲相真宗問治道何先對曰不用浮薄喜事之人此最爲先公之深慮遠識絕類文靖 上之器公亦以此公既薨 特旨賜諡文定按諡法安民大慮曰定公之不喜事所以安民也人咸以受大名爲當云公性至孝執親喪毀甚杖而後起扶母櫬歸當取道巢湖西口時冬月水涸及舟至水驟涌數尺如送喪者舟過即落如故既葬廬於墓側手植松楸淚血沾漬墓門忽有白燕雙飛掠水至久之不去人以爲孝感遂名公所居爲白燕廬遠近歌而和之友愛二弟白首無閒尤好爲德於鄉

廬墓後窮民歸之遂成村落當歲旱苗將槁公爲壇墓前齋三日禱於天方蒲伏雨大作及秋忽飛蝗蔽天公禱如前未幾蝗盡去鄉民德之公在位尤留意人才　詔徵博學鴻儒公舉李檢討因篤趙參政進美秦檢討松齡及吏部行取知縣爲科道　詔大臣各舉所知公舉陸御史隴其邵參議嗣堯彭巡撫鵬世稱其有人倫鑒下至單門寒畯聞聲相思惟恐其不登用蓋汲汲於以人事君其心好之誠而非有強也公所活人尤衆爲學士時冬月慮囚嘗請生其死者知縣李方廣坐法當死公曰其人素有才名得緩決尋以赦免又有殺人抵罪者公獨言乃仇人先折其父足爲父報仇可赦也遂得減等兵興民多被俘贖而歸之者凡數百人在刑部有縣令負官錢數萬產盡應赦而吏持之急公至卽與寬免其子之係累者皆釋之念囚多瘐死庀屋材多爲之所別罪之輕重以居囚有大獄下部議者皆曰應死公察其冤獨議曰不當死　上竟從公議貳吏部時韓學士菼同與廷議遇事有不平者輒厲詞色公微笑曰君何至是凡事平其氣可耳僕初亦爾後漸熟漸平也韓深佩其言始在翰林名藉

甚雅以文章爲己任與葉文敏陳文貞王文簡諸公倡復古學刊僞體每朝罷讌集翛然如林下人既登相位乃不復狎主齊盟而望其風神局度皆書卷之氣所積也著有容齋集年六十有五子孚青字丹壑康熙己未進士官編修孚蒼己卯舉人

陳文貞公事略

陳公廷敬字子端號悅巖山西澤州人順治十五年進士選庶吉士公初名敬以是科有同姓名者 世祖加廷字別之遂改今名十八年分校會試授秘書院侍講累遷司業侍講學士充日講起居注官康熙十二年典武會試尋擢詹事晉內閣學士充經筵講官改翰林院掌院學士教習庶吉士十七年 命與學士葉方藹同直南書房母憂歸服闋補原官二十一年充會試副考官歷禮吏二部侍郎管理戶部錢法擢左都御史二十五年遷工部尚書明年調戶部尋調吏部二十七年法司逮問湖廣巡撫張汧汧嘗遣人齎銀赴京詰其行賄何人初以分餽甚衆不能悉數對既而牽引公及徐尚書乾學高詹事士奇

上察其誣不問公以父年八十有一疏乞歸養得 旨覽卿奏情詞懇切
許原官解任仍管理修書總裁二十九年起左都御史遷工部尚書三十一年
丁父憂服除授戶部尚書調吏部四十二年典會試拜文淵閣大學士兼吏部
尚書四十九年冬以耳疾乞休許之五十年夏大學士丹徒張公卒安溪李公
疾未愈 詔公入直視事五十一年四月薨此公歷官階級也任講官時
聖祖稱其啓迪朕心甚有裨益以天氣漸寒與學士張英等各 賜貂皮五十
張表裏緞各一丁母憂 上遣學士二人慰問 賜奠茶酒 特旨照學士
階 賜卹洎遭父喪 温旨慰卹如例滇南平定 命撰朝會宴饗樂章下所
司肄習嘗與徐公乾學纂鑑古輯覽 諭嘉其勸戒昭然有裨治化此外若
三朝聖訓政治典訓平定三藩方略皇輿表一統志明史公皆爲總裁官故事
大臣入閣不復侍經筵兼之者惟張公英及公二人耳 聖祖南巡 召試
江浙諸生公與大學士張公玉書等三次皆奉 命閱卷公初以 賜石榴詩
受知 仁皇帝後進所著詩集 上賜以詩且題云大學士陳廷敬作各

體詩清雅醇厚非積字累句者所能窺也爰作五言近體一律以表風度其甍
也　命皇三子允祉率大臣侍衛奠爵賚白金千兩治喪令各部院滿漢大臣
俱往弔　御製詩挽之　諭稱公夙侍講幄洊擢綸扉學問淹洽文采優長恪
慎清勤始終一節下所司優卹　賜祭葬如例加祭一次　予諡曰文貞此公
前後所承　恩遇也　聖祖留意古學嘗　召對羣臣從容問在廷中誰最
能詩公以王公士禛對　詔舉博學鴻儒公疏薦汪公琬之二公者一爲詩伯
一爲古文家而皆由公言以達　天聽後十餘年　聖祖復以後進詩人垂詢
公公以史給諫申義周宮詹起渭對皆一時之傑也公尤夙知靈壽令陸公清
苑令邵公賢袖疏草將列薦會　上御宮門亟召九卿舉廉吏既進升階未
盡一級　上獨目公班定又數目若詔使言者蓋是時公方掌御史臺以進
言爲職又嘗數薦人以故數目公使言公自念班六卿下既未承明詔當以次
對已而六卿有言他守令賢者語未竟　上特問公廉者果爲誰公奏言知
縣陸隴其邵嗣堯皆天下清官雖治狀不同其廉則一也於是兩公皆擢御史

始公嘗亟稱兩公廉或謂曰兩人者廉而剛剛者易折且多怨恐及公公曰果賢歟雖折且怨庸何傷是可謂能以人事君者矣公在官所建白皆得大體嘗疏言貪廉者治理之大綱奢儉者貪廉之根柢欲教以廉先使之儉古者衣服輿馬器用之具婚喪之禮賤不得踰貴小不得加大今或等威未辨僭靡相高轉相慕效富者黷貨無已貧者恥其不如因而冒利觸禁其始由於不儉其究至於不廉如水之失隄防而莫知所止請嚴申定制以挽頹風又言去年九月山東巡撫題報濟甯等屬水災部議令委官履勘十一月以勘定成災分數具題部議令分晰地畝高下今年四月題覆部議始許蠲免　德音下逮近者已逾半年遠者將不止一載如此其遲迴者所行之例則然耳臣愚謂既有被災分數卽可知地畝高下拘文牽義何救死亡請破例以求實濟又言督撫之職在察吏吏果廉能毋敢加派火耗毋敢黷貨於詞訟毋敢朘削富民然後能一意行上之教化而民不罹於刑今吏或不能誠有罪焉然非盡吏之罪也上官廉則吏自不敢貪上官貪則吏雖欲爲廉而不可得方今要務首在督撫得人

爲督撫者不以利欲動其心然後能正身以董吏吏不以曲事上官爲心然後能加意於民民可徐得其養養立而後教可行請自今督撫保薦州縣吏必具列其無加派火耗無黷貨詞訟無朘削富民及月吉宣講　上諭諸實蹟俾知功令所重在此而　皇上之考察督撫則以潔己教吏吏得一心養民教民爲稱職庶幾大法而小廉又言臣再領臺垣每誡科道官凡有建白不許預聞於堂官僚友以滋指使屬託之弊如中外臣僚果有奸貪不法及灼知時事因革所宜先者則當切實指陳否則與其生事以塞責不若省事而擇言蓋毛舉細故剔摘成例易至刻薄煩碎誠能持重養銳言不輕發發而必當使不肖者有所警戒顧忌而不敢恣意爲非所謂省事而擇言也公所陳切中時弊棘棘不苟同多此類此前後薦拔敷奏之大端也生平內行篤修尤好學未嘗一日去書少與汪公以文章切劘與王公以詩相唱和皆能得其深處而面目各不相假回翔館閣出入禁闥凡五十年值文運昌隆之日從容載筆人望攸歸燕許大手筆海內無異詞焉所著曰尊聞堂集午亭文編

徐立齋相國事略

公諱元文字公肅號立齋江蘇崑山人父開法恩貢生明季兵亂嘗救難婦數十人有隱德生四子公其叔也母顧太夫人夢神授玉尺而生公年十四補諸生順治十六年　賜進士第一　世祖召見乾清門還啓　皇太后曰今歲得一佳狀元　賜冠帶服物視舊典有加除翰林院修撰嘗從幸南苑　賜乘御馬　命學士折納庫爲執鞚館師也公遜謝乃改使侍衛又嘗晚對便殿夜分　賜饌　世祖問從者得無飢乎卽　命賜以食一日同諸詞臣入見

命撰孚齋說孚齋　上讀書處也文成　世祖稱善命刻行之偶問以釋氏書公謝不習　上亦不之強十八年　世廟晏駕公號慟若私喪歲以國諱日齋居蔬食慘戚終其身康熙初元江南奏銷案起坐罣誤謫鑾儀衛經歷閱四年事白復原官丁外艱與兩兄日居喪次酌古禮行之從父官汀州推官卒公往迎其喪靖南王耿繼茂慕公名餽金二千願一見公曰是貨取也卻其金卒不往見八年補國史院修撰遷秘書院侍讀典試陝西明年遷祭酒

充經筵講官自是每　御經筵必命公講至登政府猶然公之在成均也毅然以師道自任疏請準順治閒例令直省學臣選拔文行兼優之士復鄉試副榜額並送監肄業得　旨下部著爲令復請廣監生中式之額並請永停納粟一途言其不可者有四章下所司納例自河工外得一切停止涖學四年端士習正文體條教大飭後公在西臺　上語閣臣曰徐某爲祭酒規條嚴肅滿洲子弟不率教者輒加撻責至今猶畏之後來那得如此人其爲　上見思如此十三年進內閣學士兼禮部侍郎充　實錄副總裁明年改掌院學士兼官如故尋充日講起居注官教習庶吉士時公弟秉義方與館選公疏辭不許惟特免秉義教習而已先是熊文端在講筵累稱說孔孟程朱之道及是
聖祖益欲博覽前世興亡得失之所由　詔公用歷代通鑑與四書參講公與桐城張文端取通鑑綱目擇其事之關主德裨治理者逐一進講博採先儒之論以己意附之旁推交通一以仁義爲本及歲終彙進講義公具疏尤以心法爲諄諄其責難陳善多此類也尋充孝經衍義總裁典武鄉試是科武闈考官

改用二人值　車駕方出封　旨留閣中曰朕自與一好主考及發視乃公也
十五年母憂歸十八年　特召監修明史學士充監修非故事也秋赴闕辭
新命不許因請購遺書徵遺獻薦故給事中李清主事黃宗羲及原任副使曹
溶主事江懋麟布衣黃虞稷諸生姜宸英萬言部議不允　特旨從之有　詔
召清等宗羲溶並以老不至而各上所著書　詔並付史館尋補內閣學士吏
部題補給事中　上擬分省均用科道官公言地均矣如才不均何乃止九
卿會推江西按察使有舉張仲舉者御史唐朝彝力言仲舉在閩無善狀科道
公疏劾朝彝副都御史李仙根給事中李宗孔不願署名遂幷劾之部議當二
李降級朝彝奪官　聖祖曰此處分太過公奏會推本欲公之廷論何嫌異
同今科道公疏必不許一人不列名恐啓脅持之漸流弊無窮　上曰當免
處分公曰凡言免者謂有罪而寬之也臣愚謂諸臣實無罪但降　旨云不必
處分則所全多矣從之御史有言宜遣大臣巡方者公曰巡方向遣御史以有
憲長彈壓也若遣大臣或妄作威福誰能禁之　上是其言罷不遣公感激

知遇益思自披瀝每隨閣臣於　上前陳奏取進止　上每問必具言本末務達己意乃止尤留意刑獄當秋決抱牘具陳所宜決宜留者及他所條對甚悉　上多從焉十九年超拜左都御史入謝　賜御書又傳　諭曰朕久不作書頃試筆得鳶飛魚躍四大字幷以賜卿時滇南將定諸逆黨多率衆歸附耗餉不訾公請量行散遣安插以寬民力又請除三逆虐政在粵東者五曰鹽埠曰渡稅曰總店曰市舶曰魚課在閩中者四曰鹽稅曰報船曰冒擾驛夫曰牙行渡稅在滇南者四曰勳莊曰圈田曰礦廠曰宂兵疏上俱下所司議行初御史劉安國請察隱占田畝州縣吏利其升敘多捏報累民公力陳其弊謂名爲加糧實耗糧戶名爲清弊實長弊源請飭督撫各自檢舉若始終掩覆者科罪有加部議從之又言督撫之優劣當以民生愉戚戶口增耗爲斷其小事註誤宜寬免至於教養有方治效顯著方予加銜增秩若督催捐助察逃墾荒諸政績但予紀錄如此則賞不僭罰不濫矣又言藩臬貪污督撫不問者宜以徇庇罪之時部例捐納官到任三年後稱職者具題升轉不稱職者罷之已復

令捐銀者免其具題公言國家大體所關惟賢不肖之辨而已今吏途甚雜所
以令三年具題者欲使賢者勸不肖者懼若輸銀可免具題是金多者與稱職
同科也臣謂稱職非可捐納而得此曹以見任之官營輸入之計何所不至所
宜急停止者也歲貢本屬正途自開捐納生員之例遂得幷捐歲貢冒濫正途
臣謂正途非可捐納而得其由捐納歲貢得官者仍須保舉方可一體升轉所
宜急更正者也總之捐納係一時權宜願於收復滇南之日即　賜明詔概止
不行則　聖政一新而人心可大快矣公自爲祭酒時屢言捐納非便至是益
切云雲南平告　廟肆赦羣臣稱頌功德公獨言聖人作易於泰豐既濟諸卦
垂戒尤切願　皇上於景運方新之會倍切堯咨舜儆之心兼諭大小臣工
乘此治定功成相與洗心滌慮毗贊大業如政體宜講也不妨詳考舊章國用
急節也不宜過加綜核行一事必謀久遠勿狃目前之淺圖爲百姓必留有餘
務培國家之元氣至於振紀綱以崇大體核名實以課吏才崇清議以定國是
厲廉恥以正人心端教化以固治本抑營競以儆官邪敦節儉以厚風俗正名

分以絕奸萌並當今急務望存震動恪恭之意力去因循茍且之習天下幸甚疏將上有以太直爲言者不顧也二十一年　天子有事春蒐鹵簿已集闕下公率御史三十人進諫　上溫言諭公方春省耕不出旬日回非遊畋也明年大計公請令藩臬得面陳章奏　上親加咨訪以觀其才　上韙公言至日　御乾清門科道官侍班通政司引藩臬官以次面奏著爲令明年詔藩臬勿舉卓異自公掌計典門不通謁語人曰當考察時直省大吏皆長跪堂下自陳履歷其嚴重如此使少有所私不內愧耶舊例八旗漢軍文職官任漢缺者丁憂任旗缺者不得丁憂又滿洲任督撫藩臬者守制而京朝官三月後即出供職公謂宜一體丁憂以崇孝治且言外官聞赴者宜即日奔喪毋得治事候代並申士庶居喪釋服從吉之禁皆報可先後疏劾閩督姚啓聖巡鹽御史堪泰杭州副都統高國相御史蕭鳴鳳姚上疏引罪高交部察審兩御史俱罷斥是年冬湖北按察使缺廷推副使王垓胡悉寧皆山東人　上疑之問舉者爲誰或以公對公不與辨遂降三秩用明年春　詔留公專領史局故

事監修官不與編纂公以書久未成手自排纂既而纂修一統志　上曰此
事須徐家兄弟為之於是公又為副總裁其年秋公子樹聲及兄子樹屏同舉
順天鄉試九卿磨勘當黜并請下法司質訊　詔除二人名餘弗問二十五年
考選科道掌中書科者以舍人王緝植咨送吏部緝植公外兄女壻也言者誤
以為公壻劾公實陰主之部議奪職　詔鐫四秩留史局如故二十七年二月
公兄乾學自總憲遷大司寇　上難其代久之不補七月復還公故官兄弟
相代為亞相海內榮之入臺一月四上疏請禁科道官勿交關督撫並結納諸
外吏仍設建言牌俾輪班奏事又請停臺灣官販嚴海防又言知府缺多吏部
延不補又劾巡鹽御史陶式玉貪黷狀事多施行而式玉竟抵罪前御史李時
謙裘充美以伉直罷官公論薦之時謙得復用十二月遷刑部尚書甫旬日調
戶部故事銷算錢穀悉假手書吏事關外省索賄動千萬公鋭意釐剔句稽出
納吏斂手奉法時江南福建藩司庫缺銀四五十萬公請　敕督撫歲一盤查
禁有司毋得私派部費旋奉　詔清理刑獄言減死諸囚發黑龍江者多不得

存活宜復舊例發內地從之二十八年拜文華殿大學士辭不允　命掌翰林院事充政治訓典方略一統志總裁明年春李時謙條奏失　旨公自引咎降二級留任時謙得不坐尋充國史總裁官公與兄健庵俱好士延攬獎借如不及累散千金赴人之急然健庵性豪放食客滿門下頗招權利致彈劾而公介然謹禮法門庭闃如有沈生者中表兄弟也一日從容言某總兵得罪出重寶求減死公能一援手乎公變色曰是何言速去毋污我遂擯沈生公旣以廷議數與滿大臣忤而郭僉都琇之劾明珠也健庵實陰風之明珠旣罷相其黨徧布中外欲殺公兄弟以洩憤於是江督傅臘塔劾公子姪交結巡撫洪之傑招搖競利公具疏力辨求去　上許原官致仕即日辭朝舟過臨清關吏大索雖醬瓿之屬皆發視僅得圖書數千卷光祿饌金三百而已皆嘖嘖歎清官不置公自領史局積勞氣逆上及歸家復發三十年七月薨於里第年五十有八

公少受知　世祖即以天下自任及遭　聖祖委任之重誓竭忠不爲利害禍福毫髮計兩總內臺凡事涉八旗同僚多咋舌公持之甚力時方重竄逃

之律將軍馬哈達請令奴亡者得自句攝勿關有司公不可曰是重擾民也滿大臣曰當令將軍會同督撫行之公曰如此則仍將軍爲政當令督撫會同將軍　上以公言爲是京師奸人多掠平民賣旗下故逃者日衆公請由地方正印官驗問給印契爲憑否者坐之八旗家人以投水自經報部者歲至千人公請凡驗有傷痕及一家中前後死三人者酌予處分從之府部寺院筆帖式近三千人求開例捐納典州縣公不可滿大臣好言勸公公曰諸公既不謂然某當別爲一議不以相累也卒從公議而罷其以京察大計罷者謀入貲復官公亦持不可既罷議侍郎項景襄留揖公曰微公正途無入仕望矣晚年官逾貴常戚戚如有憂者嘗言吾在樞密未得稍展布反不能發舒如戸部時每聞進一正人或行一善政則喜形於色內行修潔苞苴之使不及門御家人嚴整退食之暇匡坐讀書而已待兄弟極友愛然恆以道義相規切著含經堂集若干卷明史稿未成嘗疏請準宋史益衞二王例以福唐桂三王事蹟載附傳其明末諸臣盡忠所事者直書無隱　詔曰可至乾隆初明史告成頗用其例云

葉文敏公事略 沈文恪公荃 吳文恪公士玉 高文恪公士奇

葉公方藹字子吉號訒菴江蘇崑山人父重華明進士官太常少卿有才望公
胚胎前光厲學行舉順治十六年一甲三名進士授編修康熙十二年充日講
起居注官屢被 顧問應對敷陳忠樸無飾語嘗 賜宴瀛臺從官皆進詩賦
公獨撰八箴以獻 聖祖善之 命撰太極圖說稱 旨 賜貂裘文綺還
左庶子侍讀學士十七年晉掌院學士兼禮部侍郎入直南書房充鑑古輯覽
皇輿表總裁會 召試博學鴻儒 命與馮杜李三相國同閱試卷所拔皆
名宿人服其公明年充會試副考官教習庶吉士總裁明史又明年尚書講義
成公奏請頒發得 旨尚書紀載帝王道法關切治理講幄諸臣疏解明晰深
於典學有裨其即刊行並予優敘遂加公禮部尚書銜十月 上親講易噬
嗑卦辭公與同官進所撰乾坤二卦總論 上覽畢曰卦爻義各不同即如
噬嗑一卦中四爻主用刑者言初上二爻主受刑者言必得總論發揮庶全卦
之義可了諸卦可照此撰進又嘗進通鑑講義 上問諸葛亮何如伊尹公

對曰伊尹聖人諸葛亮大賢大約伊尹可比孔子諸葛亮可比顏淵　上首
肯一日講中庸　上問知行孰重公對曰宋臣朱熹之説以次序言則知先
而行後以功夫言則知輕而行重　上曰畢竟行重若不能行則知亦空知
耳尋遷禮部右侍郎二十一年卒　優詔議卹　特遣侍郎庫勒納侍衛常保
往　賜奠知公貧不能殮　賜金營其喪尋議加祭一次　特謚文敏公釋褐
後即以文章受知　世祖其授學士紀　恩詩有云敢道齊賢留異日屢稱
蘇軾是奇才記是事也後蒙　聖祖召入內廷矢音賡和歌詠昇平詩格亦
進而益上所著曰讀書齋偶存稿同時有三文恪曰華亭沈公吳縣吳公錢塘
高公皆以儒臣被　恩眷與公埒

沈公名荃字貞蕤一字繹堂順治壬辰一甲三名進士授編修出爲大梁道以
憂去服闋補通薊道左遷甯波同知未行　特旨召見復四品冠服仍入翰林
補侍讀康熙十一年典試浙江充日講官知起居注遷祭酒再遷詹事直南書
房晉禮部右侍郎二十三年卒於官　賜祭葬如典禮　予謚文恪著有充齋

集公學行醇潔好獎進士類書法尤有名　聖祖嘗召入內殿　賜坐論古今書法凡　御製碑版及殿廷屏障輒　命公書之每侍　聖祖書下筆卽指其弊兼析其由　上深嘉其忠益其後公子宗敬以編修入直　上命作大小行楷猶憶及前事使內侍傳　諭安溪李公曰朕初學書宗敬之父荃實侍屢指陳得失至今每作書未嘗不思荃之勤也其身後見思若此然公之風節不第以能書重也分巡大梁時劇賊董天祿等聚衆千餘剽掠許潁閒公督兵殲其魁餘悉解散禹州盜以竹園爲窟穴公收捕按誅之學宮圮捐俸鼎新并修復聖賢祠墓頻年河夫柳束及軍需供億過繁民困甚公爲申請禹鄭十二州縣得減三之一去之日士民爲建碑立祠順治十八年旱　詔求直言時新例罪當流者皆徙烏喇極北公謂烏喇距蒙古三四千里地不毛極寒人畜凍輒死罪不應死者不應驅之死地乃獨爲疏上之有　詔令畫一　公持前議益堅且曰此議行三日不雨者臣願伏欺罔罪　聖祖改容納之越二日大雨盈尺例竟罷

吳公士玉字荊山吳縣人爲諸生即以文名天下康熙丙辰進士選庶吉士授編修充宋金元明四朝詩集纂修再擢侍講督順天學政　上巡幸畿甸公扈　駕至玻璃口　召試律詩十二韻獎賚有加雍正癸卯遷內閣學士經筵講官入直南書房甲辰典試江西稱得士由侍郞左都御史累遷禮部尚書癸丑二月薨於位　優詔賜卹　諭祭葬　予諡法公學無涯涘閎通儒雅好扶植人倫與徐健庵韓慕廬均以宏獎爲己任方百川望溪嘗贄以文公與慕廬擊節不去口由是二方之名震天下詩宗韓蘇所著有映劍集

高公士奇字澹人號江村世居錢塘以國學生就試京闈不利賣文自給新歲爲人作春帖子自爲句書之偶爲　聖祖所見立　召對旬日中三試皆第一遂　命供奉內廷授詹事府錄事遷中書　賜居西安門內康熙十七年賜敕曰爾侍直有年凡密諭及講章詩文等類纂輯書寫甚多特賜表裏十疋白金五百兩以旌其勞十九年　特擢翰林院侍講二十二年充日講起居注官尋遷右庶子晉侍講學士少詹事公以布衣膺殊遇屬車豹尾閒賡和不可

勝數每奏一篇　上未嘗不稱善公素敬慎口不言溫室樹徒以不由科目
縣躐華要朝士多仄目二十六年以蜚語疏乞骸骨許原官解任仍充一統志
副總裁二十八年從　上南巡至杭州　駕幸公所居之西溪山莊賜　御
書竹窗額九月都御史郭琇疏劾之　命休致回籍三十三年　詔閣臣舉長
於文學者大學士王文靖張文貞薦公及徐公乾學王公鴻緒並　召來京修
書仍直南書房三十六年以養母乞歸　特擢詹事允其請四十一年授禮部
侍郎以母老未赴四十三年　大駕復南巡公迎謁淮安及回　鑾隨扈至京
優賚以歸是年六月卒　詔給全葬子輿時爲庶吉士　特旨授編修越三
年　特旨照侍郎沈荃勵杜訥例　賜諡文恪所著有經進文稿天祿識餘讀
書筆記扈從日錄隨輦集城北苑西等集春秋地名考略左國輯註諸書

國朝先正事略卷六

名臣

平江李元度次青纂

吳文端公事略

吳公諱琠字伯美山西沁州人也順治十六年進士知河南確山縣邑遭明季流寇殘破公招徠戸口墾田歲日益以方略捕獲盜魁戴騰宇杖殺之大軍征雲南邑當孔道輿馬糧餉先事嚴辦而民不煩康熙十三年以卓異入爲吏部主事歷遷郎中十六年遷鴻臚少卿尋轉光祿少卿通政司右參議魏敏果公象樞亟稱其賢二十年　特擢右通政二十一年任太僕卿越三月擢左副都御史請復　敕督撫巡方疏曰令甲督撫于　命下之日即杜門謝客涖任守令不得參謁上官凡有舉劾不過據道府揭報及胥吏訪聞愛憎毀譽眞僞相亂督撫無由知革火耗而火耗愈甚禁私派而私派愈增請　敕直省督撫親歷各屬以知守令賢否或謂巡方恐勞擾百姓夫督撫賢則必能禁送迎卻供

應如其不肖雖端坐會城而暮夜之饋踵至矣豈獨巡行足以勞民哉又疏曰
巡撫及巡守道無一旅之衞而提鎮各建高牙前日撫臣如馬雄鎮道臣如啓
泰雖懷忠秉義空拳莫施向使各有兵馬奚至束手宜及此時復舊制使巡撫
巡守道仍各管兵馬減提督增總兵分一鎮爲數鎮以聽督撫節制則無尾大
不掉之患矣二十八年除兵部右侍郎尋　命巡撫湖北湖北自裁兵之變黠
猾率指仇人爲賊黨株連不已公概不究訊懲其妄訐者人心大定淬勵所屬
郡縣俾爲良吏怙終則糾繩無少貸陝西饑流民入湖北令有司分賑全活數
萬人三十一年　上念陝西西安雨水不調襄陽地近西安　命截留湖北
漕米十萬石貯荆州備賑既而　命以荆州兵船載運至襄陽公與糧道王道
熙議以兵船灣泊大江必由漢口溯流西上方抵襄陽計程二千餘里今原運
漕船將次撤回莫若乘夏水令原船順道運赴襄陽僅七百餘里即以便宜行
具奏　上嘉之八月以內憂去任賻贐一無所受曰非吾母志也三十三年
上以公有守有才　特用爲湖廣總督三十四年奉　旨酌裁湖廣額兵

公區畫得宜人情帖然武岡州牧任三益激民變立捕其爲首者置之法而劾罷州牧故事土司見州縣吏不敢抗禮後大吏稍稍優遇之漸以陵夷公至絕餽遺飭謁見長吏如故事無敢肆者奏增湖廣鄉試解額　上命並增各省解額三十五年陞左都御史既視事自戒曰昔賢有言司風紀者當養人廉恥不專以彈劾爲能吾謬掌臺端要在正己率屬其可見事風生以褻憲體乎三十六年典會試是歲五月　上北征回鑾顧迎　駕諸臣褒左都御史吳琠及河道總督張鵬翮居官之廉翼日又　諭諸臣曰吳琠居官卽爲所參劾之人亦以清官好官稱之百姓尤深感服閱數日以公爲刑部尙書而以張公爲左都御史三十七年進保和殿大學士兼刑部尙書公熟於朝廷故事中外章奏可否見輒洞然其有往事可援據者雖久而不忘奏對皆竭忱悃　上每稱善所薦引皆廉能吏三十九年會試公以右臂偏枯引疾　特命爲總裁官六月　御書風度端凝額賜之四十一年具疏乞休同官代奏請　上曰吳琠爲人誠實豈可聽之去嘗以　御臨米芾千字文賜公題其後曰吳琠寬厚

和平持己清廉先任封疆軍民受其實惠朝中之事面折廷爭必得其正朕甚重之故書於後以紀其能得大臣之體四十四年薨於位公居政府室無妾媵口不言清每語任外吏者曰地有遠邇俗有良澆然愛財惜命民情則一也能體此念自爲良吏矣遺疏入 上遣重臣奠茶酒 予祭葬如典禮諡文端所司奏大學士缺 上以公喪未歸縣缺弗補 諭曰朕心殊不忍也翰林院進所撰祭文 諭曰大學士吳琠賢行甚多敕改撰其文有曰潔己奉公正身率屬總憲綱而丰裁卓立掌邦禁而讞獄持平慎以居躬清能容物其知公也深矣初沁州薦饑公糴米賑之全活甚衆有司議增沁糧一千三百兩公力爭改正沁人德之立祠以祀雍正十年 詔入祀賢良祠子四長時謙康熙三十三年進士

張文貞公事略

公諱玉書字素存江南丹徒人父九徵字湘曉順治二年舉鄉試第一九年成進士博學礪名節歷官文選郎出爲河南提學僉事以公清著兄玉裁字禮存

九歲通五經康熙丁未廷對直刺部院督撫陋弊讀卷者歎曰此長沙痛哭書
也遂以一甲第二人授編修有名於時弟仕可恕可皆進士公以順治十八年
進士選庶吉士授編修康熙十五年擢司業遷庶子充日講起居注官十九年
進講乾清宮　上問理學之名始於宋否公奏道理具在人心宋儒講辨加
詳耳　上曰日用常行無非此理自有理學名目彼此辨論而言行不符者
甚多若不居講學名而行事允合此即真理學也公以講幃奏對稱　旨加詹
事銜陞侍講學士二十年擢內閣學士充經筵講官教習庶吉士二十二年遷
禮部侍郎兼掌翰林院二十三年丁父憂　特遣學士王鴻緒奠爵服闋擢刑
部尚書二十七年開音布監督高郵州石工奏請閉塞支河口為中河蓄水
仁皇帝命公偕圖納往勘並徧閱毛城鋪高家堰及海口情形詳加審度瀕
行　上謂公曰此行是非可否當秉公陳奏不可效熊一瀟託故推諉也公
叩頭領　訓先是開音布疏劾高郵州河員擅開減水三壩請議處比公至即
馳奏河員開壩乃循舊例無罪開音布瀆奏應議處八月還京疏言奉　命勘

閱河形黃河西岸出水頗高年來大水未曾溢岸則河身淤塞之說非也海口岸寬二三里河流入海絕無阻滯諸減水壩應如舊閉塞惟中河一道利濟舟楫得此免涉黃河百八十里之險殊關緊要但形勢逼近黃河既不可挑寬而太狹又不能容納運河及駱馬湖之水謹按蕭家渡楊家莊新莊口有衝決舊河之處請飭河臣增建減水壩相時宣洩則中河舟楫可以長通其支河口應如開音布所奏永行閉塞奏入均如所議是年冬奉 特旨往浙江按事調禮部尚書明年二月 上南巡駐蹕蘇州公自浙江還復 命又明年拜文華殿大學士兼戶部尚書三十年冬 命閱河工還朝繪圖以進時河臣靳輔請於高家堰增築小隄 上問公另築小隄有益否公奏曩者黃漲時淮流被逼故洪澤湖水視昔為高今擬築小隄之處去高家堰不遠河湖水漲卽高家堰之大隄且不可保築小隄何益不如其已又言高家堰一帶河工惟史家刮至周橋最為衝要不急於此處重設隄防雖多築隄數重無益臣度史家刮至周橋約一萬四百餘丈請飭河臣迅速加築此今日河工急務也 上深以

爲然二十五年　聖祖親征厄魯特　駕臨克魯倫河賊聞風奔竄　敕大將軍費揚古扼要路邀戰斬殺幾盡時公從征沙漠預幃幄之議　上曰朕愛養元元以率土乂安爲念噶爾丹既受重創從此邊境甯謐必永享昇平之福公奉王公以下文武百僚賀表以進行慶賀禮尋充方略正總裁先是公聞母疾請假三月得歸省　御書金剛經五部賜其母并　賜天廚鹿尾供甘旨至是丁母艱復蒙　賜奠　御書松蔭堂額賜之爲其母何太夫人身後光也

三十八年　聖祖南巡公跪迎道左　賜賚有加時　上親酹明太祖陵大書治隆唐宋四字卽　命公從兩郡王捧安陵廟三十九年服未闋奉　召入閣視事時河臣張鵬翮奏河工事宜　上問公奏對甚悉乃降　旨諭河臣曰昨問大學士張玉書據稱河水尚大高家堰俱爲湖水所侵如是則泗州盱眙安得不被水災河身之淺深以洪澤湖水之高下爲驗今聞洪澤湖之水比甲子年尚高數尺可見河身未曾刷深恐高家堰之隄過此以往未可知也

四十年扈　駕南巡　賜銀千兩並　皇輿表等物四月　駐蹕蘇州　命偕

學士揆敘閱召試諸生卷得汪泰來等五十三人尋　駐蹕江甯又偕揆敘等
閱卷得錢榮世等五人及　御舟次高資港公奏曰前去京江不遠臣之敝廬
在焉苦城中無駐蹕之地輿情雖切未敢恭迎　御輦入城請　行幸江天寺
留駐數日與　親臨鐵甕城無異也得　旨張玉書懇求諄切姑再留一日
賜御書恭儉爲德匾額一楹聯一尋　賜金山月夜詩一幅又頒　御用東珠
涼帽及各種服物四十六年張公鵬翮請開溜淮套河恭懇　聖駕親臨相度
二月　聖駕自京起蹕及　御舟泊清河口　上親往武家墩周視良久見
所樹標竿多屬民塚非掘塚不能開濬　上惻然乃召河臣極斥其非河臣
語塞叩頭請罪公奏曰向者老人白英曾有引汶水分南北之議策之善也不
若別作壩引汶水通漕其下流專以淮水敵黃黃水趨海此萬世之利也
上善其言四十九年以疾乞休　温旨慰留五十年五月從　上幸熱河甫
至疾作數　遣御醫調治不能起未及繕遺疏而薨壽七十薨之日　賜帑金
千兩庀喪具又　命內務府監製帳幔沿途護送至京　諭稱公耆舊老臣久

任機務直亮清勤下所司優䘏　御賜挽章　親書頒發加贈太子太保諡文貞五十二年奉　旨大學士張玉書久任機務小心恪慎懋著勤勞朕追念難忘伊惟一子張逸少可從優陞侍讀學士以示篤眷舊臣之意公學問淵雅風度嶷然年二十登仕籍受　聖祖知遇凡五十年爲太平宰相二十年朝夕啓沃得大臣體在講幄每據經義納忠莫由得其獻替之迹詞臣曹禾疏請封禪公謂非古禮建議駁之事遂寢公退清齋讀書盥匜無妾媵友愛之篤比於蘇氏性淡薄不肉食夜臥未嘗解衣辨色即起每食粥一甌麤糲一盂或山藥少許封公貽書戒之曰此非養生之道也食不厭精汝未讀鄉黨耶公悚然爲加餐封公研精三傳於明代人物能縷舉其世系與其門生姻戚公總裁明史多稟承家學焉所作古文辭及制舉業皆舂容典雅渢渢乎盛世之音文集中拖諾山狼居胥山二碑敘述　聖武神功最爲詳贍足以昭示萬世紀平定江南滅闖獻二賊及三路進師下雲南平水西賊等事皆得諸耳聞目見足以彰開國之鴻猷其餘碑誌亦多　國初將相事跡可備考核燕許大手筆蓋無

愧云雍正中　詔入祀賢良祠

于清端公事略　孫準

公諱成龍字北溟山西永甯人順治十三年以副貢知羅城縣年四十有五矣臨行與友書曰某此行絕不以溫飽為念所自信者天理良心四字而已羅城烟瘴地官廨在叢箐間插棘為門虎白晝行庭中公累土為几案旁置爨釜一盂一召吏民從容問疾苦皆感公至誠益樂就爭輸田賦初鄰猺歲率三四至殺掠人畜公嚴保伍勒鄉兵將搗其巢猺懼自投不敢復犯界數遣子女問安每春時命兩猺舁竹轝行田野中見力耕者輒呼與語相勞苦民率婦子羅拜或坐樹下與飲食笑語歡如家人公獎勤抶惰民大勸始至從僕皆死亡羅人憐公閒斂金錢跪進云知阿耶苦聊供鹽米資公笑謝曰我一人何須此可持歸市甘旨奉若父母一如我受也居數年家人來羅人則大喜又進金錢如初公仍卻之衆泣公亦泣在羅城七年招流亡修學校增陴浚隍定昏喪之制以卓異遷知合州羅人遮道呼號追送數百里一眇者獨留不去公問故曰民習

星卜度公槖中裝不能及千里民技猶可資以行也公竟賴其力達合州州領縣三遺黎才數百人正賦十五兩而供役繁重府帖下取魚公曰民窮極矣安所得魚卒不與且極陳民困狀盡裁革之一僕一羸馬自隨貸牛種招集流亡旬月閒得戶千計再遷黃州同知駐岐亭地多幽壑汊湖爲盜窟公捕得九人大集諸父老曰能保後不爲盜者貰之保二人其七人卽諸父老前取大索駢繫悉坑之衆股栗又獲巨盜彭百鈴貰其罪令捕盜自贖無脫者巡撫張公朝珍器之舉卓異吳三桂反檄攝武昌府事問禦亂策公言安人心莫先下令停徵張公已草奏與公意合遂盡以兵事屬公時大軍雲集供億皆叱嗟辦惡少憑禁旅爲姦公立置之法白大將軍申軍令甲士擁公譁公不爲動徐斂去諜指武昌大姓通賊以藏兵器爲徵公言巨室多避兵梁子湖藏械備他盜無足怪跡之果無他遷知建甯府奏改武昌大兵征岳州檄造浮橋於蒲圻賊驟至公入城守橋以山水暴漲圮坐罷職會東山寇作張公命討賊公請得便宜從事許之問需兵幾何曰前守蒲圻數人足矣先是大冶賊黃金龍亡匿劉君孚

家君孚素黠猾收召亡命亦閒爲官吏擒盜賊嘗隸公岐亭役至是得三桂僞劄與金龍潛結周鐵爪等期七日起事事泄君孚恐遂以五月反於曹家河官兵爲所敗公行次陽邏偵知君孚雖反衆未合遂直趨賊寨未至十里止宿榜示脅從者許自首免罪過三日以從逆論投首日千人賊勢孤欲卽降懼誅公遣一人持檄往諭而自騎一羸一人張蓋一人鳴鉦前導命行呼太守來救爾山中人君孚匿後山夾道伏鎗弩數百公疾驅抵賊舍坐廳事賊衆環列公問老奴安在若孚舊隸麾下故呼以暱易之又問山中雨水禾稼若何若良民何爲作賊取屠戮時方酷熱若父母妻子匿何所得毋苦耶賊皆羅拜泣公曰熱甚須少憩遂熟睡鼾聲如雷移時寤又謾罵君孚老奴何爲久不至客至乃不設酒脯君孚初懼見紿及是出叩頭受撫卽日降其衆數千問金龍安在曰在望花山卽令導行掩其不備擒斬之捷聞張公持露布語僚屬曰人謂我不當用醉漢今定何如公常襄事秋闈大吏觴公抵掌論時事飲數十巨觥吏人竊笑公酒狂故張公及之也八月復職調黃州甫抵任湖北大亂何士榮反永甯

鄉陳鼎業反陽邏周鐵爪鮑世庸反白水畈劉啓業反石陂各擁衆數千號十萬逼趨黃州時援軍皆赴湖南黃州吏民才數百至不能備闔柝或議退保麻城公曰黃州七郡咽喉也棄之則荆岳瓦解矣吾誓死不去然坐困亦非策當勦之賊雖衆皆取士榮進止先破士榮餘可不戰下遂集鄉兵得二千人別遣黃岡知縣李繼政擒鼎業士榮已據黃土坳遣把總羅登雲武舉張尚聖迎擊前鋒戰少卻公疾馳抵尚聖營日午鄉兵大集有衆五千屯箔金寨與賊對壘詰旦士榮率賊數萬分東西路來攻東路賊少登雲領千人禦之而公率千總李茂昇當其西尚聖攻右把總吳之蘭攻左戰始合之蘭中礮死賊鬭益急火燎公鬚或勸少避公叱之曰今吾死日也敢言退者斬遂鞭馬直前回顧茂昇曰我死可歸報張公茂昇恐失公急發矢殪其大旗軍隨進茂昇馬被鎗棄馬射殺二人易馬進戰復手刃數人而尚聖自右山繞出賊後夾擊賊大敗斬馘數千士榮左臂斷就擒登雲擊東路亦追奔數十里公得賊名籍立焚之乘勝至呂王城衆欲少憩公曰破竹之勢不可失也方炊覆釜以進公據鞍草檄馳

諭有能擒賊獻者重賞投誠者待以不死脅從歸者但閉門坐家無軍器即從
賊概不追問藏兵仗者即叚民亦誅死於是賊衆聞士榮擒名籍已燬各解散
至白水畈鐵爪世榮等欲趨保石子寨公已遣人守隘不得上悉擒之又分衆
平石陂賊乃勒石岐亭班師自誓師至此二十有四日公以鄉民數千破賊數
萬不費公家絲粟黃州平時康熙十有三年十一月也次年秋大饑發廩賑卹
全活數萬人十五年水旱災訛言復起公故示暇豫修赤壁亭榭日與寮吏觴
詠飲射其閒民皆曰我公如此復何憂會丁繼母艱士民乞留者數萬有　詔
奪情視事十六年總督蔡公毓榮等奏復江防道以公任之明年遷福建按察
使民遮送至九江凡數萬人哭聲與江潮相亂十八年春抵閩時耿精忠亂後
康親王駐軍省會閩民多以通海獲罪公力白王言諸案所牽引多平民宜省
釋覆錄時大吏有難色公指庭前婦孺曰此曹豈能反皇天在上獨不為方寸
地耶王久聞公名至是益重公悉從其請巡撫吳公與祚薦公廉能第一遷布
政使禁軍月徵莝夫數萬公爭於王前罷之滿兵掠浙東子女役為奴者數萬

公贖歸之各屬納賦皆應時收不增銖黍署中薪米不給至無衣可典日或不再食隨征滿漢大臣朝使者有時來過徑入卧內或繞署周行几案間蛛絲鼠跡文卷書冊外無長物咸歎曰于公清苦天下一人而已外番貢舶有所獻悉屏之或呈樣香一嗅卽持去貢使齧指作禮曰天朝有此清官吾儕所未聞見也十九年遷直隸巡撫知縣某經道府揭報具牘訐告公疏請嚴定反噬挾制律著爲令又疏請豁免宣府所屬東西二縣及懷安蔚州二衞水衝沙壓荒糧三千餘石銀千餘兩從之又因災疏請緩征並平糶詔卽以平糶之米作賑會旱步禱雨立沛禾黍重歧三穗民號曰于公穗尋劾青縣令趙履謙貪黷狀論如律二十年春陛見賜坐賜茶面諭曰爾爲今時清官第一朕所深知因問勸撫黃州土賊時事又問屬吏中亦有清廉者否公以知縣謝錫袞同知何如玉羅京對上曰爾所劾趙履謙甚當公奏履謙過而不改臣不得已劾之上曰爲政當知大體小聰小察不足爲且人貴始終一節其勉旃旋賜食御書房又賜帑金千㒳馬一馬上所乘也越數日

御製詩手書賜之尋遣官助公賑宣府各屬饑　詔蠲免本年額征及積年帶征秋公請緩真定府屬房稅銀又請破格全蠲霸州本年田賦均報可冬乞假歸葬　優詔許之未幾調兩江總督瀕行舉直隸守道董秉忠通州知州于成龍南路通判陳大棟柏鄉知縣邵嗣堯阜城知縣王燮高陽知縣孫宏業霸州州判衞濟賢並堪大用得　旨俞行抵江甯官吏皆望風改操知公好微行遇白鬚偉貌者羣相指目攝檄郡縣條上便宜皆爲興舉會江甯知府闕　詔即以通州牧于成龍擢補成龍漢軍人由廕生起家後官河道總督謚襄勤者也南中風俗侈麗公至人爭衣布褐布價驟騰士民有歡笑無管絃游惰不空手櫃坊無鎖公自治官書夜申旦不寐性喜飲至是累月不一醉嘗中夜苦飢索少米作糜不得笑而止時苞苴盡絕午日遣視寮吏無敢以角黍相遺者建虹橋書院擇高才生講習其中親往訓課副都御史馬世濟還自江南劾公年衰爲中軍田萬侯所欺蔽部議奪萬侯職公休致　特詔公留任二十三年春巡海還兼攝江蘇安徽兩巡撫事四月十八日疾作召屬吏與訣端坐逝至夜漏

盡坐不敢顏色如生年六十有八公自服官後未嘗攜家屬入署至是將軍都統暨寮吏入其寢室見周身布被袍一襲鞾帶各一堂後瓦甕米數斛鹽豉數盎而已訃聞　賜祭葬　予諡清端七月學士錫住勘海疆還　上詢公在官時聲績錫住奏其清廉但因輕信或爲屬僚欺罔　上曰此與成龍不合者造爲此言耳居官如成龍者有幾十一月　南巡至江甯　諭知府于成龍曰爾務法前總督于成龍正直潔清乃爲不負又　諭閣臣曰原任總督于成龍朕博採輿評咸稱爲古今第一廉吏可加贈太子太保廕一子入監會　御試詞臣作理學真僞論納卷時　上特諭曰理學無取空言如于成龍不言理學而服官至廉斯卽理學之真者也自　天子廣厲風節恩禮始終由是士皆慕效公吏治烝烝一變矣公薨後軍民爭繪像祀江甯蘇州及黃州皆有祠　御書高行清粹四字爲祠額幷書楹聯賜之公軀幹修偉紅頰隆準美髭髯精神炯炯四映與人交不擇貴賤談燕終日一語涉私卽正色斥詰每稱曰上帝臨汝又曰日監在茲屬吏畏公威若負霜雪及論事輒霽顏商搉用此雖

嚴憚愈益親樂之年饑公屑糠雜米爲粥與僮僕共之屬吏至亦以是進曰如法行之可得留餘以賑也性強毅而臨事應變無方當黃金龍就擒公亟賞劉君孚百金衆疑其過公曰金龍之擒實由君孚密計君等不知耳於是其黨疑君孚賣金龍各散去又以閒離其親屬君孚遂鬱鬱以死公狀如鄉里學究而用兵如神尤善治盜所用游徼及降盜恆撫以恩威輒先來報知武昌時營弁某弟素無賴適遠歸是夜餉被劫弁告弟所爲已誣服獄具公破械縱之巡撫驚問曰盜冤真盜何在公指堂下一校曰是真盜也餘黨進香木蘭山今晚獲矣尋獲盜贓尚在校家封識宛然江甯盜號魚殼者拳捷倚駐防都統爲解有司莫能擒公抵任官吏遠迎日旰不至方驚疑而公已單車入府矣羣吏飾廚傳饋餼牽皆不受按察使某年家子也請具一餐爲雅壽公笑曰以他物壽我不如以魚殼壽我按察使喻意出乃以千金購名捕縛置獄是夕公秉燭坐一男子持匕首自屋梁下公叱何人曰魚殼也公解冠几上指其頭曰取殼長跪笑曰取公頭不待公命也方下梁時如有物擊我手不得舉乃知公神人某惡

貫盈矣自反接銜七首以獻公曰國法有市曹在遲明獄吏報失盜人情汹汹而公已命中軍將魚亮斬決西市孫準康熙二十五年由廕生授臨清州知州累官至江蘇巡撫有賢聲

彭古愚中丞事略 郭琇

彭公名鵬字奮斯號無山一號古愚福建古田人順治十七年舉人康熙十三年逆藩耿精忠叛逼公受僞職乃卻粒飲水椎齒出血堅臥三年不起逆平授三河知縣邑地瘠當要衝旗民雜處公拊循釐剔不畏強禦有中夜矯傳 內旨者公察其詐延與語陰遣人發其橐具得奸狀寘之法每治獄發摘如神吏民不敢欺鄰邑疑獄不能決憲司檄公往輒白其冤二十七年冬 聖祖東巡駐蹕三河 召問公不從耿逆及在籍在官狀 賜帑金三百兩 諭曰爾居官清正不受民錢以此養爾廉勝民閒銀數萬兩多矣明年順天尹許三禮劾公讞獄遲玩 詔巡撫于公成龍察核白其枉部議落職 詔降二級留任尋以盜案積降十三級皆得 旨留任又明年 詔舉天下廉能官李尚書天

覆首以公薦與嘉定令陸公隴其並行取請假歸葬卽家授給事中會關中旱蝗赤地千里公一日上三疏言秦晉豫三省有司不恤民狀先是西安鳳翔及平陽等郡饑　詔發帑賑又　命河南運米十萬濟陝西至是以公疏下所司確議令指實再奏公復指涇陽令劉桂剋扣籽粒聞喜夏縣匿災不報猗氏令李澍敲剝災黎磁州牧陳成郊濫派運價夏邑令尚崇震派銀包運南陽守朱璘曖昧分肥狀　詔各巡撫察審不皆實議處如例得　旨寬免三十三年劾順天學政李光地聞　命在任守制不哀痛力請終喪僅乞假九月悖理乖情應罰令離任留京終制疏下九卿議從之初公劾癸酉順天鄉試舉人楊文鐸等文理荒謬磨勘官馬士芳有通賄情弊乞　上親訊下九卿察議以文鐸卷有疵應罰停一科別無情弊公奏涉虛應奪職有　旨令回奏公奏會議諸臣聽考官徐倬彭殿元飾說故入言官罪　上特免公處分倬殿元休致至是公猶以論文鐸文與廷臣忿爭　詔解任以原品頂戴効力南河三十六年召補原官明年授貴州按察使又明年擢廣西巡撫墨吏望風解綬去既抵

任劾免貪酷令喻兆紳葉之華粵西舊未設武科公始奏行之會湖廣總督郭公琇請除學政積弊臺臣鄭惟孜等條陳順天鄉試事宜九卿未盡議行　諭直撫李光地河督張鵬翮與郭琇彭鵬並著清廉　命各抒所見勿瞻徇公條覆多見施行時豫撫徐公潮之任　上諭之曰爾能如張鵬翮李光地郭琇彭鵬則不但為當今名臣卽後世亦足取重矣三十九年調撫廣東下車日收民詞五千紙公愀然曰堂上一點硃民間千點血健訟何為民咸感悔值歲旱步禱烈日中親詣獄慮囚發倉穀平糶甘霖立沛奏免粵西解京銅鐵七萬斤歡聲載道又言粵西州縣私派巧立名色曰均平大半費於饋送如臣未入境之先購備撫署器物皆出諸此臣當堂發還俾自悔艾其不派均平者又取盈於火耗有明加暗加等弊疏下部嚴禁時蕭公永藻代為廣西巡撫　上諭以效彭鵬所行又　諭閣臣曰彭鵬前任三河時但聞有賊卽帶刀乘馬往擒治毫無畏懼朕深知之御史王度昭劾公撫粵西時受藩司欺蒙及掩覆浮銷狀　詔下公回奏公疏辨　諭責其忿激粗戾且曰凡被劾回奏止應辨晰是

非不應支離牽引彭鵬爲言官時亦曾劾人今爲王度昭所劾乃訐奏度昭曲庇親戚又未指出實據雖操守清廉殊失大臣之體其嚴飭行四十一年奏免追積欠兵米價銀從之四十二年冬病篤　特詔遣中書往視明年正月薨年六十有八遺疏聞　天子軫惻有實心供職克盡勤勞之褒　賜祭葬粤人肖像祀之尋入名宦祠著有古愚心言八卷當是時公與郭公直聲震海內天下並稱曰彭郭

郭公名琇字華野山東即墨人少時勵志清苦讀書深山絕壑中四無人跡公蘊火中宵讀弗輟虀鹽爨汲皆手任之康熙九年成進士越十年授吳江知縣賦煩俗悍號難治公涖事七年弊絕風清循聲爲東南冠二十五年巡撫湯文正公薦其居心恬淡涖事精銳宜與行取部以催征未完議格　特旨允行授御史時河督靳輔請別築高家堰重隄行屯田法與按察使于成龍議不合　詔尚書佛倫等往勘從靳議公劾靳治河無功　詔九卿察議未上會靳入覲　命與廷臣會議河工事宜公復劾靳派累擾民靳坐罷任江淮人誦公疏皆

額手稱善擢僉都御史先是公劾大學士明珠余國柱結黨私行背公納賄及尙書佛倫等會議會推附和要索狀請加嚴譴於是明珠等降黜有差尋遷太常卿晉內閣學士充經筵講官吏部左侍郎二十八年擢左都御史疏劾少詹高士奇都御史王鴻緒編修陳元龍王頊齡等招搖依附狀皆罷之一時輦下栗然居無何御史張星法劾山東巡撫錢珏貪黷珏奏辨所劾皆誣由公曾致書於珏屬薦卽墨高令未允遂挾嫌使星法誣劾事下法司察治獄未具公奏都御史馬齊於會訊時多方煅鍊必欲坐公指使誣劾罪　上責公疑揣法司尋法司以星法誣珏公致書屬實奏並應黜　詔星法降二級留任公降五級調用尋休致公自是跧伏荒鄉足不入城市見者不知其爲掌憲大僚也明年以牽連吳江漕項虧空事應赴質時佛倫巡撫山東誣劾公父景昌原名爾標曾入賊黨伏法公私改父名濫請　封典部議追奪并奪公冠帶逮赴江甯勘治議遣戍得　旨寬免三十八年春　聖祖南巡公迎　駕德州　諭閣臣曰郭琇前令吳江百姓至今感頌其人有膽量無朋比可授湖南總督一時

貪墨吏皆投劾去而公益以鎮靜爲先滌除煩苛務持大體疏陳黃州武昌二
郡兵米二萬七千有奇請改折色運荆鄖以利輸挽又江夏等十三縣有故明
藩產賦過重請照民糧起征並請豁免江夏漢陽嘉魚瀕江水坍地租三百餘
頃皆　俞行三十九年入覲具疏訟冤言臣父郭景昌係縣庠生邑匪郭爾標
合邑皆知伊無妻室安得有子不知佛倫何所聞而誣衊若此佛倫時官大學
士　上親詰問以悞疑舛錯對　命仍給誥軸及　陛辭奏請清丈地畝且
云湖南地廣民稀恐清查後賦額較前少減　上曰果於民有益所減雖多
亦所不惜若不清丈而以荒田派征有累窮黎斷不可也　命公具疏以請公
復條上三事一修築隄塍嚴定處分一無用糧艘宜停修一苗疆官吏宜通融
調補又疏言錢糧攤費包收之弊宜除雜派之陋規宜去征糧之滾單宜行訟
棍宜治濫刑宜革捕役誣盜宜懲屍親抄掠宜禁強族阻葬宜責飭　諭嘉其
實心除弊四十一年給事中宋駿業劾公衰廢不職　詔侍郎傅繼祖甘國樞
浙撫趙申喬前往察治坐徇隱諱飾罷歸抵里門盡出俸金周族黨歲饑竭貲

倡賑鄉閭德之五十四年卒年七十有八入祀鄉賢並祀吳江名宦當康熙朝公與彭公由縣令起家並以抗直聞趨死不顧利害賴 聖祖寬容屢排羣議 特簡用彭公所劾之李文貞公所劾之靳文襄陳文簡王文恭諸公皆號稱賢者二公以春秋法責備之 上既不以爲非用作敢言之氣而爲所劾者亦未嘗以一眚掩大德鑑空衡平悉付諸公論大哉 聖人執兩用中之盛軌誠超出前古萬萬云

張文端公事略 子廷瓚 廷璐 廷瑑

公諱英字敦復號樂圃安徽桐城人父秉彝字孩之明季諸生爲文一本經術以兄秉文官山東左布政二親年老遂絕意仕進家居侍養能爲孺子歡秉文殉難山東泣走數千里攜孤扶櫬歸及親喪廬於墓上墓樹交花人以爲孝感云公以康熙六年進士入館選丁父憂歸十二年以編修充日講起居注官累遷侍讀學士十六年九月 上以公及掌院學士陳公廷敬每日進講甚有裨益天漸寒 特賜貂皮各五十張表裏緞各二十疋十月 諭閣臣曰朕不

時觀書習字欲得文學之臣朝夕置左右講究文義給內廬居之不令與外事遂設南書房　命公入直　賜第西安門內詞臣　賜居內城自公始當是時逆藩播亂三方征討凡出師運餉發謀制勝無一不斷自　聖心而　上益孜孜於經史之學公首供奉南書房故事經筵有常期而　上日御乾清門聽政後卽適懋勤殿召公入講辰而進終酉而退暫退輒復宣召或當食吐哺趨宮門漏下十許刻迺歸公小心慎密久之　上益器重每幸南苑及巡行四方未嘗不以公從公立朝數十年未嘗一日去　上左右一時典誥之文多出其手十九年晉翰林學士兼禮部侍郎銜明年以葬父乞假　優詔許之特賜白金五百兩表裏二十疋資墓田之用又　特予公父秉彝卹典如公階二十五年教習庶吉士遷兵部右侍郎明年調禮部充經筵講官二十七年給事中陳世安劾公遇　孝莊章皇后大喪一切典禮不詳慎參稽不與滿堂官面商疏稿部議鐫五級調用　特旨留任明年擢工部尚書又明年調禮部公自躋卿貳至典秩宗皆兼掌院學士並管詹事府蓋二職　上所甚重

難其人以爲非公莫屬也尋以編修楊瑄撰擬　諭祭都統佟國綱文引用悖謬公坐不詳審更正議降調得　旨罷禮部尚書仍管翰林院詹事府三十年教習庶吉士明年復禮部尚書兼管翰詹如故先後充　國史方略一統志淵鑒類函政治典訓總裁官三十六年與熊尚書賜履同爲會試正考官尋乞休
温旨慰留疏辭兼管翰詹　允之三十八年拜文華殿大學士兼禮部尚書
公少清貧癸丑分校禮闈家人猶絰旬乏食姚夫人搜得麵數斗遂舉家食麵湯將一月其涖官隨地自盡不務表襮不列密事不訐人過失汲引人才如不及然有所薦舉終不使其人知以是所居無赫赫名及觀南書房記注然後知公在講筵凡生民利病四方水旱知無不言造膝前席多社稷大計　聖祖嘗語執政張英老成敬慎終始不渝有古大臣風然則公之立身與所以自結於　上者居可知矣公爲人忠實無畦畛外和內剛一私不染自同官及後進之士皆傾心相嚮公退惟手一編蒔花鼓琴自娛雜賓不敢至其家居族黨鄉鄰下逮臧獲皆得其和雖奸僉小人無所寄怨惡用此知與不知皆推爲鉅

德長者然性實介特義所不可雖威重不能奪與物無忤而黑白較然自壯歲即有田園之思作芙蓉雙溪圖記屢見諸詩歌往往流連不已　上亦曲鑒焉四十年冬請告　優詔許致仕瀕行　賜宴暢春園　諭部令沿途馳驛毋限常額公致政後嘯詠於林泉者凡七年自言生平無他嗜好惟酷好看山及種樹著恆產瑣言聰訓齋語諄諄以務本力田隨分知足爲誡先是　御書篤素堂額　賜公名所著曰篤素堂文集又著易書衷論二十卷四十四年

聖祖南巡迎　駕淮安疊拜　御書謙益堂葆靜扁額幷聯幅畫卷白金之賜隨　駕至江甯　上將返蹕以在籍臣庶攀籲　命留一日公復奏請得旨念老臣懇求諄切許再留一日啓行四十六年迎　駕清江浦仍扈蹕江甯　賜御書對聯世恩堂額及書籍人葠亦允公奏請留一日四十七年九月薨年七十有二遺疏至　上震悼　優詔議卹　賜祭葬加等諡曰文端

世宗御極有甘盤舊學之思　贈太子太傅　賜額曰師模如在又曰忠純貽範雍正八年　詔入祀賢良祠子廷瓚字卣臣康熙十八年己未進士累官

少詹事文行爲館閣推重己卯典試山東與同事先矢於神所拔皆宿學士乙亥六月廷瓚任侍讀學士　上召翰詹八人至暢春園　賜宴　賜扇文端及廷瓚皆與焉又兩　賜御書額曰玉堂曰傳恭堂先文端公卒廷玉官太保大學士自有傳廷璐字藥齋康熙五十七年一甲二名　賜進士及第授編修雍正元年典福建鄉試累遷侍講學士督河南學政以封邱生員罷考事落職尋授侍講擢祭酒疏請　敕將軍提鎮轉飭所屬將弁每朔望集兵丁宣講　聖諭廣訓從之遷詹事七年督江蘇學政十年典浙江鄉試十一年擢禮部侍郎再督江蘇學政會文端公入祀賢良祠　諭祭於家　命廷璐就任所回籍舉襄典禮乾隆元年開博學鴻詞科拔劉文正公綸爲第一人廷璐所薦也六年典浙江鄉試九年自陳年老　予告歸明年卒廷瑑字桓臣雍正元年進士由編修累遷侍講學士晉詹事乾隆元年遷工部右侍郎充會試副考官初在翰林嘗充日講起居注官起居注向無條例所司繁簡任意冗漏不稱史體廷瑑精思爲之在館十餘年編載詳贍稱　旨雖擢侍郎仍兼起居注官事本

朝官不爲翰林而仍職記注者獨廷瑑爲然五年提督江蘇學政九年調補內
閣學士兼禮部侍郎典試江西十一年乞病歸性誠篤細微必慎每當入朝自
書職名讀之曰某官張某又屈指計之曰幾字視紙上三四而後敢出督學試
士日公服竟日雖燕處不脫人問之曰取士國典也敢忘共乎既告歸則益以
舊德篤行自守其自奉甚陋或人所不堪雖其家人皆竊笑之然至族黨有緩
急出千百金不恡也未嘗私受人一錢門生某巡撫江西過桐城奉數百金爲
壽曰吾幸足衣食安用金爲又有餽薓者曰吾生平無病焉用此其乞歸也兩
兄皆先後請告而廷瑑最後歿　上聞顧謂左右曰張廷瑑兄弟皆舊臣賢
者今盡矣安可得也因歎息久之其卒以乾隆二十有九年年八十有四廷璐
子若需官翰林院侍講若需子曾敞官至少詹事桐城張氏四世皆爲日講起
居注官而曾敞尤講正體例能繼桓臣侍郎之業掌院劉文正公嘗歎異之俾
獨任一館之事云廷瓚子若霈康熙戊子舉人任嚴州同知攝義烏篆捐金造
東門巨橋邑人名張公橋建祠橋側祀之遷梧州知府有異政擢鹽驛副使卒

官　特贈按察使銜雍正九年祀廣西名宦

李文貞公事略 弟光坡 鼎徵 光型 子鍾倫 鍾佐 猶子天寵 鏡僑 等

公諱光地字晉卿福建安谿人祖先春字克建年十二父以非辜陷縲絏詣郡哀訴守奇之立出其父山寇肆掠傾囊贖難民全活甚衆南安洪氏女陷賊以重賂贖回復以計脫其父歲大饑設法賑濟賊圍其寨力戰得全義俠聞鄉里父兆慶字賴甫明諸生性至孝究心程朱之學順治十二年避難山砦中全家十二人被賊虜獨兆慶得脫其兄日熼自遠歸慷慨詣賊乞釋此十二人賊義之具飲食慰遺然故弗釋也明年夏日熼募壯卒合家童百人夜緣山背上路峭險登者才二十八人吹螺劫賊帳會天大霧不辨衆寡賊大驚奔竄出其季弟弟子二人餘縶他山不能得賊徵其黨萬餘來日熼用百人守險日與戰自夏至秋大小百餘合賊散走盡十人者先後歸而公與其弟實殿公以康熙三年試策論舉於鄉九年成進士選庶吉士授編修十二年分校會試尋乞假歸十三年耿精忠反海賊鄭錦踞泉州公奉親匿山谷閒錦精忠並遣人招之以

死固拒十四年夏密疏陳破賊機宜言閩疆褊小自二賊割據以來誅求鞭朴民力已盡賊勢亦窮南來大兵宜急攻不可假以歲月恐生它變方今耿逆悉力於仙霞杉關鄭賊幷命於漳潮之界惟汀州小路與贛州接壤賊所置守禦不過千百疲卒竊聞大兵南來皆於賊兵多處鏖戰而不知出奇以擣其虛非計也宜因賊防之疎選精兵萬人或五六千人詐爲入廣之兵由贛達汀爲程七八日耳二賊聞急趨救非月餘不至則我軍入閩久矣大軍果從小路橫貫其腹則三路之賊不戰自潰乞 密勅令兵官偵諜虛實隨機進取仍恐小路崎嶇更使鄉兵在大兵之前步兵又在馬兵之前庶幾萬全可必勝置疏蠟丸中遣使間道赴京因內閣學士富鴻基上之奏入 聖祖嘉公忠下兵部錄其疏令領兵王大臣知之時廣東叛亂大兵防守贛州南安未能入閩會康親王傑書自衢州克仙霞關復建甯延平精忠降康親王駐師福州令都統拉哈達賴塔等進勦海賊並訪問公十六年正月拉哈達復泉州遣人往宣 諭公就見拉哈達於漳州康親王疏言光地矢志爲 國顛沛不渝宜 予褒揚下

部議敘授侍講學士行至福州丁父憂歸十七年閏三月同安賊蔡寅結衆萬餘掠安谿公募鄉兵百餘人扼守戒諸鄉毋資賊糧賊飢解去六月鄭錦遣僞總統劉國軒等陷海澄漳平同安惠安諸縣犯泉州斷萬安江東二橋南北援絕泉人恟懼公遣善泅者從水關入令堅守待援時拉哈達駐漳州公遣使告急值江水漲道阻乃導之由漳平安谿小路公叔父日煜率鄉兵百餘度石珠嶺闢荊棘架木橋以濟公出迎十里外具糧饟牲牢犒軍又使弟光垤光垠以鄉兵千度白鴿嶺迎巡撫吳興祚軍於永春大兵達泉州大破賊賊走入海拉哈達上其功再下部議敘遷翰林學士公上疏推功將帥辭 新命不允日煜後積功官至永州鎮總兵 御書方重醇深額 賜之十九年公至京授內閣學士因面對言鄭錦已死子克塽幼弱部下爭權宜急取之又言內大臣施琅習海上形勢知兵可重任 聖祖用公言卒平臺灣復疏言編修陳夢雷當耿逆之變有七旬父母不能脫逃致被逼脅夢雷雖陷賊中托病支吾受臣密約圖反正請貰其從逆之辜旣法司坐夢雷斬 詔從寬免死閏八月 聖

祖命公奏進家居所著文字公彙其讀書筆錄及論學文字爲一卷敘而進之
略言道之與治古者出於一後世出於二孟子敘堯舜以來至於文王率五百
年而統一續此道與治之出於一者也自孔子後五百年而至建武建武五百
年而至貞觀貞觀五百年而至南渡夫東漢風俗一變至道貞觀治效幾於成
康然律以純王不能無愧孔子之生東遷朱子之在南渡天蓋付以斯道而時
不逢此道與治之出於二者也自朱子以來至我 皇上又五百歲應王者
之期躬聖賢之學天其殆將復啓堯舜之運而道與治之統復合乎臣雖無知
或者得依附末光而聞大道之要蓋隱然以見知自任矣二十一年乞假送母
歸里二十五年至京補前官尋授掌院學士直經筵二十六年以母病乞歸省
命懸缺以待二十七年夏至京時值 孝莊文皇后喪禮部劾公在涂遷
延弗及叩 梓宮請下吏部議議降五級得 旨勿問初公嘗奏侍讀學士
德格勒有學行善占易而德格勒亦稱公有文武才宜膺封疆重寄會天旱
聖祖命德格勒揲蓍因面論大學士明珠過失珠聞而大惡之尋有言德格

勒與同官誹議朝政者　聖祖召試諸廷臣德格勒以文劣削五級留任尋
又以私抹起居注爲掌院庫呼納所劾下刑部議罪有　旨以前奏詰公公引
罪乞處分得　旨從寬免罪九月典武會試二十八年改通政使擢兵部右侍
郎三十年充會試副考官九月偕侍郎博霽徐廷璽河道總督靳輔往江南視
河工二十三年提督順天學政四月聞母喪有　旨令在任守制公請給假九
月回籍治喪不允給事中彭鵬劾公忘親貪位請令解任俾在京守制下九卿
議如鵬請服闋仍督順天學政二十六年遷工部左侍郎督學如故二十七年
授直隸巡撫公在官以清勤自勵卹民隱尤盡心於農田水利二十八年　詔
以漳水與滹沱合易泛濫其導漳河由運達海以分滹沱之勢公疏言漳河現
分爲三一支自大名經魏元城至山東館陶入衛歸運一支名老漳河自山東
邱縣經南宮及青縣與完固口合至鮑家嘴歸運一支名小漳河自邱縣經廣
宗鉅鹿合於滏又經束鹿冀州合於滹沱由衡水出完固口復分爲兩支小支
與老漳河合流而歸運大支經河間大城靜海入子牙河而歸淀今入衛之河

與老漳河流淺而弱宜疏濬其完固小支應築隄逼水入河以達於運更於靜
海閻閭二莊挑土築隄束水歸淀俾無汎濫報可次第訖工因奏霸州永清宛
平良鄉固安高陽獻縣濬新河占民田百三十九頃請豁其賦額從之三十九
年疏定清釐虧空之法又應　詔條上科場事宜三則學政事宜四則均下部
議行時　聖祖以子牙河屢汎濫自河閒以北靜海以南皆被害遂　親臨
相視發帑金　命公於獻河兩岸築長隄西接大城東接靜海亘二百餘里又
於廣福樓之焦家口開新河引水入淀由是下流益暢無水災公以隄工既成
請開諸州縣水田引漳滏滹沱大陸諸水資灌漑薦同知許天馥爲河閒知府
司其役從之畿屬固有八旗牧地與民田相錯歲久民多占牧爲田方奉部牒
按驗公令民自首者按則輸糧而免其隱漏罪其隙地願耕者聽民便之明年
修永定河工自郭家務至柳岔口開河築隄四十一年飭所屬州縣廣興水利
近山者導泉通溝近河者引流釃渠去水遠者鑿井溉田其水道應修濬者俱
借帑興工四十二年　璽書褒美擢吏部尚書巡撫如故是年冬以畿輔被水

請發倉賑貸命富人出粟平糶明年給事中黃鼎楫湯右曾許志進宋駿業王
原等合疏劾公撫綏無術致河閒饑民散入京城又匿甯津縣災疏下公回奏
公言知縣陳大經報災不時已劾罷至民有流離臣不敢辭咎請從重處分
詔原之再疏辭尚書不許四十四年疏劾前任雲南布政使張霖假稱　詔旨
鬻私鹽得銀百六十萬兩得　旨即令公審擬霖論斬籍沒十一月授文淵閣
大學士時　聖祖臨御久日潛心六藝之文河圖象數之學下逮濂洛關閩
書旁及歷算聲音之道反覆研索由源達流公故篤信程朱因以上窺羲文之
祕所奏進文字發舒心得　聖祖未嘗不稱善凡　御纂朱子全書及羣經
性理諸編多　命公參訂中有淆賾往復陳請不倦親承　指授所造益深
聖祖嘗詔廷臣知光地者莫若朕知朕者亦莫若光地嗚呼豈偶然哉然公
自初入朝即中立畏遠權勢其後位益高忌者益衆凡公所稱薦多見排擠因
以撼公撫直隸時御史呂履恆劾公任意斷獄　上察其誣還其奏給事中
王原劾文選郎陳汝弼受贓法司論絞汝弼公所薦也　上察知供證非實

下廷臣確核得刑訊選人逼供行賄狀汝弼免罪承讞官降黜有差原以囑託私書爲汝弼舉首削職公恐啓門戸之禍益慎重寡言其有獻納罕見於章奏獨與公共事内廷者時能道之　聖祖嘗召編修沈宗敬命作行楷書因傳諭公曰朕初學書宗敬之父荃實侍每下筆卽指其病兼析所由至今每作書未嘗不思荃之勤也公因奏對曰此卽成湯改過不吝之心也苟自是而惡直言則無由自鏡矣四十七年冬　上以廢皇太子狂疾漸愈欲復立之命諸大臣集議保奏時尚書王鴻緒附和内大臣阿靈阿等保奏皇八子允禩上切責之　諭公曰爾今何無一言公奏前者　皇上問臣廢太子病宜如何醫治臣曾奏徐徐調理天下之福臣未嘗告諸人也每内閣奏事畢獨留公南書房暇則　召入便殿語移時　上嘗問近臣民情若何公對曰方三藩播亂民心搖搖未知所歸今　上恩德顯信於天下矣往歲閩中旱荒羣吏不能體　上意所發帑粟多乾沒民饑且死獨歸怨於有司而鮮不信上之志在矜恤者嗣閩礦事公請著令止十著貧民無產業者許人持一

銚以往而越境者有誅則姦民不致聚徒山澤以生事端矣議遂定一時大豪
鞏金謀首事者皆齧指自悔先是江甯知府陳鵬年爲總督阿山所劾問重辟
無何 上問及江督公言阿山勤敏其犯清議獨劾陳鵬年一事耳於是鵬
年遂 內召兩江總督噶禮與巡撫張伯行互糾遣大臣往訊獄久不決
上忽罷噶禮復伯行官公實贊之語祕世莫能詳戴名世以南山集下獄
上震怒吏議身磔族夷集中掛名者皆死他日 上言汪霦死無能古文者
公曰惟戴名世案內方苞能叩其次即以名世對左右聞者無不代公股栗而
上亦不以此罪公已而苞得釋且 召入南書房公之護持善類因事設
辭以迪 聖聽皆此類也公柄用時昕夕入對 上所諏度惟尙書周易及
朱子之書而一時海內所號爲廉吏無論公所習與否皆得安其位焉四十八
年典會試五十年以疾乞休辭甚切 報曰覽卿所奏朕心慘然當時舊臣如
卿等者不過一二人今朕亦老矣實不忍言也五十四年六月再疏乞休且以
母喪未葬爲言 優詔許假二年 賜詩寵其行明年三月 詔促公以是冬

赴京且云南方暑溼善自保荔枝性極熱毋多喫也五十六年四月還朝明年三具摺以老病乞休　聖祖以大學士王掞在告俟其還具疏請五月薨於位年七十有七　駕在熱河降　詔憫悼遣恆親王率內大臣奠茶酒　賜銀千兩令工部尚書徐元夢護其喪櫬歸復遣　皇子臨送　予祭葬諡曰文貞雍正元年追贈太子太傅十年入祀賢良祠公平生釋經之書甚具其言曰蔑訓詁者無師滯章句者無得故學以能擇爲先其於程朱之說篤信之而時有異同論大學宜還古本而以知本爲格物第一義易兼綜象數禮兼采大戴記論子雲仲淹書有格言節取焉可也康節象山所造高明愼師焉可也知言者以爲然公門下士楊名時李紱陳鵬年趙申喬冉覲祖蔡世遠並以德望重於時宅若張昺張瑗惠士奇秦道然王蘭生何焯莊亨陽之徒類有清節通經能文章故　本朝諸鉅公稱善育材者必以公爲首焉所著有周易通論周易觀彖大指尙書解義洪範說詩所孝經全註古樂經大學古本說中庸章段中庸餘論論語孟子劄記離騷經註參同契註握奇經註陰符經註歷象本要二程

遺書朱子語類四纂韓子粹言古文精藻榕村語錄榕村講授榕村制藝榕村全集行於世

長子鍾倫字世得康熙癸酉舉人性至孝治經史性理旁及諸子百家熟貫而析其義志氣卓然復從其叔父耜卿治三禮於周官戴禮尤精卒年四十有四著周禮訓纂二十一卷皆標舉要義簡明質實不以考辨爲長其家學然也世得子清藻字信侯少遊徐壇長何屺瞻之門學博而醇康熙丁酉舉人己未舉鴻博尋知興國縣決獄平允以勞卒官爲文踔厲風發於歷代典章制度沿革莫不切究尤精於音學書法著有經史新記壁經梅書辨贗及文集次子清馥質厚安雅其氣度於文貞爲近由任子官郎中出爲大名知府以廉正著稱

次子鍾佐字世諧年十三張文貞公見其文大奇之曰吾畏友也尋補諸生精中西歷算法指陳根裔千支萬湊不可胚胎皆能冥悟其子清植字穆亭雍正甲辰進士由編修官至禮部侍郎清植子宗文字郁齋乾隆戊辰進士亦由編修官禮部侍郎典試廣東陝西江南督學河南順天皆稱職能傳其家學

弟光坡字耜卿性至孝父病篤炷香爇掌禱於天果愈家居不仕潛心經學著二禮述注六十九卷光垤以軍功授通判光垠官左都督

季弟鼎徵康熙庚申舉人戶部主事鼎徵子天寵字世來號鑑堂康熙乙未進士官編修生平勵節操邃於經學在史館二十年與弟鍾僑鍾旺相依以注經講道爲業皆不取室人自隨子清時乾隆壬戌進士由編修官山東運河道鍾僑字世邠號抑亭康熙壬辰進士官編修天性孝友嗜學能文章閉戶窮經術嘗兩校順天鄉試典試雲南視學江西以實行課士高安朱文端每曰百年中無或並也左遷國子監丞著有論語孟子講蒙十卷詩經測義十卷易解八卷尙書周官皆有說子清載清江清芳清愷能世其家學清載雍正庚戌進士兵部主事官知府清江雍正癸卯舉人爲文援筆直書頃刻千百言奇趣天溢莫能窮其巧清芳乾隆丙辰進士由編修歷官兵部侍郎清愷雍正乙卯舉人均以文名鍾旺字世蕡鼎徵三子也康熙戊子舉人考授中書潛心洛閩之學以薦充性理精義纂修官著有憶訓錄重申錄周官劄記諸經雜解等書

同堂弟光型字儀卿少問學於公研究有心得雍正丙午舉人癸丑　詔舉理學朝臣以儀卿薦　特賜進士官彰德同知有循聲改刑部主事充律呂館三禮館纂修著有崇雅堂文集臺灣私議趨庭錄光北字上卿康熙戊午舉人官教諭精春秋內外傳著有春王正月辨及伏窗文集

傅清端公事略

公諱傅臘塔姓伊爾根覺羅氏滿洲鑲黃旗人康熙九年由筆帖式授內閣中書遷內閣侍讀擢御史時海寇未平福建提督萬正色以總兵吳定方等攻奪賊船擒賊十二人疏請議敘部議以所獲有本汛奸人出境貿易者不允所請公疏言不議敘官弁恐巡緝懈怠且有受賄隱縱諸弊非所以安民弭盜請敕部酌定章程得　旨奸民出海貿易情罪重其本汛拏獲者亦應議敘著為令二十五年授陝西布政使明年內擢副都御史遷工部侍郎尋以商人採輸柟木工部監收遲延議降調　上念公在部未久寬免之二十七年二月命同侍郎多奇往雲南按提督萬正色與總兵王珍互訐事即啟行調吏部侍

郎四月授兩江總督公至滇鞫訊得實正色珍均論罪有差八月公陛辭 諭
曰爾此行當潔己奉公前任兩江總督無如于成龍者爾效其所行可矣公抵
任薦賢能斥貪墨讞獄明慎摘伏如神請免江甯號房蓬搭地租銀八千兩先
是贛縣民控告知縣劉瀚芳私征銀米十餘萬並蠹役不法事總督董納發司
道集勘公至劾布政使多宏安按察使吳延貴贛南道鍾有德於吏役婪贓事
不卽勘鞫復從輕定擬曲爲庇護請 敕部嚴擬多宏安及延貴有德並罷任
二十八年 上南巡 諭江浙爲人文之地學額應加增下督撫詳議公議
就大中小各學取入原額每二名加增一名二十九年春淮徐所屬饑公先發
常平倉積穀賑恤入奏稱 旨五月疏劾大學士徐元文原任尚書徐乾學縱
子弟爭利害民巡撫洪之傑徇私袒庇事得 旨免究劾款令元文休致回籍
沭陽縣民周廷鑑叩 閽訟降職侍郎胡簡敬佔產誣良及巡撫洪之傑贍徇
狀公奉 命勘鞫得實簡敬及其子弟治罪有差之傑免先是給事中何楷奏
定科舉額數部議每中額一名準生員六十名應試是年八月公署巡撫監臨

鄉試入場時諸生千百成羣以未得預試環訴而泣公以定額未敢私增慰諭散去明年疏言江南士子每科應試者萬餘人今限以額數驟減三分之二多士擔簦負笈而來不獲一展所長殊深憫惜請廣增科舉額俾益加砥礪以副作人之化疏下部議增六十名爲百名三十二年廣東巡撫江有良與巡鹽太常少卿沙拜互訐 命公往察勘得受贓不法各狀有良沙拜俱削籍三十三年疏言淮揚所屬多版荒田撫臣宋犖曾疏請緩征格於議臣履畝詳勘鹽城高郵等州縣因遇水災業戶逋逃者衆今田有涸出之名人無耕種之實小民積困之餘熟田額糧尚多懸欠何能代賠盈萬之荒賦倘拘責地保里鄰逃亡益多是使熟田盡變荒田於 國課毫無裨益請 恩賜蠲除則逃戶聞風懷歸安居樂業矣部議不許 上特諭曰糧從地出地爲水浸若征錢糧則於民甚苦其令免征閏五月薨於位遺疏上 詔稱其廉潔自持實心奉職懋著勤勞 命從優議卹復 諭閣臣曰兩江總督居官善者自于成龍以來惟傅臘塔一人能和而不流不畏權勢愛恤軍民深副朝廷委任之意 特遣太僕

卿楊舒赴江甯致祭傳　諭江南官民曰爾等悲感傷痛朕亦聞知向來外官溘逝從來未有此遣祭之例也部議　賜祭葬復　命加祭一次　贈太子太保諡清端予騎都尉世職子雙喜襲兩江士民爲建祠江甯四十四年　駕幸江甯經雨花臺　上指其祠曰傅臘塔居官甚優大有氣節人雖被劾無怨者　特賜額曰兩江遺愛雍正十年入祀賢良祠

阿文清公事略 子文恭公富甯安

公諱阿蘭泰姓富察氏滿洲鑲藍旗人由筆帖式累遷郎中康熙十九年議政王大臣等疏薦公練習部務自吳三桂叛後專司軍機文檄日夕勤勞詳慎無誤得　旨以三品卿用明年擢光祿卿遷內閣學士又明年充方略館副總裁兼明史總裁教習庶吉士二十二年擢兵部侍郎兼管佐領　上欲釐定戶部鼓鑄章程察除積弊　特命公及侍郎陳廷敬副都御史馬世濟管理錢法二十五年夏擢左都御史十一月　上閱平定三逆方略論贊多舛錯　諭閣臣曰平逆始末阿蘭泰知之甚詳可令酌改務期紀事得實二十六年遷工

部尚書以商人採輸柟木監收遲延部臣並坐降調 上念公任事未久貸之二十七年調兵部尚書尋調吏部二十八年閏三月 上以兩澤愆期命公同尚書徐元文慮囚奏減罪可矜疑者四十五人甘霖卽大沛四月充三朝國史總裁五月擢武英殿大學士三十一年陝西饑公遵 諭同河道總督靳輔議運江淮糧米自黃河泝西安以備積儲明年噶爾丹侵擾哈密上飭令預備公與內大臣索額圖等議增撥京兵一千及陝西兵三千付提督孫思克相機勦禦三十三年復議噶爾丹逼近圖拉請遣右衛駐守大臣費揚古郎坦等往勦尋以逆酋遠遁奏撤塞外新增驛站 詔費揚古還軍歸化郎坦兵亦罷明年 上出古北口 巡歷塞外 命公司留鑰綜理章奏三十五年二月 上親征噶爾丹於克魯倫河公仍留京與尚書馬齊佛倫直宿禁城 特諭公曰朕巡行後蒙古事情及一切章奏爾可閱視奏聞九月隨駕出歸化城 駐蹕黃河西界經理軍務十月以扈從勞 賜內廄馬奉 命赴右衛卹賞隨征官兵奏免各軍借支銀兩俱稱 旨三十六年充平定朔漠

方略總裁官八月噶爾丹之台吉丹濟拉來降　上駐蹕翰特穆爾嶺　御
氊幄屏左右　召丹濟拉入見公引郎中阿爾法隨入侍　上命之出及丹
濟拉退　召公諭曰爾偕降人入以防不測此意甚善朕令爾出欲推誠以示
不疑耳三十七年公與大學士伊桑阿均以年老善忘奏辭閣務　上曰大
學士最爲重任必公正和平任事謹慎者方稱職至於記事學士可分任之三
十八年夏因伊公乞休　諭公曰爾與伊桑阿自任閣務以來凡事推誠布公
不惟朕知之天下無不知者雖以年老求罷朕不忍令去也九月病劇　上
欲臨視　遣皇子先往而公已薨矣　上輟朝一日　賜銀二千兩　皇子
及內大臣奠爵　諭曰阿蘭泰存心端誠持守廉潔宣力年久懋著勤勞可贈
少保兼太子太保　予祭葬如典禮諡文清四十六年冬　上與大學士馬
齊評論內閣舊臣稱公能強記且善於辨事云雍正十年　詔祀賢良祠　子
富寧安初襲騎都尉由副都統遷倉場侍郎晉左都御史吏禮二部尚書兼八
旗公庫事務清聲著聞康熙五十四年策妄阿喇布坦侵我哈密　命馳驛赴

西甯視師總統調度五十六年授靖逆將軍駐巴里坤　命同振武將軍傅爾丹副將軍祁里德分界覘賊情形卽親率兵襲擊準噶爾邊界屢敗賊衆於皮禪城俘斬甚衆阿克薩爾坦等俱率衆迎降進屯烏魯木齊賊避不敢犯五十九年進兵烏蘭烏蘇遣將分道襲擊擒賊哨卒奪馬百餘破其所踞山隘獲其台吉俘斬百餘人別遣將諭降闢展城回人進擊吐魯番降其酋長獲馬駝甚多疏請率所部萬七千人各持三月糧分兩路進勦　詔傅爾丹濟師三千併其軍明年有　旨暫停進勦時策妄阿喇布坦遷其所屬吐魯番回人而行回人多不願往中道遁回且擊敗賊所遣宰桑赴我軍乞降富甯安以　聞　命率兵二千赴吐魯番收撫安插未幾賊衆來犯乃遣將率兵四千往援而自率兵四千進駐伊勒布爾和碩調遣策應會官軍屢敗賊衆賊遠遁乃還駐巴里坤疏言嘉峪關外布隆吉爾之西爲古瓜沙燉煌地濱河土沃若駐兵屯牧設總兵官一人統之可阨黨色爾騰之路又疏請專遣大臣領屯田諸處儲糧事宜又請以巴里坤牧駝運糧乘炎熱草盛時分起領運免至臨事張皇　上

並可其奏　世宗御極授武英殿大學士仍駐巴里坤管理軍務雍正三年
賜敕獎諭幷　賜帑銀二萬兩四年冬還朝　賜御用冠服並雙眼孔雀翎
黃轡鞍馬及朝珠銀幣　諭王大臣曰富甯安任將軍時一心肫篤諸務井井
有條且行止端方廉潔年來領兵將軍聲名無出其右者益彰　皇考用人
之明朕實嘉賴焉其錫世襲侯爵以示殊異於是由騎都尉晉一等侯五月夏
諭獎其公勤忠實加太子太傅管鑲白正紅二旗都統事是歲　命往西安
署駐防將軍六年五月坐苟且推卸奪世爵仍留大學士六月薨於西安　諭
稱其人品端方操守廉潔勤慎小心始終一致下所司優卹櫬歸令陝西督撫
料理所過地方官均於櫬前奠醊及抵京　遣郡王及內大臣侍衛奠茶酒
諭賜祭葬予諡文恭十年秋與文清公同入祀賢良祠

國朝先正事略卷八

平江李元度次青纂

名臣

高忠烈公事略 子其佩 文恪公其位 猶子文良公其倬

高公諱天爵字君寵漢軍鑲白旗人後以子其位任大學士時改隸鑲黃旗先世居鐵嶺父尚義隨征松山杏山及太原有功予輕車都尉世職公少讀書善騎射慷慨重義順治四年由貢生除知高苑縣躬擐甲捕巨盜謝千等博興縣爲賊所陷公夜率衆馳救之賊皆遁走遷知信陽州以經略洪承疇薦擢長沙知府大兵進攻明桂王公奉檄理軍餉聞父病力請去官十六年再授江西建昌府先是廣昌山賊王昂傳勝等聚衆數千踞羊石滴水二砦爲老巢時出刦掠砦勢險峻官軍仰攻輒不利因罷攻招之降王昂傳勝佯就撫仍伺隙煽亂官軍擒之繫於獄餘賊益負固抗拒乃依山立柵困之十八年夏公與巡道張永祺等定計乘風雨交作時分布官軍直擣滴水砦破之進攻羊石砦並截賊

去路斬馘千餘傷斃及墮崖死者無算因赭山鑿險以絕後患生擒賊渠幸連
升周由義等及王昂之父王尙智所掠丁口悉還其家事聞得優敘在建昌最
久多善政康熙十三年遷兩淮鹽運使未行耿精忠據福建叛出兵攻建昌或
謂可亟去公慨然曰吾守此土十六年雖受代豈可遽去當殉此城耳時城中
將吏多陰從賊公知事不可爲乃命其子奉母從閒道出自跨馬率家僮數十
人禦賊萬年橋賊不能越守將趙印已降賊乘公力戰時從後縛之遂執以入
閩累誘降皆不屈繫獄中越歲餘公與副將王進等謀遣千總徐得功出仙霞
關請大兵入閩陰結死士爲內應謀洩被害時十五年九月四日也　詔贈太
僕卿廕一子三十五年福建巡撫卞永譽請以公及福甯總兵吳萬福福州知
府王之儀邵武知府張瑞午建甯同知喻三畏邵武同知高舉侯官知縣劉嘉
猷尤溪知縣李壎福州城守廖有功等合祀省城西門外得　旨允行四十六
年子其佩官浙江温處道爲父請匾額　御書藎臣義烈額其家祠復請謚
特賜謚曰忠烈雍正四年長子其位官大學士其佩官都統同奏請　諭祭得

旨高天爵捐軀殉難大節可嘉高其位高其佩乃現大學士都統大臣爲父
請卹甚是可加贈禮部尚書銜追賜卹典七年入祀昭忠祠
其佩字韋之一字且圜公第五子也由宿州知州內遷員外郎出爲温處道坐署運使虧鹽課奪官尋開復五十四年補四川永甯道就遷按察使雍正元年內遷光祿卿擢刑部侍郎晉都統仍兼刑部侍郎三年夏　命同侍郎史貽直往西川審理年羹堯誣罰茶商私估鹽窩各款又陝西郃陽縣因私鹽致死無辜八百餘人事皆得實五年坐讞獄失入奪侍郎仍留都統任尋罷其佩天資超逸工詩兼善指頭畫海內珍之
其位字宜之一字韞園初由筆帖式管佐領康熙十三年吳三桂陷湖南順承郡王勒爾錦統師征之其位從征至襄陽會總兵楊來嘉叛命其位率二十騎覘虛實猝遇賊衆二萬人於土地嶺其位出其不意衝突之賊驚潰且斫且馳至南漳入城守禦衣上血模糊刀刃盡缺叛賊譚洪率舟師三萬向鄖陽其位以百人扼楊溪埔賊蜂擁至其位據崖射賊矢無虛發相持七十日糧盡煑馬

鞍以食誓必死會副都統李麟隆擊破賊乃全師歸由是每戰必先登前後給
功牌十有二薦擢襄陽總兵五十二年擢湖廣提督　賜孔雀翎及櫜鞬鞍馬
五十六年自陳乞罷　諭嘉其和輯兵民聲望素著令供職如故六十年調江
南提督明年　特命署兩江總督雍正元年入覲　命仍回提督任四月疏請
保護　聖躬得　旨此奏字句之外實有一片愛君之心發乎至誠非泛泛
虛文可比尋疏言松江之泖湖澱湖澄湖港汊紛歧與浙江錯壤與太湖毘連
經兩省督撫與臣委官勘議防奸法計松江所屬通船要口百十有三處釘樁
立柵以時啓閉官捐工料百姓樂趨事已將次告成　手勅報曰權宜措置必
無礙商民乃善尋賜　御製詩有裨益軍民資偉略劑調文武在和衷之句二
年奏進黃浦漁人所網得雙夔龍紐未刻玉印　諭曰此事若出自他人朕不
信也卿乃忠實老臣斷不至有揑造虛誕之舉今賜卿四團龍補服等物以示
嘉悅三年夏　世宗諭廷臣曰高其位前署總督時年羹堯奏其年老衰憊
兩耳重聽恐貽悞地方及朕即位猶記羹堯之言特召來京陛見觀其人老成

忠厚善氣迎人雖已老而精力尚可用即此可見龔堯之險詐也九月拜文淵閣大學士兼禮部尚書加太子少傅公以衰老不勝機務辭弗許四年五月至京改隸鑲黃旗尋乞休　諭以跪拜艱難高年常有之事不必遽求退十月公八十生辰　賜匾聯及服食等物白金一千兩十一月復乞休得　旨卿宣力年久老成練達茂著賢聲是以簡任機務用昭優眷前次乞休朕未忍俞允今復奏請情詞懇切可原官致仕五年正月薨　命王大臣侍衛奠茶酒　賜祭葬如例諡文恪十二年　詔入祀賢良祠次子纘勳襲世職長子起由任子授茂州知州遷漢中知府荊南道內遷光祿少卿康熙三十一年擢副都統晉兵部右侍郎雍正十三年擢兵部尚書尋以都統銜在雍和宮行走未幾卒

其倬字章之號芙沼忠烈公猶子也父廕爵任口北道其倬由康熙三十三年進士選庶吉士乞假歸閉戶讀書數年始就職授檢討　聖祖奇其貌欲試以外事會四川有獄未決　命往訊歸　上問打箭爐形勢口陳手畫沈詳不煩　上器之　命典試四川遷中允侍講督山西學政再遷侍講學士擢

內閣學士五十九年巡撫廣西會鄧橫苗叛單騎入寨諭以　朝廷威德衆棄
刃羅拜受約束而還逾年擢雲貴總督土司承襲向有陋規吏胥每因文結舛
錯藉端需索公嚴行禁革先是青海台吉羅卜藏丹津肆逆謀進西藏公以雲
南中甸爲進藏咽喉地請調鶴麗劍川兵鎮之墾田陸涼州積穀備運改哀牢
土司爲流官苗民蠢動遣兵迎勦大小三十二戰平魯魁茅洞諸寨逆渠先後
就俘二年春青海平中甸諸番目攜三千五百戶繳僞劄納土歸誠公疏聞并
條奏中甸善後事宜五則魯魁山善後事宜九則　上嘉其妥協　璽書褒
美　賞騎都尉世職尋勦平貴州狆家苗叛酋阿近等　諭部優敘復條奏貴
州苗疆事宜八則下部議行三年加兵部尚書太子少傅十月調閩浙總督瀕
行奏請豁除雲南鶴慶府鄧州嵩明騰越三州六和浪穹二縣重輸軍賦允之
行抵浙東聞福建饑即請撥温台倉穀七萬石運閩平糶四年疏陳福與漳泉
等府地狹人稠自平定臺灣以來生齒日繁無田可耕勢且流爲盜賊從前海
禁過嚴請弛禁以廣謀生之路　詔下怡親王會同大學士九卿議行五年擒

勦臺灣凶番骨宗等二十名各社相繼歸誠十年　詔以李衞爲浙江總督
命其倬專督福建六年條奏福建鹽政事宜四則部議從之又以原任御史蕭
震當耿逆叛時與邵武守張瑞午等合謀討賊事洩被害妻妾媳婢皆死之瑞
午業蒙䘏典而震獨遺疏請入鄉賢祠致祭旌其門　詔如所請七年秋入覲
賜　御製詩有操懍冰霜功帶礪匡時重鎭眷良臣之句八年晉太子太保
調督兩江先是　上以其倬通曉堪輿術　命詣　福陵恭視形勢工程
至是復　命來京隨怡賢親王相度　萬年吉地於易州之太平峪　諭嘉其
悉心籌度實出於忠愛至誠　特授輕車都尉幷前所得騎都尉爲三等男尋
署雲貴廣西總督九年疏言雲南昭通府四面環山請委官專辦墾務定爲水
旱生熟四項分給兵民猓土各戶墾種按年收穀還本後起科輸米以省兵米
運費下部議行十一年　命仍回兩江任會普洱府屬思茅土目刀國興等煽
亂遣將討平之擒其酋幷賊屬五百餘人九月　詔以總督銜管江蘇巡撫事
尋坐瞻徇左遷巡撫十三年疏劾淮關監督年希堯庇縱玷職黜之乾隆元年

以疾　召還京未幾授湖北巡撫調湖南二年湖南城步綏寧猺糾黨焚劫遣
將分勦之賊黨平　命優敘三年擢工部尚書調戶部十月薨於寶應舟次年
六十三遺疏入　優詔悼惜沿途遣官弁護送回旗尋　賜祭葬　予諡文良
公揚休玉色進止嚴重目不能遠視無事輒睞閉則精光射人爲人淵深凝靜
每奏事　天語褒嘉或忤　旨旦夕禍不測而公施施如平時人欲窺公顏卜
主眷盛衰不可得也　世宗知公寬不能掖之使奮代人匿瑕藏疾至累及
終不悔然於國憲民瘼大綱必舉中外推鉅人長德無異詞故雖　詔書迫責
而封疆重任十三年如一日西師大事必密與謀青海降酋和羅爾邁逃
上以問公公奏有之不爲多無不爲少宜撫其不逃者愧其逃者　上嘉納
焉孫文定嘉淦少時殺人報仇公督學時脫其罪終身執弟子禮甚恭李敏達
衞任滇藩時與安南爭鉛廠河有　旨切責公引爲己咎李慚感次骨松江提
督補熙將之任　上慮公在江久不無稗政　命補察劾　旨甚嚴及抵江
聞衆稱公賢以實奏　上曰補熙不迎合樸誠可嘉卽擢總漕嗚呼公與補

皆不可及而　世宗之神聖爲何如也所著奏疏十卷味和堂詩集八卷公少以詩名稱一代作手繼配蔡夫人綏遠大將軍毓榮女亦能詩

甘忠果公事略　朱國治　李興元

甘公文焜字仲明其先江西豐城人後徙遼東父應魁從　世祖入關隸正藍旗漢軍官至副將公幼事母至孝稍長好讀書精騎射負志節以父廕讓其弟由筆帖式擢啓心郎改大理少卿康熙二年遷順天府尹以法繩下貴幸家皆斂迹崇文門稅苛露章奏之六年巡撫直隸先是郝都憲惟訥以督撫親巡屬邑官吏因緣派累民閑奏罷巡歷例公疏言巡撫不巡視所屬則吏治民隱無由悉知如其不賢則雖坐守會城而苛屬擾民之事不一若果賢必自愛名節輕騎減從毫不以累民而年歲豐歉民閑利病有司貪廉悉無遁情請仍敕令巡視但申嚴苛擾例禁疏下部寢其議　聖祖特詔允行著爲令公車騎巡所部禁暴卹郵緝姦除盜知無不爲疏報保定真定等屬秋雨爲災請全蠲歲賦其已征夏稅流抵來年部議止按例減免　特旨全蠲其已征者許抵

來年之數公復劾昌平順義懷柔密雲文河各州縣遲報水災論如律七年擢
雲貴總督奏禁各驛站於額役夫役外派民協助時吳三桂駐雲南總督駐貴
陽三桂蓄異志久僭侈踰法公持大體多所裁抑又以時訓練部兵申嚴紀律
思制其孽芽三桂頗憚公威名未卽發乃詭報土番康東入寇又陰嗾凱里諸
苗煽亂羽檄交馳以覘公措置公料康東無能爲凱里近在肘腋先督兵進勦
陣斬賊酋破其巢餘黨悉平旋以進勦康東師期移檄雲南而三桂果以康東
遠遁告公以滇疆遼闊疏請巡視因徧歷所屬疏言黔滇山路崎嶇且多瘴癘
凡官吏卒於任者請給勘合由驛歸其櫬下部議行十年秋以疾求罷 温旨
慰留尋丁母憂 命在任守制逆苗阿福倡亂遣兵擣其寨擒斬之再疏乞假
歸葬許之三桂請以總督印交雲南巡撫署理因假訓練爲名盡調督標兵赴
滇厚結之十二年十月公還貴陽任事標兵被煽誘莫聽調遣當是時朝廷方
允三桂撤藩之請三桂期以十一月二十四日起行陰結黨羽謀反先期三日
戕雲南巡撫朱國治分遣逆黨逼貴陽公聞變卽遣族弟文炯賫疏入告中有

云城存臣存城亡臣亡急牒提督李本深使領兵扼盤江上流拒賊適本深以書來覘公意中多遁辭公手書答之曰吾輩忠孝自矢建樹正在今日尚其同心協力手足相依萬一不濟惟有效張巡南霽雲以身殉國若稍二三其德遺馨遺臭千里毫釐也而本深與滇撫曹申吉已從賊公見諸將吏無一可與謀者度貴陽不能守惟鎮遠地勢險阻外可號召荊楚之兵內可抗扼黔滇之隘力遏兇鋒事猶可爲是日妾盛氏率婦女等七人自經死公即馳赴鎮遠至則守將江義已反戈相待公揮鞭渡河抵吉祥寺義以兵環之公下馬歎曰封疆之臣義死封疆過此則非黔地矣整衣冠望 闕再拜遂自刎死年四十有二子國城及筆帖式和善雅圖從死焉公殉節後鬚髯蝟張雙目猶視生氣懍懍士民見者皆隕涕遂共殮瘞於寺側後數年吳逆既平黔撫楊公雍建疏陳公政績及死事狀得 旨優恤并允直隸巡撫于公成龍請遣其長子宣化同知國均迎櫬至京至之日 上遣大臣迎奠盧溝橋贈兵部尚書 賜祭葬如禮 予諡忠果 詔立碑表其墓廕子國璧入監貴州士民請建專祠於貴陽

御書勁節二字額其祠雍正初　詔祀昭忠祠國璧官至雲南巡撫
朱公國治漢軍正黃旗人世居撫順　國初入包衣籍順治中由拔貢除知固安縣以政最再遷霸昌道入爲大理卿擢江甯巡撫亡何以憂歸服闋起雲南巡撫康熙十二年爲三桂所執罵賊不屈死事聞贈戶部侍郎　優詔議卹
命由驛歸櫬尋　賜祭葬雍正七年入祀昭忠祠卹其子孫令出包衣籍同時死難者爲雲南按察使李公興元字若始直隸遵化人也以康熙十年涖雲南方正執法嚴抑藩兵毋許違禁取利及準折民閼子女部民德之吳逆之變脅授僞職不從杖之下獄尋安置蒙化府拘禁六年終不屈與雲南知府高顯辰同知劉崑先後遇害子廕秀奇秀從死卹贈太常卿廕一子入監讀書

傅忠毅公事略

公姓傅氏諱宏烈字仲謀號竹君江西進賢人父應期明季令廣西鼎革後阻寇不能歸公少負大略　王師定兩廣以人材應募順治十四年總督王國光薦授韶州同知康熙二年遷慶陽知府七年疏陳平西王吳三桂陰謀不軌狀

請早爲之所部議坐公離閼王大臣逮繫論斬　聖祖特旨減辟戍梧州十

二年冬三桂反廣西將軍孫延齡提督馬雄叛應之遣提督郭懋禕捕公甚急

公投水求死懋禕出之送延齡所公以忠孝說延齡且言三桂必敗毋與其禍

延齡有悔心其妻孔四貞定南王有德女也亦與公言感　太皇太后恩不

願從賊時吳逆僞黨四布延齡令公往南甯聯合交趾接應大兵圖反正公因

陽附三桂受僞將軍職得出入賊黨中且密約平南王尚可喜共圖恢復十六

年春遣人至贛州致書鎭南將軍舒恕言孔四貞不忘　國恩孫延齡可招撫

狀先是廣西巡撫馬公雄鎭爲延齡所害　朝命麻爾吉督辦廣西軍務公復

致書麻公言大兵若速進南安宏烈從韶州策應則兩粵可計日定舒公麻公

先後陳奏得　旨傅宏烈圖報國恩忠誠懋著可卽授廣西巡撫會將軍莽依

圖復南安進克南雄抵韶州公迎見拜巡撫之　命疏言逆賊吳三桂蓄謀不

軌臣首發其奸廷臣惟恐激變凡供詞涉三桂一字不錄臣憤激願死自引罪

蒙　特恩免死安置梧州嗣三桂反廣西布政使李迎春等背勸臣從臣憤不

欲生自投江水誓為厲鬼殺賊漂流十里遇救不死因思不入虎穴焉得虎子乃投身賊地從中反間又假他事赴南甯入思州泗城廣南富川諸土司及交趾界聯絡義勇助平南王尚可喜軍可喜病篤猶執手相勖令速復肇慶遂與其子之信合謀討賊擊敗偽將軍楊鎮邦偽總兵古元隆等乃得由龍南達贛州歸命 朝廷以展夙志三桂自聞肇慶規復百計欲殺臣而終不得遂計者隨臣義勇五千人實賴其力請留為援勦營量給糧餉馬匹並請 勅尚之信遣兵合勦得 旨覽奏詞意忠懇可加授撫蠻滅寇將軍廣西巡撫如故尚之信速遣所屬官兵與傅宏烈同定廣西並 命總督金光祖給銀十萬兩俟秋涼再發馬匹尋 命戶部加撥銀十萬解赴軍前公率兵敗賊於韶州擒斬偽總兵王雲龍等遂進征廣西擊走偽將軍趙天元復梧州分遣總兵曾大熾等攻克昭平賀縣又招降鬱林州博白北流陸川興業等縣賊衆會逆黨復犯梧州公遣總兵楊國泰等水陸夾擊陣斬偽總兵張元乘勝復潯州尋遣知府劉曉賚疏縷陳進勦機宜 諭獎公謀略優長忠貞夙篤恢復梧潯等處屢奏膚

功覽所奏進勦機宜矢志滅賊深堪嘉尚可加太子太保所屬將吏同心報國其各加敘一級初馬雄之叛也公家屬百餘人盡陷賊中叛逆李迎春執送吳三桂與總兵楊國泰及諸將士家屬並遇害至是公疏聞　諭獎其爲國忘家下所司優恤時馬雄方踞柳州三桂逆黨分踞平樂南甯橫州勢張甚公欲借尚之信兵力共取平樂乘孫延齡已謀歸順赴桂林駐守請　勅之信遣兵繼進之信以防守廣東爲辭公向借大礮及營馬皆不應三桂知延齡不附已遣其從孫世琮及賊將馬寶等掠桂林紿延齡出城殺之旋陷平樂伺公方赴南甯招撫土司遂襲梧州公移師擊斬賊乃遁十七年與將軍莽依圖進圍平樂賊水陸抗拒我兵失利退保中山鎮莽奏公所部先卻江水泛漲孤軍難久留公奏莽公所部不相應援仍自請議罪　上諭王大臣曰傅宏烈所領官兵從未支領奉餉奮勇收復諸路嗣以規取黔滇請發大軍並進因令莽依圖協力進取不意莽依圖抵平樂藉口綠旗兵失陷退至賀縣又稱糧乏退保梧州致傅宏烈所復城池盡棄與賊其嚴飭痛改前非以圖後効公尋奏戰守事宜

諭曰覽所奏安人心固內地勦賊之策悉備其勉爲之尋疏報勦賊容縣之西山大捷復北流縣五月疏報偕都統貝勒等率兵自北流陸川博白進勦斬僞總兵梁子玉等復鬱林州及興業陸博白等縣又疏報招降僞總兵何與及所部萬餘人均下部議敘六月賊兵數萬渡左江我兵與戰失利退守藤縣十月賊併力來犯藤縣失守遂逼梧州十八年五月吳世琮犯梧州公分布水陸官兵奮力夾擊殲賊二千有奇世琮棄營遁遂遣總兵譚昇等復藤縣進定平樂桂林並招諭僞總兵王定邦等五人各率所部降時賊將范齊韓等尙踞粵西公遣游擊鄧林材會合馬承廕兵進勦遂復柳城融縣馬承廕者故提督雄子也雄叛降三桂踞柳州病死承廕領父衆封僞懷甯公見公擊敗吳世琮乃請降公以所部驕悍奏請仍以承廕統轄　招授承廕伯爵給昭義將軍印是年冬公疏辭巡撫任願統兵進勦黔滇疏言進征雲貴多山險騎兵未可專恃必用綠旗前驅而進兵之路廣西爲要湖南次之今兩廣綠旗肯爲　朝廷捨命殺賊者惟臣標兵逆賊未滅臣不敢偷安見遣參將温紹賢等選精兵三千

五百從小路進取貴州之黎平湖南之靖州斷賊楓木嶺餉道又調馬承廕兵
四千駐慶遠以分賊勢臣俟　命下即率兵進發會合湖南兵努力前驅　詔
如所請行十九年二月公至柳州疏言柳州兵不下三萬逆賊百端煽誘人心
不一近以乏餉鼓譟臣欲擒誅首惡恐激變是以暫示姑容此軍積成驕悍必
俟賊平後陸續解散見在馬承廕所部乞　敕盡給糧餉先收七千人心鼓勵
從征庶不爲內地變患疏上未及報聞而承廕請公往申號令衆謂承廕反覆
不可信公曰人已降奈何疑之率數十騎往諸將慮有變率兵尾行公不知也
承廕見兵踵至疑執己遂激衆再叛執公送貴陽時三桂已死其孫世璠僭號
居貴陽也世璠夙重公威名誘以僞職公罵曰爾祖未反時吾即劾奏知爾家
必作賊恨不早滅爾家肯從賊耶旋復百計說之罵益厲遂遇害十一月將軍
穆占攻復貴陽收骸骨以聞　上曰傅宏烈宣力廣西陷賊不屈徇難捐軀
忠節可憫下所司優䘏令由驛歸櫬贈太子太師兵部尚書　賜祭葬　予諡
忠毅廕二子七品官公前後請留中密疏如預陳尙之信反狀及安置投誠官

兵籌畫勦撫鎮守機宜皆中肯綮歿後奉 聖祖特旨盡出其前後密奏宣布中外昭示忠悃焉其論劾尚之信也言之信歸正後怙惡不悛在廣東賣官虐民抄家充餉重斂橫征時而疏請出兵湖南時而疏請平定廣西及 命下則一兵不發目中竟不知有 君命臣前此隱忍調停欲導其爲 朝廷出力既而知其反覆變詐故厚集兵力以爲東西夾兩之防今三桂已死餘孼蕩平在卽之信必無能爲請於肇慶設滿洲將軍或易滿洲總督帶旗兵駐守彈壓削之信藩封遣散所屬設水師提督以分其權庶兩廣得以久安其論安置降軍也言臣甫至桂林孫延齡舊部請糧請餉呼告盈門野性難馴養之必無益然又未可猝散宜仍立藩旗照額支餉以滿洲將軍駐省署理藩旗俟賊平後撤回京師致投誠賊將各帶兵馬若不用則必生心且無以勸來者用之則名器太濫不成體制宜各照僞銜給劄令僞將軍赴部補用其總兵副參游及文職等官或願赴部或願在督撫將軍軍前補用者聽庶各僞官可以解散其論鎮守事宜也謂長治久安之策凡衝要地均宜照江南陝西例設滿洲將軍駐

防以制反側文臣事權不宜太輕藩臣兵權不宜太重趁此軍威大振之日宜善爲布置密爲解散以固億萬年不拔之基奏入　上並韙其言以密疏示議政王大臣後皆如公策當康熙初三藩分鎮勢傾朝野吳逆尤鴟張擁兵數十萬分十鎮運七布政使司錢糧協濟之將吏遷除號曰西選　詔吏兵二部不得掣肘在廷皆知其有異謀然無敢明言者公以一知府抗疏發其奸濵九死不悔斯已奇矣及三桂反黔滇川楚閩粵並爲賊有江浙陝西湖北亦被兵失陷郡縣察哈爾布爾尼復反於漠北山西駐防蒙古兵叛應之其安靖者京師及山東河南而已當是時天下震動藩王如尚之信耿精忠將軍如孫延齡總督如鄭蛟麟金光祖巡撫如劉秉政羅森曹申吉提督如王輔臣李本深馬雄線國安嚴自明等並從賊此外若吳之茂譚洪楊來嘉祖澤清劉進忠祖宏勳阿爾泰郭義張星耀苗之秀佟國卿等並降於賊巡撫盧震華善等則棄城走督撫死節者范公承謨甘公文焜馬公雄鎮朱公國治數人耳然殉難而未能擊賊也總督如蔡公毓榮李公之芳能擊賊矣又皆與　王師並進禁旅之

功爲多獨公以戍卒倡義以賊攻賊未費公家斗粟寸刃恢復桂林梧潯地千餘里厥功尤爲奇偉亂之初生闔門死難至百四十餘人功在垂成誤被賊紿大罵不屈以死公可謂義烈奇男子也矣二十一年　勅建雙忠祠於廣西以公與馬公雄鎭並祀從巡撫郝浴請也雍正中　詔入祀昭忠祠子明垣由廕生官知州

馬文毅公事略子世濟等

馬公雄鎭字錫蕃號坦公漢軍鑲紅旗人世居遼陽祖與進官訓導明天啓辛酉遼有兵禍訓導公率鄉民捍城甚力妻趙氏聞訛言城破遽驅女孫入井領家人四十餘口同日死父鳴佩字潤甫從龍入關順治元年由部郎出爲汾潞道數立戰功流賊一隻虎犯岢嵐州設伏擒之尋逸去授計郡將馳騎縛歸羣盜駭散超擢戶部侍郎　王師征江南督餉不乏總督宣大開屯地二千六百餘頃加兵部尚書任兩江總督拔梁化鳳於偏裨中薦其有大將才使破賊於崇明使南贑兵敗僞伯陳其倫於瑞金威名既著招降海寇甚衆以疾乞休甍

子一郎公也順治十三年由任子授工部副理事官累遷左僉都御史國史院學士康熙八年授山西巡撫未之任改廣西巡撫時左江奸民楊其清等妖言煽衆謀不軌右江妖僧假明宗室爲亂羣盜莫扶化等結峝蠻掠梧平二郡公悉討平之疏請定邊俸陞遷之例除兵糧運費去採買之累皆得旨允行十二年吳三桂反雲南明年二月廣西將軍孫延齡叛應之殺都統王永年孟一茂等圍巡撫署以僞命遺公衣冠脅降時巡撫無標兵公督家丁拒戰移檄梧州趣提督馬雄赴援雄不至公朝服自經爲家人救免乃以蠟丸馳疏遣僕賀徵遁入京告變尋遣承差楊啓祥引長子世濟遁又託幕客李子燮朱昉挾次子世永孫國楨遁先後由間道歸京師且疏言人心不甘從逆若大軍速至恢復廣西則三桂腹背受敵矣延齡瞰知之縶公及家屬四十餘人於土室公絕粒數日不死拔刀自刎守卒奪刀落卒四指又不得死遂闔室被幽歷四載三桂遣使招之公麾其使誓不屈先是慶陽知府傅公宏烈以豫發三桂逆謀坐誣謫戍梧州至是勸延齡反正延齡猶豫不決十六年十月三桂遣從孫世琮

收兩粤斬延齡擁公至賊壘百計誘降且肆威筵示禮敬公大罵曰吾奉　命
巡撫廣西義守封疆恨不能寸斬汝以報國今討賊不遂死吾分也賊不能堪
十月十二日押公至烏金埔戕公幼子世洪世泰以懼之公罵益厲且曰吳三
桂能舍其父我獨不能舍其子耶手奪兩兒頭擊賊遂被害時年四十有四從
者馬雲皋唐進寶諸應兆等九人見公死交口躍罵賊駢戮之咸引頸受刃時
眷屬尚羈土室聞變世濟妻董氏先就縊繩絕仆地觸首面俱碎復投繯死公
妾顧氏劉氏女二人世濟妾苗氏以次縊夫人李氏坐觀之使各就衾殮然後
北向再拜自縊時年三十有九僕婢十有八人皆殉焉守卒感其義私記各尸
焚瘞廣福寺後公尸暴露四十餘日賊將趙天元過之見公展兩臂枕兩兒尸
下馬再拜亦殮葬寺側傅公宏烈時為撫蠻滅寇將軍駐梧州幕客孫成陳文
煥乘閒脫走由平樂達蒼梧具公死事狀丐傅公入告並以公所著笏擊樓遺
稿及彙草辨疑歸之世濟傅公疏聞　聖祖嘉公忠烈下所司議卹　贈太
子太保兵部尚書　賜祭葬謚文毅李氏董氏各　予誥贈公之在土室也家

屬以飢寒死者凡十九人公若弗聞也者日以賦詩臨池自遣姬顧氏本吳中女士精小學說文公撰彙草辨疑十二卷姬皆手爲旁訓其遺世濟行也全州人易友亮實導之出及世永國楨之行年俱幼賊伺之甚密友亮復與州人唐守道唐正發謀穴垣出之初公　陛辭　上解御衣以賜及聞延齡被殺度必死乃以衣授友亮使先遁懼污　君賜也世濟至粤西友亮獻衣述遺命世濟歸奏　上仍以衣賜世濟授世濟大理少卿友亮守道正發及楊啓祥授游擊守備孫成陳文煥授同知知縣有差十八年世濟請赴廣西收父母骸骨　命馳驛往明年喪至京師　上遣大臣奠醊並賜　御書碑文立墓道又允巡撫郝浴請建雙忠祠於桂林祀公及傅公宏烈二十一年正月宴羣臣於　乾清宮以世濟爲殉難撫臣子　特命至　御座前　賜酒世濟時官光祿卿累遷吏部侍郎貴州巡撫漕運總督世永官至鹽運使國楨官江南常鎮道　雍正中　詔祀公昭忠祠乾隆十六年　上念公爲國効忠　特予雲騎尉世襲罔替

陳忠毅公事略 葉忠節公映榴

陳公丹赤字獻之號真亭福建侯官人順治十七年由舉人授重慶推官歷權重慶夔州二府有能名康熙元年舉卓異遷刑部主事再晉郎中時有冤獄宜末減者公與同官議不協主者以兩議上 上卒從公議十二年授浙江溫處道寬海禁民慶更生旋權按察使事十三年四月入 覲還至東昌聞逆藩耿精忠叛瞿然曰溫州與閩接壤爲浙東門戶脫有失如封疆何乃舍舟登陸兼程至維陽乘舴艋三晝夜至杭州入白大吏馳還治所繕城堡練丁壯爲固守計人心以安五月平陽逆弁司定猷倡亂執總兵蔡朝佐攻瑞安海寇乘閒肆掠鄉民爭入城總兵祖宏勳欲禁之公曰城所以衛民也有民不衛安用城命納之日馳牒乞援已而賊大至攻南門甚急公擐甲登陴用礮矢殺賊無算會宏勳有異志擁兵坐視與公城守者惟麾下及鄉丁各數百人而已越二日援師至營於江岸公趣使濟師宏勳恐六月初一日集在城文武官至大官亭要公計事左右或沮之公不顧策馬竟去至則慷慨陳說大義聞者皆感動一

時將弁有自懷中出帛書者耿逆招宏勳獻城檄也公大聲曰吾輩受國厚恩誓死不貳此物奚宜至哉宏勳執公手好言慰之曰彼衆我寡獨不爲閩城生靈計乎且公閩人也骨肉墳墓皆在閩宜熟思公神色愈峻麾宏勳手曰吾知以死報國耳不知其他起裂之宏勳目千總高魁持斧擁公出公駡曰逆賊汝殺我 朝廷必寸磔汝魁以斧斷公右臂遂遇害永嘉知縣馬琾抗聲曰擅殺道臣竟反矣亦被戕役林義者聞變馳而上持栔大呼擊傷數人力竭死十六年浙撫上其事 詔下所司議卹尋議贈光祿少卿 上少之語大臣曰漢官盡節惟陳丹赤一人宜優卹議贈光祿卿仍 命再議乃議贈通政使廕子一夔入監讀書 賜祭葬三十三年 特賜諡曰忠毅逾年 敕建雙忠祠於温州祀公及馬琾等三十八年 聖祖南巡 駐蹕杭州一夔時爲湖州守迎 駕 諭曰爾父爲國殉難朕至今憫之 賜御書名垂青史額一夔守湖州有善政人方之陳幼學以詿誤免官 特旨改甯波守會湖郡饑大吏以一夔舊得民心遣督賑百姓遮道譁曰還我太守事聞 詔從之尋擢參政卒喪

歸湖人士奔號泣奠數百里外立祠祀之方耿逆之初變也浙督李文襄屢使人詗閩虛實皆不返以忠毅閩人遂屬遣家僕羅世安往公殉節後世安歸於軍前悉以其實告文襄得所向有功後十四年上海葉忠節公有殉難湖北之事

葉公映榴字炳霞號蒼巖江蘇上海人順治十八年進士選庶吉士以江南奏銷案詿誤降補國子博士遷戶部主事康熙十一年充陝西副考官晉郎中十七年擢陝西提學僉事以公明登薦牘二十四年授湖廣糧儲道二十七年五月督標裁兵夏逢龍作亂巡撫柯永昇禦賊被創自縊按察使丁煒棄家奔安慶時公署布政使賊迫受僞職公紿以無殺掠百姓三日後當如所言乃令其妻奉母自水竇出避難以司道等五印付其僕葉華林令付所向衙門呈繳遂繕遺疏朝服望闕謝恩訖升公座罵賊拔佩刀自刎疏略曰臣一介迂儒幸中進士叨受　皇上高厚深恩洊擢今職嘗以潔己奉公自矢但愧才具庸劣未効寸長茲值裁兵夏逢龍倡亂劫奪撫臣　勅令幷分兵圍臣衙門露刃逼

膂臣幼讀詩書粗知節義雖斧鑕在前豈肯喪恥偷生彼時即欲率同妻女闔
門殉節第念臣母七十有六在臣任所臣長子葉專遠在原籍其餘二子尚未
成童煢煢孤弱死將安歸因遣妻女奉母潛逃臣如微服匿影或可倖免以圖
後効伏念臣守土之官也城存與存城亡與亡義所應爾今勉盡一死以報
國恩所恨事起倉猝既不能先事綢繆默銷反側復不能臨時捍禦獨守孤城
上孤三十載之　皇恩下棄七旬餘之老母　君親兩負死有餘慚雖么麽
小醜指日掃滅不能忍死須臾以覩蕩平也　上覽疏畢　諭曰城存與存
城亡與亡人臣之義也朕覽葉映榴遺奏五內傷悼王大臣等其共聽之因
命展讀奏疏聞者皆感泣遂　諭吏禮二部曰葉映榴捐生殉難遺疏情詞慘
烈朕心惻然不忍披覽其從優賜䘏以表忠貞部議贈通政使廕一子入監讀
書蓋援陳忠毅公例也　特旨贈工部侍郎　賜祭葬如典禮次年二月
聖祖南巡葉專迎　駕謝　恩　特命予諡以彰異數　御書忠節二字　賜
之四十二年湖北巡撫年遐齡請建專祠於武昌　賜御書丹心炳冊額學政

胡潤請許公後裔建祠本籍有司春秋致祭從之雍正二年入祀昭忠祠子專
官廣州知府公所著曰葉忠節集

莽襄壯公事略

公諱莽依圖姓兆佳氏滿洲鑲白旗人父武達禪崇德三年隨睿忠親王伐明
攻直隸任邱山東濟陽並先登　賜號巴圖魯予騎都尉加一雲騎尉順治七
年冬公襲職兩遇　恩詔晉輕車都尉十五年隨征南將軍卓卜特征明桂王
至貴州明年自都勻進師盤江僞晉王李定國據雙河口悉衆爲三十營列象
陣拒戰公率步兵衝擊破之隨大軍定雲南康熙二年隨靖西將軍穆哩瑪征
湖南流賊李來亨等賊據茅麓山列寨拒守公冒矢石進攻毀寨二賊大敗來
亨自經死凱旋授協領十三年吳三桂陷湖南公隨征南將軍尼雅翰率師進
勦岳州用紅夷礮擊沈賊舟敗賊七里橋多斬馘十四年三桂遣賊將董重民
結廣西叛鎮馬雄犯廣東平南王尚可喜上疏請兵　詔尼雅翰率師至廣東
公時署副都統駐守肇慶十五年可喜子之信叛降三桂受僞爵三桂遣將范

齊韓等逼肇慶總督金光祖降賊公率步兵突圍出且戰且走還駐江西僞將軍黃士標等糾衆犯信豐公率兵往援與城內兵奮勇夾擊大破之賊遁走入山復追敗之圍遂解十六年授江甯副都統時廣東尚爲賊將董重民所踞

上命公爲鎭南將軍率師恢復以副都統額赫訥穆成額參贊軍務四月自南康至南安僞將軍嚴自明以城降遂偕額赫訥等進征南雄僞將軍宋思政等迎降尚之信亦擒重民率藩屬歸順公進韶州疏言南安南雄韶州所屬文武官弁昔雖迫於賊勢致污僞職今既望風款附請令暫留原任綏撫殘黎以安反仄

上特允所請且嘉其進兵迅速尋

命侍讀學士顧八代赴軍前傳

諭擇便而行時賊將胡國柱馬寶糾賊衆萬餘犯韶州公擊卻之九月賊復據河西斷我水運餉道列營蓮花山以瞰城中會將軍額楚率江甯兵至與城內軍夾攻破其四營斬獲甚衆賊敗竄帽峯山我軍乘夜追擊大敗之河西賊亦遁水運遂通十月追擊至樂昌賊據風門澳拒守我軍三路仰攻別令猺兵由間道奮擊擒斬二千有奇乃撫定仁化仍回駐韶州疏言將軍傅宏烈以

五千兵獨當西路恐力不支已遣額赫訥赴梧州協勦　諭奬其智勇兼優應
機適變十七年春三桂遣其孫世琮陷桂林馬寶亦由宜章陷平樂　上命
公赴廣西與傅公會師勦賊二月疏言臣抵平樂圍其城賊水陸抗拒宏烈所
率綠旗兵與戰不勝臣孤軍難久留因退駐中山鎮宏烈亦以公所率滿洲兵
不相應援入奏　上念擊賊失利因江水泛漲故並免其罪　諭令和衷協
濟公尋以賊逼賀縣回梧州乞罷將軍任　上切責之仍留任圖功贖罪明
年二月吳世琮犯梧州公同傅公率師拒戰賊大敗棄營遁先是僞將軍馬承
廕以南甯降至是賊由梧州敗竄糾衆犯南甯六月城中食盡旦夕且陷公方
臥病聞之督師倍道進賊悉銳聚新村列鹿角西山拒戰額赫訥等引前鋒軍
擊之賊稍卻公與將軍舒恕麾大軍進而預遣左翼兵潛出山後截賊歸路盡
殪之世琮負重創以數十騎越山遁南甯圍解　上以廣西底定　命進取
雲貴九月公以馬承廕雖降心懷叵測恐爲肘腋患上言湖南大兵在武岡禦
賊臣等一軍先向雲南恐諸路軍不相應援且廣西新定若無兵駐守恐有他

虜請暫駐南甯相機進勦　上命簡親王喇布鎮桂林公偕都統希福兵至

取道恢復疆土十九年授護軍統領五月馬承廕叛於柳州公帥師進勦次來

賓承廕驅象陣迎戰我軍以勁弩射之象回奔賊陣亂麾軍奮擊賊大敗棄甲

狂奔公自率輕騎追擊獲象三斬馘無算會簡親王遣將分路勦賊皆大捷承

廕復降柳州平八月公薨於軍年四十有七二十二年議政王大臣等追論公

征廣西時自平樂失機退梧州應籍家產之半奪　恩詔所得騎都尉　上

曰莽依圖在行閒甚著勞績且屬下兵民俱稱其善凡所過地方亦不擾害百

姓可免籍家產奪恩詔所加世職其原襲之騎都尉加一雲騎尉以其弟博和

哩襲五十九年入祀廣西名宦祠雍正十年　詔入祀京師賢良祠乾隆元年

追諡襄壯

佛恭靖公事略　子忠勇公額稜特

公諱佛尼勒姓科奇哩氏滿洲鑲紅旗人世居瓦爾喀父索勒和諾少孤其兄

瑚里納撫之成立瑚里納爲仇所害索勒和諾手刃其仇祭兄墓崇德三年來

歸任驍騎校七年隨饒餘貝勒阿巴泰攻明河閒府首緣雲梯登城戰歿予世職騎都尉公襲職順治五年授佐領時流賊李自成餘黨竄踞陝西湖北錯壤山峪公隨大軍征勦擢協領晉輕車都尉康熙八年擢西安副都統十三年春

命同西安將軍瓦爾喀由四川進討逆藩吳三桂師行至棧道聞四川郡邑皆附賊叛鎮譚洪據陽平關公同瓦爾喀及前鋒統領穆占等率兵自野狐嶺進征斬賊三千餘賊棄關遁繼敗賊將吳存禮於朝天關追至沙河驛僞總兵彭時亨以舟師逆戰擊敗之奪其戰艦四遂進征保甯叛鎮吳之茂糾賊抗拒我軍鑿壕塹與相持尋以糧艘爲賊所劫饟不繼移師還駐漢中賊中途邀阻公同與安總兵王懷忠擊走之又敗賊於槐樹驛小鄖嶺十二月提督王輔臣叛於甯羌據平涼秦州十四年公擢西安將軍加振武將軍銜隨貝勒洞鄂進征賊將高鼎聚賊四千於關山河岸立寨拒守公同穆占等整軍接戰自巳至午斬獲甚衆遂大破賊寨乘勢追擊復敗賊於渭河橋進薄秦州賊伺我師壁壘未定猝從城內衝出冀掩我不備公率軍遮擊賊不能犯旋攻克東西二關

有夜犯正黃旗者奮擊殲之賊以衆數千掠仙遊關公分兵赴援賊聞我軍至
卽踰山遁公追躡之搜勦略盡因令參領嵩祝留守仙遊關而自率兵趨隴州
賊縱火山澤閒公曰賊謀欲燒絕我軍進路耳若不增兵策應則軍食難以輓
運因駐兵隴州防賊黨窺伺時大兵攻秦州數月不下賊在四川平涼者挾衆
萬餘來援城中賊出應者亦八千餘公還自隴州與大兵合擊擒斬僞總兵李
國棟胡茂白光永王元等殪賊三千餘遂復秦州下禮縣西河淸水伏羌諸邑
上命公領兵開棧道援將軍錫卜臣於漢中賊於長甯驛滴水崖及插屏
嶺屢抗我師擊之皆潰竄招撫陷賊村寨居民三千餘人十五年二月吳之茂
糾賊萬餘犯秦州公同提督王進寶督兵禦戰斬級二千餘生擒僞總兵徐大
仁獲輜重器械無算三月偵賊由禮縣運糧因遣兵邀擊於鹽關及羅家堡牡
丹園擒斬護糧賊衆獲馬贏盡焚其糧尋擊敗僞總兵李國良等於淸水縣復
靜甯州六月復擊敗吳之茂於牡丹園進勦至西河北山之茂僅以十餘騎遁
十六年追論前此自保甯退歸漢中諸將罪降世職爲騎都尉削振武將軍銜

仍署西安將軍事十七年同副都統吳丹等連敗賊衆於牛頭山香泉等處引
兵駐守寶雞防棧道諸險要賊窺棧道之益門鎮擊卻之十八年隨撫遠大將
軍圖海進征與安偵賊在梁河關公領隊先驅至火神崖擊走僞總兵王遇隆
遂渡乾玉河拔梁河關復與安城尋會王進寶軍於保甯十九年同總兵王朝
海招降潼川府城及鹽亭中江射洪諸縣又敗賊於豹子山諸處賊渡江遁遂
復瀘州冬逆賊吳世璠使胡國柱等糾賊踞敘州陷永甯　詔授公建威將軍
調遣永甯兵一路勦賊二十年春賊衆二萬餘犯寶壩大溪口諸處公率兵進
擊敗之賊將宋國輔詰軍門獻永甯府降國柱亦棄敘州遁公奉　命駐守敘
州八月　命統西安滿兵征四川者還鎮漢中二十一年九月薨於位雍正十
年入祀賢良祠乾隆元年追謚恭靖第三子托琉襲世職官至黑龍江將軍
次子額稜特當公卒時　特旨留西安補用二十三年補佐領三十年厄魯特
巴圖爾額爾克濟農劫掠喀爾喀扎薩克丹津部衆　上遣將軍尼雅翰率
師往宣　詔旨令還所掠人畜率部衆徙居察哈爾地巴圖爾額爾克濟農不

從以其衆奔竄額稜特隨大軍追之不及擒獲蒙古二人復隨將軍郎坦出嘉峪關追獲蒙古七人三十五年　上親征噶爾丹額稜特隨大將軍費揚古由西路進大敗賊衆於昭莫多予雲騎尉世職擢協領四十二年　駕幸西安閱武設宴　特召額稜特近　御座前　親賜之酒尋遷副都統四十九年授湖廣提督　上復念其奉職清貧　詔總督巡撫等量爲資助五十二年擢湖廣總督宣布德威紅苗歸化　上諭閣臣曰額稜特殷泰皆朕特用之人也初用時人不知其善後乃稱朕有知人之明時江蘇巡撫張伯行亦以廉潔著　諭廷臣曰天下督撫惟額稜特張伯行操守最優耳旋奉　命與戶部郎中幹琿泰履勘湖南諸州縣廢壤共四萬六千餘頃疏請聽民墾闢俟六年後科以下則下部議行五十四年山西太原知府趙鳳詔貪墨不職公奉　詔往勘得實疏言枉法受贓例應繯首鳳詔爲左都御史趙申喬之子受恩深重法應加等擬監候斬九卿擬改立決鳳詔遂伏誅時厄魯特策妄阿拉布坦率賊衆犯哈密　上遣尚書富甯安等調兵進勦擊敗賊衆策妄阿拉布坦遁

走於是領兵大臣等定議先取烏梁海土魯番諸部而後進征厄魯特五十五年　命署西安將軍事同總督鄂海協理軍餉十月策妄阿拉布坦驅賊衆過沙拉執青海臺吉羅卜藏丹濟布而遠遁　上慮賊酋由噶斯口復犯青海乃　詔公統重兵移駐西甯爲青海諸部應援五十六年奉　諭往巴里坤與將軍富甯安會議集擊準噶爾邊界及留後接應事宜十月策妄阿拉布坦令宰桑領賊衆由阿哩克路潛去公奉　敕回駐西甯　上遣侍衛諾爾布等至青海令諸臺吉協力勦禦且　諭曰將軍額稜特方略過人其同心會議既而青海親王羅卜藏丹津疏言策妄阿拉布坦遣其屬策凌敦多布往掠西藏欲滅拉藏汗公奉　旨與內大臣策妄諾爾布統兵駐守青海防歸途摽掠

上復敕西甯松潘各路備兵爲拉藏救援　詔額稜特青海王臺吉等會議屯軍形勝之地公疏言西甯抵藏之路有三惟庫庫賽爾嶺及拜都嶺二路較珠爾肯一路寬廣易行請與侍衛色稜分道進勦若賊衆一路拒敵則我師別有間道可以直入藏地攻其後若賊分路拒我其勢既分亦無難於翦滅

上命與諸將定議以行五十七年夏偵知賊衆戕殺拉藏汗於布喇城執汗子蘇爾哨而踞其地西藏人來歸者公妥爲安撫六月與侍衛色稜分路進師親帥大軍自穆魯斯烏蘇啓行至圖勒哈以皮船濟因取道庫庫賽爾嶺七月抵齊諾郭勒賊乘夜侵我軍壘遣將擊敗之次日賊復從東路來犯公親率弁兵緣山接戰自寅至巳賊潰遁追擊十餘里多所斬獲得旨優敘未幾賊首托布齊等以衆數千潛由喀喇烏蘇來拒我師公率所部疾趨欲先渡河扼狼拉嶺之險以禦賊比至喀喇烏蘇侍衛色稜等亦以兵來會併力進擊屢敗賊衆賊復聚衆數萬環集來攻公領兵奮擊身被重創戰益力與賊相持月餘至九月自知衆寡不敵仍厲兵進戰射殪賊衆無算矢盡持刀奮呼斫賊賊益兵圍之公中傷猶力戰遂歿於陣五十八年櫬還京　命親王及貝子公等迎至城外復　遣內大臣侍衛至其家奠茶酒雍正元年　特予三等輕車都尉　賜祭葬如典禮諡忠勇入祀昭忠祠子愛山襲職

楊清端公事略 子文乾

楊公宗仁字天爵漢軍正白旗人父朝正語在循良傳康熙三十五年公由監生授慈利知縣調藍山巡撫趙申喬疏薦卓異累遷階州知州蘭州同知總督殷泰巡撫鄂奇復疏薦五十年夏遷臨洮知府五十二年巡撫岳拜薦公老成練達有守有才擢西甯道累遷浙江廣西按察使署廣西巡撫五十七年擢廣東巡撫　上以直省錢糧虧空多令各督撫立法清理公疏請令督撫司道府廳交相砥礪無論正雜錢糧知府不時盤查庫銀隨征隨解米穀實貯在倉若州縣自行挪用知府豈肯代爲彌縫甘蹈分賠之咎州縣既無由挪移掩飾即虧缺諒必無多補足亦易若地方有不得已之公務難責諸州縣獨賠又難使倉庫虧缺應以督撫等公項銀抵補如不敷仍設法公捐總不使庫帑有虛懸之弊下部議行六十一年十一月　世宗御極授湖廣總督雍正元年丁母憂　命在任守制公疏請停給　恩詔應得封廕爲父母求　諭祭得　旨俞允仍給封廕尋　賜孔雀翎四月疏言湖廣素稱俗薄民刁兵驕吏玩細究其故皆由文武各官向所屬官弁索取陋規節禮州縣必致私派橫征武弁必

致虛兵冒餉兵民挾此逞奸員弁遂不敢過問臣今概行禁革庶兵民不得藉
詞逞私驕悍之習可杜又言兩湖鹽價逐漸增長窮民怨嗟揆厥所由各官多
貪鹽規漸次加至四萬從前一錢一包之鹽今則昂至一錢五六分不等臣今
盡革鹽規令商人減價出售以惠窮民地方漸有起色　手詔曰覽所奏朕深
嘉悅在他人猶聽其言而觀其行至於爾則信而不疑矣斯乃全楚地方否極
而泰之機也五月疏薦南海知縣宋瑋陞寶慶府左衞知縣范宗堯改補漢陽
縣得　旨姑允其請後勿踵行又疏言俸工一項乃朝廷祿養官役之恩豈可
任意飾捐以填貪壑湖廣州縣以上俸工報捐已經十有餘年致官役枵腹從
事焉能禁其需索閭閻今自雍正元年起凡官役應支俸工俱各照額編支領
俾均沾實惠從前凡有公事無一不令州縣分捐實皆派累百姓臣通盤核算
但令州縣於所得加一耗羨內節省二分解交藩司以充一切公事費此外絲
毫不許派捐至節禮陋規已概行禁革則州縣從前虧空亦易於補苴矣得
旨所言全是一無瑕疵勉之尋因病請以子榆林道文乾隨任終養　詔加文

乾按察使銜馳驛赴楚並遣御醫診視七月疏言湖北糧道掌全省漕運兵糈
一歲中計有半年公出舊設驛鹽道管驛遞應付勘合火牌及淮鹽到楚盤驗
察私督運額銷引目職守甚繁前督臣滿丕奏以驛鹽道歸併糧道似未妥協
請復設以專責成下部議行九月疏言襄陽府屬樊城鎮五方雜處商賈輻輳
奸宄易潛蹤請移襄陽同知駐樊城彈壓從之又言清盜源察窩賭窩逃法莫
善於力行保甲臣通飭所屬鱗次挨編聯絡守望并專委本管道員稽察如州
縣奉行不得法即令指示照式編次擇其善者予優奬　手敕報曰此論甚當
凡舉行一法必示以勸懲方期有效耳二年疏言社倉實係美政臣與各官加
意講求先擇地建倉然後勸捐穀本出納聽民自主不許官吏會計侵肥并立
奬掖尚義之典士民咸踴躍爭先江夏武昌蒲圻等二十州縣各建倉三五十
所不等共捐納穀本將三十萬石效驗已著臣又飭湖南如法施行得　旨社
倉先成創始之功殊可嘉尚三年　諭奬督撫中居官行己可風有位者加公
太子少傅七月薨於位年六十有五遺疏入得　旨楊宗仁敬慎持躬廉能供

職自簡任總督以來潔己奉公孤介端方始終一節忽聞溘逝朕追念良臣深爲悽惻難釋於懷應沛特恩以示優眷其加贈少保並給騎都尉世職仍祭例予卹　賜祭葬謚清端　御製像贊有廉潔如冰耿介如石之句八年　詔祀賢良祠公在湖廣久廉潔勤敏鹽商歲餽數萬金及諸饋遺概屏絕每春輕騎出郊勸農出私財充賞諄諄教以孝弟忠信瀕水隄防歲時巡行修築年獲屢豐鄰境偶有饑民入楚先賑以粥繼卽按名給米寒予衣歸給糧所全活無算馭屬吏嚴而不殘尤加意武備考校精核標兵按期親閱賞罰公而明士卒競奮疾革前數日猶閱兵不少怠士民立祠祀之仍入祀湖廣名宦

子文乾由監生効力永定河工康熙五十三年授曹州知州遷東昌知府旋擢榆林道雍正元年隨父任侍疾三年授河南布政使擢廣東巡撫　賜孔雀翎及冠帶鞍馬尋丁父憂　命在任守制十二月奏言臣自楚赴粵途中聞告休布政使朱絳倚總督孔毓珣姻親虧帑三萬餘兩交代未清卽嚴飭作速賠補

上諭此項挪用曾經孔毓珣奏明爾等宜以和爲主勿聽離間之言又奏

言盜案壅積已飭屬概爲速結　諭以秉公嚴催詳情度理爲之四年疏陳舉
保甲以弭盜風奉　旨嘉奬又疏劾將軍李枚囑令縱釋鼓衆搶穀之旗兵乞
上遣大臣來粵定讞　詔侍郎塞楞額等往訊得實枚等論如律又疏請
將廣東丁銀盡歸地糧以免無糧徵銀之累　上允之十二月疏言廣東地
狹人衆米不敷食宜預先積儲應酌量要地加貯穀石以便撥運疏下九卿議
以濱海地不宜收貯恐致浥爛惟惠潮瓊三府僻處海隅難於挽運可酌貯五
年乞假葬父　允之福建巡撫常賚疏劾文乾貪婪各劣蹟　上以所奏銀
數未晰著將楊文乾見小漁利之處據實入告常賚復將例外求索處具奏疏
入　上切責之八月　上以閩屬虧帑甚多　命文乾同浙江觀風整俗
使許容等往查文乾疏報委員署印盤查幷將各員離任調用以免挪新掩飾
得　旨勉力爲之旋報素產米穀之州縣現已買足餘請寬限陸續買足逾限
參究　上諭將通省人員於此次倉穀案內察其善者留之劣者去之幷勉
以秉公辦理十二月文乾查明福建倉庫官虧者勒追補完民欠者陸續催徵

無可著追及平糶存價採買不敷者令前任巡撫毛文銓償補詳悉入奏　詔
嘉其秉公辦理毫無瞻顧　命優敘又疏稱閩省八府一州知府同知通判州
縣共八十員前後參革改教休致五十餘員其倉庫無虧官聲尚好之縣令十
餘員已交錯調用不使回原任致滋弊端所出缺於先後命發人員內量才題
補惟是瀕海重地俗悍民刁新補各官皆係初任責其典守倉庫則有餘資其
治理繁劇則不足乞　皇上再將熟諳民事者發數員交督撫於緊要縣缺
補用得　旨此奏可嘉之至尋　諭各省督撫除川陝雲貴廣西外每省於歷
任年久知縣內擇謹慎敏練者一員一面具奏卽行咨送閩省交楊文乾等酌
補緊要縣缺六年疏劾廣東布政使官達用幕友招搖納賄及署巡撫阿克敦
勒索暹羅船戶規禮銀　詔革官職　命文乾同總督孔毓珣會訊未及訊以
疾卒得　旨楊文乾才識優長辦事勤敏自閩回粵五月間卽患畏風心煩之
症而急公心切不以病狀奏聞洵屬殫力封疆之臣應得　卹典所司察例具
奏其靈櫬起程日著省城官吏齊集奠送所過廣東地方文武官親往奠醊並

遣人護送其經過別省亦著地方官照料尋　賜祭葬如例子應琚由任子授員外郎出爲山西河東道乾隆十四年擢甘肅按察布政使就遷巡撫調山東署河督十九年署兩廣總督二十二年調閩浙加太子太保逾年調督陝甘辦理伊犁等處屯田稱　旨嗣因西陲辦理回務改甘肅總督駐肅州晉太子太師二十九年　詔裁甘肅巡撫令總督移駐蘭州拜東閣大學士留督陝甘如故三十一年以征莽匪故調雲貴總督尋爲提督李時升總兵朱崙所誤致僨事削籍逮問　賜自盡

國朝先正事略卷八

名臣

平江李元度次青纂

姚熙之尚書事略

姚公啓聖字熙之一字憂庵浙江會稽人生而倜儻以豪聞少客松江趙太守所午睡大軒僮僕竊窺之則雕虎也甫冠以諸生遊通州得權知州事杖土豪殺之尋棄官去遊蕭山遇健兒掠二女子行其父隨之哭牽持洶洶公怒奪佩刀殺二健兒縱翁與女子去亡命隸漢軍鑲紅旗　聖祖登極公以布衣上疏請八旗開科遂舉康熙二年鄉試第一知香山縣事歲比不登前令坐負課繫獄者七人公嘆曰明年增吾爲八矣乃張樂置酒出七人於獄痛飲之爲治裝遣歸而通牒大府曰七令名下應追金十七萬已於某月日收庫訖大吏疑公巨富代償帑行善不知公故寒士實未辦作何償也時澳門賊霍侶成猖獗督撫不能制公以計擒之論功當上賞督撫忌之反誣公通海將置之死公夜

見平南王尚可喜訴之可喜疏陳其枉督撫皆以是自殺而公亦削官時年五
十矣居亡何吳三桂反尚之信耿精忠應之而精忠且約鄭錦同反錦者成功
之子據臺灣者也臺灣自古不通中國明末鄭芝龍居之順治丙戌降於　朝
其子成功不從率所部據廈門金門二島己亥大舉窺江寧敗去始定臺灣為
巢穴壬寅成功死其將施琅黃梧等來降錦遁臺灣二島平及精忠反乞師於
鄭氏錦亟渡海而西精忠部將劉國軒等皆附錦遂取泉州及潮州次年取漳
州精忠大懼明年三桂令之信割惠州賂錦錦復取汀州勢大振當是時
天子命康親王傑書南征公以家財募兵率長子儀赴軍前效力先命其友吳
興祚說王王與語大悅命攻諸暨進擊紫狼山賊破之又敗賊於楓橋遂以公
權知諸暨縣又斬賊渠朱得福招撫數千人超擢溫處道僉事精忠以重兵踞
石塘阻我入閩之隘公偕諸將攻拔之奪楊梅岡乘勝取雲和縣又擒賊將曾
養性於溫州時精忠已為浙督李公之芳所困且震於鄭氏汀州之逼會大兵
已奪仙霞關公為前鋒乃遣使說之降精忠猶豫公單騎入其營說之精忠讋

公公劇飲健啖指畫伉爽精忠曰此李抱真之流也必不欺我遂降論功擢福建布政使精忠之降也諸將多畏罪歸錦錦乘虛盡取興化邵武而三桂驍將韓大任號小淮陰自吉安突圍出由贛入汀將與錦合公復單騎說之降劄其兵得死士三千養爲親卒汀州平十六年公復使大任說潮州守將劉進忠進忠亦降賊棄惠州走於是邵武興化漳泉皆復公曰二島未平未能高枕臥也十七年錦大舉入犯公以所部敗之於壁爐亡何嗣海澄公黃芳世都督伯穆黑林遇賊灣腰敗副都統胡克邀賊鎮北山又敗提督段應舉自祖山敗奔海澄劉國軒取平和遂乘勝圍海澄於是 天子震怒將逮督臣郎廷相 諭康親王求可代者王及將軍以下合辭薦公遂總督福建且 命節制諸軍急援海澄而以按察使吳公興祚爲巡撫助公會海澄以食盡陷失官兵三萬有奇國軒取漳平長泰同安及南安惠安安溪永春德化諸縣圍泉州號稱十萬公分兵救泉密疏陳方略 上降璽書褒勞且 諭閣臣曰閩督今得人賊且平矣公令平南將軍賴塔輕兵抄其饟道復漳平總兵林賢等敗賊水軍於

定海國軒乃解泉州圍併力攻漳州大會二十八鎮兵爲十九寨請與大軍決戰於龍虎蜈蚣二山閒時漳城兵止八千公五檄泉州兵不至諸將欲棄城走精忠悔其降大慟公曰賊恃勝而驕謂我不能軍也請不戰以懈之而出奇以破之平海在此役矣命閉城門韜弓臥鼓一日天大霧公吹𥱼箄者三壯士鍾寶張黑子等突出持長矛先登前軍接戰不利公自率精兵繼之賴塔以後軍夾擊國軒敗前軍還攻之自辰至酉連破十六營斬其將鄭英劉正璽吳潛等生擒千二百有奇斬首數萬溺死者萬計國軒泅水奔海澄公復長泰同安進攻海澄海澄者瀕海地也峻而險賊築塹高數丈排列艨艟與廈門金門海壇相首尾堅不可猝拔乃請復設水師提督開修來館於漳州凡言自鄭氏來者皆盛供帳金帛恣所求即亡去不問諜至不殺且厚款之諜反以情告戰有日矣或塡館舍飭供具大書某鎮某官公館聲言某月日某將當來降賊以此互猜甚且疑而相殺十八年三桂死錦五鎮大將黃靖廖琠賴祖金福廖興各以所部降鄭奇烈林翰等繼之鄭氏勢益孤公簡降卒爲水師驟增二萬人乃令

巡撫吳公與水師提督萬正色進攻二島明年正月賊將朱天貴以戈船降遂復海壇公待天貴厚竟用其兵盡破十九寨國軒棄海澄入廈門復棄金廈歸臺灣闔疆既定吏兵部列上公功應加者四百餘級　聖祖晉公太子少保兵部尚書世襲輕車都尉公子儀授總兵世襲騎都尉先是濱海居民輸賦外又私餉成功以求免刼掠當事遂定沿海之界而內遷其民越者死民多蕩析離居滿兵復奴其老稚箠楚不忍聞公任總督力與驕兵悍將相持屢奏禁兵不服水土宜撤歸又奏康王體尊不宜久暴露宜先頒師疏三上　天子許可兵歸者猶驅子女北行公涕泣啓王令軍中敢私攜良民者死而私傾家財贖之凡捐金二十萬兩贖難民二萬餘人又請開海界復民業聽降卒墾荒兼收魚鹽蜃蛤利而分屯列戍以衛之　詔遣侍郎某來勘不敢主議公力任之乃報可閩人皆肖像祀焉方施琅之內附也　世祖用爲水師提督成功死施頗以平臺自任既而不克或疑其貳　召入京不復用公爲布政使嘗疏薦之不報至是請改正色陸路仍以水師任施且曰臣願以百口保琅又奏鄭錦死

子少國內亂時不可失　聖祖乃遣琅與公同進兵琅至密疏請以公駐廈門而獨任進師時公已出海見疏不懌自陳請行　詔公還廈門二十一年夏施公請乘南風攻澎湖公欲待北風直趨臺灣彼此見不合師不果出明年六月施公竟以師行會颶風與潮俱發前鋒為急流飄散國軒以精兵二萬出牛心灣別將出雞籠嶼夾攻矢集施公目幾失利忽天雨颶風止公所約賊將呂韜等閒使適至施復進澎湖翼日大戰朱天貴先進水驟長一丈舟並行如鳥張翼而上國軒掀案起哭曰天也夫何言遂自吼門遁臺灣初鄭克塽有降意而僞行人傅霖反復為奸公以計去之又遣漳浦黃性震招國軒曾密報書未遽降也至是性震故洩之主臣互相猜衆莫為用大兵遂自鹿耳門入八月癸亥克塽以臺灣降自康熙十三年用兵至二十二年福建平時北風正利施由海道奏捷七日抵京師公由驛馳報後施二日　聖祖得施疏大喜策勳在平滇諸將上封施公靖海侯將以次及公公自陳無功乃　召掌中樞是年十有一月疽發背薨年六十論者謂戰功雖首施公然實公所疏薦至平日運籌

設閩攻賊心公之力尤獨多云公身長七尺廣顙修髯目閃閃如巖下電手勒奔馬用弓至二十石麾下所養奇才劍客皆能得其死力臨陣應變如神而性慈不妄殺戮生平慷慨仗義揮金如泥沙尤恤文人各屬皆置學田培寒畯喪歸軍民哭送者數萬當芝龍起事時廈門有石文云生女滅雞十億相倚解者謂十億兆也加女姚也鄭從酉雞也滅雞滅鄭也鄭氏初踞海上公始生傳四世六十年而爲公滅公平廈門之歲即病疽召鼓山異僧治之曰天生公以靖閩疆也今事尚有待疾不足憂果應手愈臺灣既定疽復發曰全閩底定公疾不可爲矣夫人何氏絕有力不第能舉臼公奇之娶焉是生長子儀雄偉與公埒嘗驅駟馬駕奔車自後掣之馬前卻不自由挽強弓百步外可洞四札每戰閩人望見前鋒曰此姚公子旗也以功授知縣擢刑部郎出知開封府　詔以京堂用自請效力從戎改總兵終雲南鶴慶總兵官公所著有憂畏軒遺集

宋牧仲尚書事略 子至

宋公名犖字牧仲號漫堂河南商邱人大學士文康公權子也少從賈靜子侯

朝宗遊立雪園六子社順治四年公年十四應　詔以大臣子弟列侍衛考試
優等康熙三年授黃州通判十六年補理藩院判遷員外郎出榷贛關遷郎中
二十二年授通永道二十六年擢山東按察使尋遷江蘇布政使明年擢江西
巡撫會湖廣裁缺兵夏逢龍作亂陷二十餘城羽檄日四五至人心惶惑公行
抵彭澤適江西兵調赴湖廣勦叛卒次九江以乏餉譁公檄發湖口縣庫銀千
兩遣官賚給衆兵乃前進及抵南昌甫數日舊裁督標兵李美玉袁大相等煽
誘三千餘人謀劫倉庫與夏逢龍合有上變者公佯不省而陰授游擊趙承吉
方略即夜縛二渠魁鞫實斬以徇餘黨悉不問四境帖然於是條列病民者十
數事先奏除之然後緩征弛力通商惠工除豪猾興學校政以大成會甯州宜
春等十二州縣旱災疏請蠲緩又言各省罪囚俱有支給口糧之例其起解囚
徒應按每日五十里爲一程每名日給升米於常平倉支給又言近奉　諭旨
每歲終令巡撫察盤藩庫法至善也其糧驛二道庫請於每年奏銷及離任日
令藩司察盤至府庫宜責成道員察盤可永杜虧挪弊又言近來漢軍外官解

任裁缺者幷其家口概催歸旗既立限期復取經過地方官結狀逐程遞至竟與罪犯無殊請免遞諸疏並下部議行三十一年調江蘇巡撫去之日萬姓遮留雨泣及抵任疏報江寧府屬之上元六合句容松江屬之上海鎮江屬之丹徒因山水陡發成災又疏報淮陽徐三屬二十餘州縣水災其田畝被淹者請破格全蠲額賦並請截漕米十萬石移江寧倉米三十萬石鳳陽倉麥六萬六千石分途散賑並得　旨俞行前後賑饑民五百萬有奇　上嘗垂問閣臣以各直省巡撫賢否大學士伊桑阿奏宋犖清廉爲天下巡撫最　上曰朕久知之三十八年春　聖祖南巡至蘇州賜　御衣冠及　御書懷抱清朗額又　賜額曰仁惠誠民公進所刻綿津詩集　上尋諭近臣曰居官如大學士吳琠總督張鵬翮巡撫宋犖朕可以無憂四十二年春　上再南巡　諭嘉公居官安靜和平深得大臣之體公面奏云昔宋臣范成大蒙宋孝宗賜石湖二字後世傳爲美談在孝宗不過南渡偏安之主我　皇上乃堯舜之君相去霄壤臣功業雖不及成大然遭逢之盛不啻過之臣家有別業在城西陂

乞　賜書西陂二字　上領之時諸臣競進求書公奏曰臣老矣以齒當先
賜臣　上大笑走筆作西陂二大字　賜公少選　命侍衛取入重書以
賜又別　賜　御書八種回　鑾復　賜書額曰清德堂　賜聯曰官箴三
命懍家學一經傳四十四年夏　上駐蹕蘇州　賜福壽二大字題云江寧
巡撫宋犖年逾古稀步履壯健故特書以　賜之又　賜額曰魚麥堂　賜聯
曰兒孫歌舞詩書內鄉黨優游禮讓中又　允公請　御書世有令儀四字額
其家祠瀕行復　賜聯曰地聯江海屏藩重賦甲東南節鉞雄公以老乞休
溫詔不許是年冬　命公子庶吉士至偕御醫馳驛往視疾　賜人蓡三斤公
在江蘇三值　巡方召對皆稱　旨溫諭移時　寵賚至不可勝數嘗　諭閣
臣曰江蘇繁劇之區五方雜處相安無事皆巡撫犖坐鎮之功也先是公請豁
吳縣太湖旁坍地千七十餘畝額糧百八十石銀百八十兩有奇部議令再詳
察至是復力請　特旨豁除尋疏言蘇松常鎮四郡州縣所徵錢糧有完及九
分以上因接徵前任舊欠未完被議者請改降調爲降留部議不可　特命九

卿再議從之是年十一月内遷吏部尚書遇會議輒偘偘持正四十七年以衰老乞罷　優詔許之將行　賜御製詩有句云久任封疆事蘇臺淨點塵五十三年春入京祝　聖壽　召對數次款語如家人父子　賜宴日　上命諸臣八十以上者至　御榻前各　親賜酒一杯時受　賜者六人公居首詔加太子少師　賜詩有世家耆德自天全之句九月薨於里第年八十遺疏聞得　旨采舉才品優長勤勞夙著宣力年久敬慎自持下所司議卹　賜祭葬如例公在官能持大體以清節見推兩淮鹽商歲餽萬餘金公皆謝卻尤具人倫鑒三河令彭公鵬治行爲畿輔最公官通永時力薦諸巡撫于清端公得超擢撫吳時復面奏其賢請補江蘇布政使卒爲名臣陳恪勤公鵬年由山陽令擢海州牧公器之凡陳民所不便與己所欲爲者許不拘常格　上嘗面問陳鵬年居官何若公力稱其賢自公去後恪勤乃屢爲大吏所齕矣公雖以任子入官不由科目而淹通典籍且練習掌故詩文皆爲當代所推少時嘗繪蘇文忠公像貌己侍側及筮仕竟得黃州官部曹時與龔芝麓孫北海吳梅村

熊次侯王漁洋宋荔裳計改亭陳其年尤西堂朱竹垞相唱和列十子詩選中又嘗選江左十五子詩及三家文鈔以提唱風雅三家者侯氏方域魏氏禧汪氏琬十五子者王氏式丹吳氏廷楨宮氏鴻歷徐氏昂發錢氏名世張氏大受楊氏掄吳氏士玉顧氏嗣立李氏必恆蔣氏廷錫繆氏沅王氏圖炳徐氏永宣郭氏元釪也公名亞於漁洋尙書有漁洋綿津合刻詩吳中邵長蘅與公爲布衣交客公所最久以文史相切劘施元之蘇詩註久無傳本公得殘帙爲讎補刊行之其宗法可想見已著有西陂類稿筠廊偶筆共四十六卷子至字山言有學行癸未進士由庶吉士入武英殿纂修佩文韻府授編修辛卯主貴州鄉試壬辰授浙江提學道著有緯蕭堂詩集筠官檢討致官四川布政使

陸清獻公事略

陸公隴其字稼書浙江平湖人六世祖溥官豐城縣丞嘗督運夜過采石舟漏勢危甚跪祝天曰舟中一錢非法者願葬魚腹漏忽止旦視之則水荇裹三魚塞之始還居泖上築堂曰三魚公文集稱三魚堂者以此公少貧力學以聖賢

自勵非義不取嘗授徒嘉善有李氏欲延之公曰固願往但館穀不可有加庶有以謝主人康熙九年庚戌成進士廷對極論時務其略曰法者治之迹而非所恃以爲治也爲治而專恃法自古及今未有能治者臣非欲　陛下廢法而治也竊以爲法之及人也淺德之及人也深法之禁人也難教之禁人也易今日之治苟非崇德教以正人心雖日議法無益矣伏願　陛下日新其德以堯舜禹湯文武之心爲心以堯舜禹湯文武之學爲學有弗言言則必使天下共法也有弗動動則必使天下共則也於是務敦教化一如古者司徒黨正三物六行之制盡其實不徒徇其名天下之人既動於上之德而又習於其教則自然相漸以仁義相尚以忠厚相勸以正直不待法之驅而人皆有君子長者之風由是立法以興利莫不安於上之所與立法以去弊莫不安於上之所去使不先正人心而徒恃區區之法議法者日益精而刓法者日益巧法之弊未有已也雖然臣猶有進焉人之相遁於法也始於其心之不正亦由於用之不足書曰凡厥正人既富方穀管子曰衣食足而禮義生今之大吏祿薄不足

充其費則思借法以自肥小吏俸微不能養其家則思干法以爲姦其罪可誅而其情可憫是在　陛下仿古待臣之禮稍重其祿使有以自給而又定其車輿服飾之制宮室飲食之節勿使耗於無用夫旣有以養之又無以耗之則皆充然有餘自然奉公守法竭心力以效忠於上然後德教行人心正而郅治可復也由二甲用知縣需次歸益肆力程朱之學乙卯知嘉定縣嘉定賦多而俗侈公以清介自持上官嚴憚之往時令餽遺上官動千百計公歲時起居通書問而已有大賈汪姓橫行里中里人患苦之數以利啗令長至是餽千金公弗內則求公故人爲之游說公與故人談讌極歡察其言涉汪事卽變色易容竟不得申其說會汪僕占賣薪者妻被訴匿汪所公捕治如法汪以是膽落折節改悔爲善人民有宗族爭者令族長逮之鄉里爭者令里長逮之又有自追牌則兩造要而來不煩吏也衙胥舊以千數至是去者過半其在者無所得食公令更番給事退則爲耕販以自活有所遣攝計日與錢遠者許就民閒一飯括索者必痛懲之尤務以德化民不事刑威民告其子不孝訊得實公涕泣自

訟曰吾德薄不能宣教化令汝父子至此因委曲誠諭父子皆大哭去子歸卒善事其父有弟以盜訟其兄公廉知其弟婦翁所導也杖而數之曰爲子婿計乃忍斷其手足耶兄弟皆感泣好如初邑多逋賦公立甘限法令應輸者自爲限居期輸半卽免杖一士人經月無所輸公曰是非故逋賦者察之則新遭憂也卒不追呼而糧辦舊有行杖錢月數千緡自公不事敲扑而正供外民不費一錢矣其餘雜派悉除之民得休養益輸將惟恐後時南方用兵徵餉十萬公爲文諭民激以大義不一月而數足公生日老稚數千拜堂下有百歲老人求一識公曰自民有知識以來未見有官如爺者也丙辰廷議暫抽市肆錢一年佐餉例不及巷舍公如例報徵巡撫慕天顏不悅疏言時方多事陸令非應變才請調簡部議遂引材力不及例鐫三級調用嘉定民大譟罷市日號巡撫門乞留巡撫不自安再具疏請復而公以盜案落職矣盜案者邑張某與汪姓訐訟汪赴理夜被盜殺其弟以讎殺告公疑小隙無殺理牒大府請俟獲犯定擬尋獲真盜七獄具部議以初報不直指爲盜疑諱匿引例奪職或謂公盍辨諸

公曰縣有盜長吏不知黜宜也何辯爲士民相率詣大府爲辯卒莫省鄉民扶老攜幼獻薪粟涕泣請受公悉慰遣之比行委巷結綵焫香以送建生祠尸祝之或刻木爲位旌幢鼓吹迎歸以祀者日數輩凡兩月乃已即嘗所懲艾者咸謂有再造恩亦不自知涕泗之何從也會徵博學鴻儒工部主事吳元起以理學純深文行無愧薦公未及試奔父喪歸終喪不飲酒不食肉不入內寢服除牒部請改教官弗許魏總憲象樞抗章訟公冤再疏舉廉吏十人公其一也有

旨復原官癸亥授靈壽知縣縣於真定最爲磽瘠俗強悍善鬬輕生公勸課耕耨以盡地力請於上官與鄰縣更役以蘇民困革火耗絕私派以養民財又反覆曉譬化鬬很輕生之習其爲民厚生正德若謀其子弟也尤申明鄉約保伍之制舉鄉飲酒禮朔望詣學宮與諸生講論導以躬行著松陽講義諄諄於義利邪正之辨會歲饑公牒大吏以聞得 旨免徵額賦有大姓爲盜劫巡撫不欲奏聞命改爲竊公不從曰寧以誠去官不欲以僞苟祿知府乃取盜魁杖殺之公惻然曰盜可殺而殺之不以法吾不忍也作勸盜文遣吏往獄中爲諸

因誦說之聞者多痛哭越三年復大饑　詔發三千金以賑公徧歷山谷親審
其戸口府檄發限單不許逾額公不顧卒盡散之所全活者多巡撫文清公格
爾古德特疏薦公下部議敘嘗以公事至都門政府欲一見之接淅行郎魏敏
果屢薦公於　朝亦不往謁甲子夏兩江總督于清端公薨　上臨朝痛悼
問九卿詹事科道今天下清廉官如于成龍者有幾於是廷臣以直隸巡撫格
爾古德部郎范承勳蘇赫江南學道趙崙揚州知府崔華兗州知府張鵬翮靈
壽知縣陸隴其對丙寅巡撫于襄勤成龍訪民閒利病公陳六事一正月開倉
太急宜緩一開荒起科爲限宜寬一水利宜興一積穀宜廣一州縣存留公使
錢宜復一審丁溢額宜裁大略謂自古稅斂必俟稼穡登場今正月開征民閒
尚未播種也且四方安謐司農不至告匱自可以前歲所餘暫抵本年春夏之
餉俟秋成徵補於國賦無損而民力則可以大紓唐虞三代之政此其首務也
餘五事皆切中時弊于公疏薦公爲大學士余國柱所阻庚午科道員闕
上面諭在廷各舉所知於是工部尚書張公英左都御史陳公廷敬兵部侍郎

李公光地禮部侍郎王公澤宏交口論薦與清苑知縣邵嗣堯三河知縣彭鵬
並舉遂奉　俞旨行取公念靈壽頻年災正供不支而雜徭未盡減將受代乃
申請緩征量減房地稅又言上官供應久奉裁宜永革除又請將倉庫不時借
放饑民于公報曰謝事時猶力爲災黎請命仁人哉臨行邑民哭送者數萬立
碑志遺愛如去嘉定時是年秋補四川道試監察御史疏請將畿輔災區錢糧
悉蠲免勿帶徵　特旨允行未幾湖廣總督丁思孔請令偏沅巡撫于養志在
任守制舉朝頗右之公疏言天下當承平之時湖南非用兵之地若因督臣請
而留後將爲例其不奪情者鮮矣臣不知議者以養志爲何如人其非賢者耶
則固不當使之在任守制其誠賢耶則固不肯在任守制矣疏入養志遂解任
辛未夏大旱遵　旨陳言一請豁免直隸被災帶征各錢糧一言直隸編審人
丁宜求均平一請停捐免保舉之法謂捐納州縣賢否錯雜故立保舉法以防
之近并保舉亦得捐納則賢否全無可憑且保舉所重在清廉以有清廉字樣
爲合例保舉可捐免則是清廉之目可納貲得也竊以爲不但保舉之捐納宜

急停而保舉之限期更當酌定請　敕部察捐納之員凡到任三年而無保舉
者卽開缺休致庶吏治可以澄清時御史陳某請停保舉而開先用之例公再
疏言捐納先用大抵皆奔競躁進者也故多一先用之人卽多一害民之人又
申三年開缺之請詞加激切及奉　命會議公持前議益堅謂捐納一途惟特
保舉以防其弊今併此而捐之且待次年三月停止此輩有不捐納者乎澄敘
官方之典蕩然掃地矣議者或以三年無保舉卽令休致爲太刻夫以貲得官
踞於民上者三年亦已甚矣又不能發憤自勵其貽害於民可知況休致歸仍
在薦紳之列爲榮多矣卽云設立期限反生營求此在督撫不賢則誠有之臣
不敢謂天下必無賢督撫也時大兵餽餉亟計臣方恃捐納濟國用而豪右希
進者相率慶彈冠內外諸臣亦多由捐納進公獨於疏議中痛斥之衆大譁部
議以公拘資格致捐納觀望誤軍需負言官職擬削籍謫奉天安置庶吉士張
昺嘗欲從公受學未果至是恐遽失之卽日執贄爲弟子而順天尹衞公既齊
巡畿輔還入對言民心惶惶惟恐陸御史遠謫　上特宥公俾還職尋　命

巡視北城公凡有獻納必齋宿竭誠　上每韙其言以爲與朕意合故雖以
議捐納事府衆怨而　聖明終鑒其誠也是年秋以試俸滿都察院注公不稱
職應外調遂移疾歸足跡不一至城市茅屋數椽布衣蔬食益以明道覺世爲
己任壬申館虞山席氏歲暮還家感末疾卒年六十有三時康熙三十一年十
二月十七日也後二年江南學政許汝霖任滿　上曰原任御史陸隴其學
問優長操守清潔可代其任大臣奏公已故　上嗟嘆久之曰本朝如此等
人不可多得矣乃以直隸守道邵嗣堯代之公尋祀直隸江南名宦浙江鄉賢
雍正二年　臨雍釋奠　命增從祀賢儒禮部尚書張公伯行請以公入祀
制曰可乾隆元年　特賜謚曰清獻並加贈內閣學士兼禮部侍郎銜公教人
必授以朱子小學及程氏讀書分年日程俾學者循序致功其學以居敬窮理
爲主謂窮理而不居敬則玩物喪志而失於支離居敬而不窮理則將掃見聞
空善惡其不至師心自用墮於佛老者幾希所著學術辨力闢陽明爲禪學謂
陽明之病在認心爲性顧涇陽高景逸之病在忘動求靜論者謂程朱之統自

明薛敬軒胡敬齋後惟公能得其正宗云公所著有四書大全困勉錄續錄松陽講義古文尚書考讀書志疑讀禮志疑禮經會元戰國策去毒呻吟語質疑衞濱日鈔問學錄靈壽縣志三魚堂文集其門人曰王前席趙裳旂席永恂侯開國

趙恭毅公事略 弟申季　子熊詔

公諱申喬字慎旃一字松伍江南武進人父繼鼎明進士官兵部主事公生之日紅光滿室中康熙九年成進士需次歸資授徒以養得金未嘗啓封輒以奉父母嘗遠出忽心動卜諸神不吉疾馳歸而父已得疾尋丁憂二十年授商邱知縣在官刻苦自厲案牘悉手治每中夜不寐日出視事無留獄有投牒者一識面數年不忘釐畝稅戶給照單書四至隱占者許自首荒者除之歲饑捐俸爲粥食餓人不足括縑數匹易米以濟鄰縣民踵至嘆曰使吾縣得此好官吾煩遠涉耶命諸生舉窮鄉嫠婦爲請旌樹坊過之必下輿拜二十五年行取入京授刑部主事遇事彊直會湖廣有獄失入引律駁還得減死三十三年遷員

外郎引疾歸四十年以安溪李公薦　特旨召見授浙江布政使及　陛辭
温諭有加公受事三日首革南糧布袋之弊故事發兵糧石給口袋錢四十歲
費銀四千兩悉徵之民閱至是照京倉例營兵自備口袋弊遂絕謂欲使州縣
無虧帑當先革藩司陋規凡錢糧加平時節餽送兵餉掛發奏銷部費諸款一
一禁革僚屬斂手奉法外營兵餉舊解府撥發公令歸本州縣支給省費不貲
在官常自家運米以食曰吾不欲以口食累民也四十一年擢浙江巡撫　賜
御書藩庫有羨銀二千兩封識以授代者曰吾前奏銷不費一文錢後將難繼
得此足辦一歲事矣勿更擾民也自藩署移撫廨襆被一肩書數簏而已尋奏
築錢塘江口隄易海塘土以石將施工齋戒三日率屬赴江干爲文以祭忽風
狂潮大至浪搏人若弩注觀者奔辟公朝服屹立不動潮遽止公跪禱願假數
旬以畢事嗣是潮不至者七旬而塘成已而塘外擁沙成洲可數里自是潮不
爲害又請修葺禹陵增鄉試中額並從之九月湖南鎮筸士民叩閽言紅苗反
給事中宋駿業因劾總督郭琇巡撫金璽提督林本植袞廢　上命公往湖

南會同侍郎傅繼祖等察勘遂調偏沅巡撫四十二年秋疏請征紅苗爲先撫後勦之計　上命粵黔楚三省提督會同湖廣督撫進勦十二月自龍板洞分路進勦斬馘千餘降其寨三百有奇紅苗平移辰沅道駐鎮其地尋　諭曰近征紅苗貴州提督李芳述親冒礮石力戰連斫數寨聞趙申喬亦甚強毅也先是　上南巡公朝蘇州行在　賜御書督撫箴及綏戢撫安四字　上以湖南道遠而官吏私征加耗倍他省特頒　諭旨申飭公還建亭勒　詔書檄告屬吏且言澄源端本必自巡撫始若稍有不法爾官民等即共聲其罪於是屬吏惴恐禁革一切私派定頒漕米斗斛官爲收解驛傳夫馬銀於本州縣坐支又革鹽商規例酌道里遠近平鹽價請以上年兵米所餘留抵春夏餉有餘乃折銀解部永停預徵之令州縣列上貞節婦有逾月具請者即按懲胥吏復請準舊例給建坊銀葺古賢祠奪還侵地見屬吏必霽容使得盡言利弊惟嫉惡如仇不少貸疏劾巴陵知縣李可昌等舉賢能吏楊宗仁伍士琪張仕可王朝恩尤加意文教遇學道必以清慎相勖袁學道者試常德縱衙胥攬賄公

覆試諸生黜荒謬者十七卷劾罷學道四十五年疏言清浪平溪二衛僻處山隅請改征本色爲條銀以免運費又言湖廣教職選缺遠者輒數千里請就湖南北分省選授均下部議行四十六年饑發倉平糶明年 聖祖復南巡公迎謁淮浦 賞賚有加遂奉 旨赴荊州勘同知王侃等侵蝕木稅事鞫實論罪疏請裁港口渡私稅其荊關稅務仍歸部差管理又請以靖州鸕鷀關稅併入辰關征解以杜侵漁均從之是年湖南復饑不待奏平糶如前布政使董昭祚受商人賄出諭令米船南下價益踊已聞親喪復屬人爲保留公案問得實劾罷之會南岳廟成內閣學士宋大業奉 詔賞 御書題額往還劾公不敬及諸溺職狀且爲昭祚訟冤疏下公回奏公因發大業前後恐喝婪金狀詔黜大業追金入官明年疏劾提督俞益謨冒抽兵餉致營伍空缺益謨亦劾公苛刻 命尚書蕭永藻赴楚察審 諭閣臣曰自趙申喬參俞益謨武弁始知敬畏今天下兵額缺而空名食糧者多所關非細故也永藻尋以劾疏皆實回奏 上命益謨休致而公還職十二月召授左都御史尋 諭曰趙申喬

撫偏沅時甚清廉但負氣人皆畏其口直與俞益謨互訐彼時亦有以申喬爲非者朕細加察訪公論乃彰清官固所當惜其言儻不可行朕亦不從惟言雖未當而並無私見且能實心任事者朕必加護惜焉公之去湖南也士民夾道焚香號哭自長沙至岳州數百里送者不絕各屬多建生祠祀之入都疏言河南瀕河荒稅宜豁且請 敕撫臣凡河水衝決及浚河築堤所占民田皆除其稅籍五十年典順天鄉試疏劾編修戴名世所著南山集孑遺錄有大逆語下刑部鞫實正法又疏言直省寺廟衆多易藏奸請 勅禁增建從之五十一年典會試疏請禁營兵預名食糧以清虛伍又言奉 旨普免各省地丁錢糧惟潼關衞大同府征改本色不列蠲例請援奉天臺灣例一體蠲免並 允所請行五十二年春 萬壽禮成公疏請建儲固 國本尋 命赴廣東平糶因奏改電白縣解運瓊州等府兵米仍征折色免涉海洋之險及回京奏潮州知府張應詔清廉 上卽擢爲兩淮運使是歲公七十 御書匪懈堂三字以賜十月遷戶部尚書商人馬維屏呈請納銀萬兩交部領大錢易小錢送局改

鑄下內務府戶部會議將許之公言收換小錢有司職也商人圖利恐藉端擾
民請勿許　特旨允之公在部矻矻治文書句稽錢穀無寧晷事關大體多與
同官異議以是不悅於衆五十四年山西巡撫蘇克濟疏劾太原知府趙鳳詔
受贓三十餘萬請革職究擬公以不能教子致鳳詔居官不肖求賜罷斥得
旨朕禮遇大臣甚優自始至終無不期其保全今閱趙申喬奏詞意忿激殊失
大臣體著嚴飭仍令在任供職鳳詔尋伏法五十六年戶部奏銷鼓鑄錯誤公
革職留任明年充會試副考官五十九年夏以衰疾乞休　優詔復原職令在
任調理其應賠之項從寬免追十一月薨於位年七十有七　賜祭葬如典禮
諡恭毅公生平清介剛直不可以私干論學以不欺爲本爲政嚴厲發奸摘伏
如神名重天下而楚人尤稱頌之當吳三桂據衡州時民苦征役公至始大減
火耗免徭役一切無藝之征悉罷民困獲蘇雖婦人童孺無不知有趙撫院者
百數十年來未之或衰也公於案牘皆手治在湖南時士民有實政錄之刻書
吏何祖柱復手鈔公奏疏文告彙爲二十卷又補輯其涖浙及入臺總部時各

稿爲四卷附焉官戶部時優人徐采給事藩邸嗾傭者殺人事下九卿議僉欲寬采以傭抵公據刑部讞論采主使應坐絞已而采竟減死戍邊及 憲皇帝即位下 詔褒公仍逮采於邊論如律又以公與故大學士阿蘭泰等並宣力效忠追贈太子太保其應分賠屬員虧帑銀 特旨寬免雍正八年 詔入祀賢良祠尋祀湖南浙江商邱名宦公嘗言官清非僅不名一錢也須兼廉明二義廉者一塵不染明者一毫不蔽兼之斯可謂清若惟一介不取而處事糊塗人將安賴吾自信差免糊塗而已 世宗嘗與近臣追論異時名卿較其才守互有軒輊惟於公無閒焉弟申季字行瞻丁丑進士任遷江令革除科派禁獞蠻劫掠及豪強債利舉卓異改授編修異數也督山東學政廉慎自矢評文不假手幕友以勞疾卒官長子熊詔字侯赤康熙己丑一甲一名進士 賜及第授修撰入直南書房因同官訐奏記注事落職仍留供奉戊戌以大臣子弟從軍肅州出私財濟運父憂歸未帀月以毀卒有 詔復職所著述多爲時所稱

張文端公事略

張公鵬翮字運青四川遂寧籍湖廣麻城人康熙九年進士選庶吉士改刑部主事遷禮部郎中十四年分校順天鄉試明年分校禮部試十九年出知蘇州府母憂歸服闋補兗州府有廉幹聲今兗州府志其手編也二十四年遷河東鹽運使明年遷通政司參議轉督捕理事官二十七年俄羅斯察罕擾邊我兵困之於雅克薩城悔罪乞恩公奉使同內大臣索額圖等往定界還朝　聖祖器其能擢大理少卿明年巡撫浙江清漕弊覈鹽課請建定海縣城池賑餘姚上虞嵊臨海太平等縣災疏禁商船出洋私帶軍械又因浙省旱災請將三十三年輪蠲之漕糧於三十二年免征皆得　旨俞允尋召爲兵部侍郎提督江南學政三十六年遷左都御史疏陳淮陽所屬六州縣水災巡撫宋犖未聲明拯救之策應請特賑允之明年遷刑部尚書未幾授兩江總督三十八年

上南巡閱視河工畢　命扈蹕入京　賜朝服鞍馬弓矢先是公偕尚書傅喇塔察審陝西侵蝕貧民籽粒銀一案既覆奏　上諭閣臣曰傅喇塔畏人

懷怨草率具覆張鵬翮亦稍模棱至是　命復偕傅尙書赴陝西詳審並鞫前陝撫布喀控前陝督吳赫侵帑及吳赫與寧夏道吳秉謙互訐等獄分别論如律明年正月回京　上問各督撫居官狀公奏對稱　旨　諭閣臣曰張鵬翮往陝西朕留心察訪果一介不取天下廉吏無出其右者矣三月調河道總督疏請撤協理河務徐廷璽以專總河之任撤河工隨帶人員以免糜帑並請敕工部毋以不應查駁事從中阻撓均從之尋疏請將攔黃壩照上流河面拆挑使一律寬深亟堵馬家港使水勢不至旁洩又言清口爲淮黃交匯處淤成平陸應於張福口開引河引清流水入運使之暢達庶可敵黃又言芒稻河兩岸過狹宜濬使暢流另建芒稻閘以禦江潮又鳳凰橋引河及雙橋灣頭二河均宜加濬疏皆下部議行功成　上易攔黃壩名曰大通口　諭閣臣曰前張鵬翮赴任時朕卽指示謂必毀攔黃壩挑濬芒稻諸河今次第與修觀其奏牘詞簡而意明其辦事精詳可知矣尋疏陳河工十九事一修工葦柴多產海濱舊有運料河久淤應加濬便轉運一清水會黃入海關鍵全在六壩六壩

中又以夏家橋爲最要應俟水落時堵塞一高家堰容納七十二處山河之水前河臣于成龍改六壩爲四滾水壩地勢不遠宜併爲三仍鑿引河幷築順水堤以衞田廬一自武家墩至小黃河舊有石堤宜加高一古溝至六壩以下俱係土堤宜改用石一清河縣運口至高郵州界首裏河頻年黃水入運致河身日高宜加濬一高郵寶應江都西岸堤多被水齧俟冬期加築一高郵城南石壩五改爲滾水壩四下開引河洩水一歸仁堤石工應補砌一自運口至濱海兩岸堤宜加倍高寬一王家營引河宜速挑濬一新中河堤岸單薄宜完固一王家營減水壩宜酌開十丈餘以洩黃河漫水一桃源縣南岸土堤宜加倍高厚一駱馬湖口對岸有竹絡壩節宣黃湖大漲今黃河身高水灌駱馬湖口匯入中河致屢決宜堵築以禦黃水一王家營缺口月堤單薄宜培修以作正堤一徐州自楊家樓至段家莊宜築月城以作重門之障一黃運堤岸有領帑興修者有捐工與修者勒限完築一徐邳睢寧宿遷桃源清河山陽安東等處險工宜支歲修銀進埽防護飭河官於伏秋二汛晝夜防守疏入　詔下部速議

行又條奏區畫木石員缺嚴定屬官考課章程九則　詔嘉其詳悉周備　命勒石河干垂永遠尋疏請於歸仁堤五堡建磯心石閘於引河兩岸築束水堤洩歸仁堤之水出黃河可以衝刷河身保護田廬　諭嘉其合理又疏言武家墩至黃莊堤工除撥銀四十萬兩外尚短銀十八萬六千有奇得　旨允給且曰張鵬翮遇事精勤實能宣力朕不之信將誰信耶漕艘進口舊在駱馬湖旁鑿渠名中河後又改濬新河淺隘不利舟行公疏請將舊中河築堤一道改入新中河則舊河上段與新河下段合爲一河避黃河百八十里之險於漕運大有益　優旨俞行尋疏言臣遵　聖授方略先疏海口水有歸路黃水不出岸矣既挑芒稻河引湖水入江高寶等處水由地中行矣再闢清河開張福口裴家場引河淮水有出路矣加修高家堰堵塞六垻逼清水使歸故道今清水大半入黃少半入運一水兩分若有神助請加河神封號下所司知之又疏請於韓家莊時家馬頭二處開引河二使黃流直下以免衝激從之四十年春疏請於張福口裴家場中閒開大引河一併力敵黃若黃水大發則閉裴家場口門

使清水由文華寺入運河儻運河水大山陽一帶由涇澗二河洩水寶應一帶由子嬰溝洩水俱歸射陽湖入海高郵一帶仍由城南柏家墩二大壩洩水江都一帶由人字河鳳凰橋等河洩水入江若遇黃淮並漲清水由翟家壩天然壩洩水黃水由王家營減水壩入鹽河至平望河入海若漕艘過完黃水大發則閉攔黃壩使不得倒灌黃水不漲則堵塞運河頭壩令清水全入黃河此古人設天妃閘之意也疏入　上嘉其得治河祕要並　諭閣臣曰張鵬翮自到河工在署之日少每日乘馬巡視堤岸不憚勞苦朕深知之四十一年六月黃水大漲桃源城西煙墩堤根甚危公加築月堤護城八月疏言煙墩對岸河灘挺出河心逼溜南行請於邵家莊開引河建草壩分水勢又顏家莊水勢逼射北岸亦宜開引河使水順流　上諭閣臣曰此奏若下部議必致遲延卽照所請行尋疏陳秋汛情形　上曰覽奏挑水壩築成黃河大溜直趨陶莊引河循北岸而行黃水從大通口暢出海口極其深通淮水從清口暢流敵黃絶無倒灌之患高家堰堤工完固運河之水由涇澗芒稻河人字河分洩河工

大有望矣明年春　上南巡閱河　賜御製河臣箴淮黃告成詩並　賜公
父煐鮐神清養志及松齡扁額二月山東饑　命漕臣桑額截漕米二萬石交
公選賢能官運至濟寧兖州等處平糶及賑濟尋動用倉穀二十八萬石十月
上以公殫心宣力不辭艱瘁又清潔自持　特加太子太保四十四年疏
請增修徐州城外石堤及山安黃河北岸堤工并建月堤均從之先是三十六
年夏時家馬頭河決至三十九年夏堵築未就公疏劾山東同知佟世祿冒帑
誤工應削職追償　詔公嚴訊嗣世祿叩　閽訴公枉縱交江督阿山豫撫徐
潮會鞫尋奏時家馬頭承修銀應令佟世祿償補馬家港東埧被衝張鵬翮雖
經題報未將承修官追償處聲明應令鵬翮與疏防等官償補未幾世祿復叩
閽控愬　上遣戶部尚書徐潮等覆訊係誣參世祿復職鵬翮巧飾供詞
失人臣禮應罷職淮安道王謙附會欺隱應罰償擬杖徒工部侍郎趙世芳議
公奏銷錢糧浮冒十三萬餘兩應下法司治罪九卿如所議奏　上曰此案
依前議張鵬翮量甚窄斷不引咎河工錢糧原不限數水大則所需者多水小

則所需者少謂張鵬翮小有所取亦未可知謂以十三萬兩入己必無之事也
河工特乎用人鵬翮所用之人多不勝任故如此耳趙世芳奏事不公本發還
三月　聖祖南巡　諭之曰爾居官固好卻爲王謙張弼所欺任其恣意妄
行致人心不服朕非不知爾能任勞苦但聽信屬員流於刻薄凡大臣受朝廷
委任必須爲國爲民事事皆有實濟若徒飲食菲薄自表廉潔於國事何益耶
閏月　御舟渡黃河閱九里岡嘉公修理得法　賜御製詩扇七月淮黃並漲
古溝塘埂清水溝韓家莊四溢坐防險不力　詔奪職留任公督河官盡力堵
塞於九月次第竣工四十五年疏言黃河萬里來源百川交灌至清口與淮水
合總因來源多而去路少致宣洩不及若去路暢則不至橫決惟有遵　旨開
鮑家營引河藉洩黃河及洪澤湖異漲庶河堤及高家堰工均可保固下部議
行初公同江督阿山漕督桑額奏請開溜淮套河屢請　上親臨指示四十
六年二月　聖祖閱視溜淮套見地勢甚高不能直達清河所立標竿多在
民間墳墓上　面責公曰奏請溜淮套開河非地方官希圖射利即河員妄冀

陞遷至河工效力人員無一方正者何故留之公奏臣誤聽小人罪實難辭下
部議奪職阿山革任桑額降五級調用　上諭閣臣曰聞驗視溜淮套之時
張鵬翮桑額皆謂不可開阿山強謂可開其令阿山革任張鵬翮奪宮保銜桑
額降五級留任四十七年疏報修秋汛平安　優詔開復處分免應追銀兩內
遷刑部尚書明年調戶部又明年　命往江南讞獄五十年公以父逾八十請
假省親得　旨聞卿父精力尙健不必急請歸省明年冬調吏部　命赴江南
鞫賄中舉人程光奎吳泌等獄時江蘇巡撫張公伯行劾總督噶禮通同舞弊
噶禮亦摭事劾伯行　上命公及總漕赫壽察審尋奏副考官趙晉實與程
光奎吳泌賄通關節論罪如律噶禮劾伯行不能清理案件是實餘屬苛劾應
降留伯行劾噶禮索金全虛應革職贖徒　上切責公等掩飾和解　命尙
書穆和倫張廷樞覆審先是伯行疏劾布政使牟欽元匿通洋匪徒張令濤
上奪欽元職下總督赫壽察審赫壽奏欽元署中並無令濤其人五十三年
冬　上命公及副憲阿錫鼐赴江南訊理尋以伯行誣參奏　上責其不

能盡心令再詳審尋奏伯行誣陷良民妄生異議欽元應復職　上命伯行免罪來京事詳張清恪公傳是年丁父憂時尚書富寧安督勦西陲　諭公暫留辦部務俟富寧安回京日奔喪五十七年典會試明年復典會試會汶水旱涸運道梗奏　命勘視請疏濬坎河雞爪諸泉分注南旺濟運而於彭口築堤障沙水入微山湖從之又因河決武陟往查勘備陳引沁入運利害謂地勢西北高而東南下若引沁從高直下而黃河躡其後患且劇山東運道有沙河馬場等湖及諸山泉本可濟運祇因湖堤殘缺民閒竊種湖旁地致諸泉壅塞爲漕艘患今已築堤蓄水疏泉運道自可通利　優旨俞行不許稍有更改六十一年加太子太傅雍正元年授武英殿大學士　賜御書嘉謨偉量額六月河決馬營口銜　命勘築三年進明臣鄧鍾所著籌海重編未幾薨年七十有七　諭稱其秉性孤介持躬廉潔　贈少保於卹典定例外再加祭一次　命致祭日大小漢堂官齊集　賜全葬諡文端八年　詔入祀賢良祠初公嘗疏請敕下史館輯治河全書　上即以命公成　聖謨全書二十四卷子懋誠

由舉人仕至通政使

徐健庵尚書事略

崑山徐健庵尚書乾學八歲能文十三通五經爲顧公錫疇所賞康熙九年一甲三名進士以編修主壬子順天鄉試拔韓公菼於遺卷中遂大魁天下文體爲之一變坐取副榜不及漢軍鑴級歸十四年復原官擢贊善丁內艱葬祭悉遵古禮著讀禮通考百二十卷服除以贊善充明史總裁官異數也累遷侍講學士晉詹事二十四年 御試翰詹諸臣公冠其偶 諭獎公暨侍讀韓菼編修孫岳頒侍講歸允肅編修喬萊學問優長文章古雅陞賞有差公尋直南書房擢內閣學士充會典一統志副總裁教習庶吉士會郎中色楞額請禁用明代舊錢尚書科爾坤余國柱等議如所請公言不可因考自漢至明故事爲議以獻 上是公言事遂寢二十五年 諭吏部學士徐乾學張英宜留辦文章之事勿開列巡撫尋授禮部侍郎充經筵講官公弟元文字立齋官總憲時疏言滿洲漢軍官宜一體守制二十有七月其外官丁憂不許候代治事又申律

文居喪作樂筵宴嫁娶之禁及公貳禮部謂禮以教孝爲本百日釋服及舉殯演劇爲非禮之尤滿洲京朝官頗沿舊習請嚴禁蓋與立齋大恉互相發也又請停歲貢廷試免遠涉時公被　命纂修鑑古輯覽及古文淵鑑二十六年擢左都御史公語人曰我何敢遠希古人近不愧吾弟足矣乃疏劾江西巡撫安世鼎罷之勸諸御史風聞言事遇會議會推與尚書科爾坤佛倫等多不合其會議河工屯田也公與尚書張玉書並言屯田所占民間地畝宜還舊業科爾坤佛倫不從御史陸祖修因劾科爾坤佛倫等偏袒河臣靳輔不顧公議御史郭琇亦劾靳輔與屯累民　詔罷靳輔任於是在廷多仄目公矣二十七年總裁會試即闈中授刑部尚書時立齋已鐫級去官至是仍起左都御史兄弟迭相代當世榮之公出甫就職而張汧之事起先是　上命侍郎色楞額往鞫

上荆南道祖澤深劾款并察湖廣巡撫張汧有無穢蹟色楞額悉爲開釋又不察劾張汧御史陳紫芝旋劾汧貪黷　命副憲開音布往會直隸巡撫于成龍山西巡撫馬齊復訊既鞫實張汧祖澤深婪索事復得澤深交結大學士余國

桂爲屬色楞額徇庇及汧未被劾時遣人赴京行賄狀下法司核擬當是時國
桂經御史郭琇劾其與大學士明珠尙書佛倫等營私附和罪已罷歸法司請
檄追質問幷詰汧行賄何人汧以不能悉數對旣而誣指公旋復吐實　上
命免國桂質問且　諭就已鞫實者定擬勿株連於是汧澤深及色楞額並論
罪如律公得白尋上疏乞放歸　上不聽公去以疏辭懇切許解部務仍領
各館總裁三日一直內廷初甲子秋公季子樹屏與立齋長子樹聲同舉順天
鄉試　上以是科所取南皿卷皆江浙人而湖廣江西福建無與者下九卿
磨勘忌者遂坐樹屏等文體不正議當斥且送法司質訊　上不聽僅落二
子舉人而公兄弟任如故至是考選科道公子樹穀姻俱在選中立齋在閣循
故事乞迴避　上不允特用樹穀爲御史而副都御史許三禮遂緣是劾公
且謂公潛住京師部議坐三禮誣鐫級三禮益恚復訐公贓罪　上仍嚴飭
之公再疏乞骸骨　上允所請　命以書局自隨　諭曰一統志記載須詳
核宋元通鑑原書牴牾舛錯卿學博才優其殫心參訂纂輯進覽所奏俱依議

行時已仲冬　上命且過冬行無觸寒爲也二十九年春抵家命樹穀齋疏
謝　上命張尚書英傳　旨問樹穀而父安否且傳齊奏家僮至午門問途
中起居狀　上蓋念公不置也公僦居洞庭東山而江督傅臘塔劾公兄弟
罪入子姪名幾盡　上寢其疏不問又一年而有山東濰縣令之事濰令朱
敦厚者故明死事巡撫之馮子也以加火耗爲巡撫佛倫所劾論死幷劾公曾
致書前任巡撫錢珏徇庇敦厚又以行賄狀掠訊敦厚冀傾公不承乃已然公
與珏均坐是落職自是而媒櫱公者不已嘉定知縣聞在上坐私派得罪聞時
二年矣令忽承會遺公子樹敏金而卻之遲復坐公子罪論絞欲重危公會
聖祖詔諭天下以內外臣工私怨相尋牽連報復逮於子弟殊非朝廷保全
體恤之意諸齕公者乃稍稍解而樹敏得贖罪時書局撤復奉　命續進所定
草公避居嘉善已又栖息郡西華山之鳳村　上久益思公有　旨召用而
公不及聞　新命矣以康熙三十三年四月薨遺疏入復原官年六十有四公
自爲翰林以文學受知在南書房凡有叩問應如響既轉禮部　上特命凡

內閣制誥文章仍令管理掌都察院時行幄適有表啓不稱　旨乃屬爲之公途次伏地草奏　上善之問誰爲是者衆以公對時已有楚獄矣　上曰文字乃仍須徐某撰耶　上嘗出　御製文集四十卷　命公編校儒臣尤以爲榮嘗得嘔嗽疾　上曰此疾惟虎胃可療如不痊朕何惜一虎在經筵御賜博學明辨四大字及歸　御書光燄萬丈字以寵其行公他所建白甚衆議論棘棘不阿不喜爲調停之說在禮部時山西巡撫某以溺職逮廷臣會議有言其居官安靜者　上詰責則諉之陳公廷敬公獨抗言無是語衆皆愕怡公出曰我上不敢欺　朝廷下不敢負朋友也公負海內重望一時耆宿山林遺老皆輕千里從公邸舍客滿僦別院居之如檢討陳君維崧倪君燦吳君任臣及黃徵士虞稷吳孝廉兆騫死皆公所殯葬公愛才若渴絕不爲私然交遊太廣其家人門下客不無緣之爲奸利而士之失職不平者復鼓脣舌其間蜚語傳播致屢入彈章賴　天子明聖得保全公歸時送公者雖三館之吏皆哭失聲曰公去誰活我者讀書過目不忘能五官並用嘗與姜編修宸英

觀古碑碑甚高公令人掖以上橫閲之已又橫閲其中下段遂能盡舉其詞編修大驚以爲絕才無對也所藏書極富聖祖詔求遺書公疏進十有二部

温旨留覽今傳是樓書目猶行世公嘗言寧人負我毋我負人又曰做官時少做人時多做人時少做鬼時多故不特文學爲時山斗而風節尤至老不衰云

徐文定公事略

徐元夢公字善長一字蝶園滿洲正白旗人姓舒穆祿氏舒與徐滿音略同而字義亦近故天下稱蝶園徐公公年十九成康熙十二年進士選庶吉士時明珠索額圖枋政以權利相傾各樹羽翼中朝士大夫非陰自託各有主張宦不得遂當是時顯與爲敵者惟湯文正魏敏果柴立中央而無所依附者韓文懿李文貞外可指數也索額圖生而威貴性倨肆有不附己者常面折顯斥之明珠則與其黨深相結異己者陰謀陷之而務謙和輕財好施以招徠新進及海內知名士公爲庶常李文貞掌翰林院事嘗薦公及德格勒公賢聖祖時

召見講論經義德公嘗扈從　巡行明氏使人奉萬金爲裴固辭裴已治無所
用之公散館列二等例以科道用索額圖惡公不附己奏改戶部主事用此明
氏尤欲致公公爲童子試京兆與明氏子成德名相次成進士同榜屢相招皆
不就爲部屬時以公事見珠必偏贊於廣衆中二十二年由主事遷中允尋遷
侍講　上一日詢公之爲人珠以誠實對選講官列薦名先於學士公終不
一至其門會天久不雨　上命德公筮卦遇夬問其占進曰澤上於天將降
矣而卦義五陽決一陰小人居鼎鉉故天屯其膏決去之卽雨　上愕然曰
安有是德遂以明珠對時索氏已挫於珠矣始　聖祖親政方沖齡索首建
謀黜輔臣專横者百僚懾伏而珠善結左右親近爲腹心其黨徧布中外雖有
賢者愼自守不求親媚而已終莫敢齟齬也惟康熙十有七年京師地連震
上晝夜坐武帳中魏果敏公直入奏天變若此乃二相植黨市權引用僉壬
以剝烝黎之應繼之者則德公用此名震天下而珠亦駭遽不自安自是以後
蜚語時上聞謂公父爲兩江總督麻勒吉僚屬黷貨不貲公與德公比議朝政

適靈臺郎董漢臣上書言時事多所指斥下內閣九卿議大學士勒德洪公尚書達哈塔公及湯公謂書中豫教太子崇節儉宜施行而衆陰撓之駁議至再三以湯公尤珠所深嫉也由是衆口喧稱湯公不欲　上親教太子覬爲師傅公與德公亦然先是　上嘗詢公所學視德格勒孰優公自陳遠不逮也至是復舉廷臣某與公相衡而德公奏公遠過之請　上面試忌者遂言公及德公互相標榜湯公實陰主焉越日　召試尚書陳公廷敬以下文臣十二人於乾清宮公與德公方屬草有　旨責讓德公遂於試文後申辨公詩亦未成　上命同試諸臣校勘衆相視無言而湯公獨以公文爲是又　命廷臣公閱湯公執前言且謂德公品學素優不宜以文字黜是日翰林院奏劾德公鐫五級留任時湯公爲東宮講官　上遂命爲師而公亦爲　皇子師珠復使所親謂公此非福也惟歸誠於執政或少安公不答是秋　上御瀛臺教諸　皇子射公不能挽強　上怒以蜚語詰責公奏辯　上震怒命扑責被重傷　命籍其家父母皆發黑龍江安置然　上意終憐公其夜　命醫

二人治其創翼日復　召詣　皇子書堂時大雨裹瘡至宮門跪泥中見　御
前侍衛即號泣求轉奏臣奉職無狀罪應死臣父廉謹當官數十年籍產不及
五百金望　聖主察之且臣父母皆老病臣年正壯乞代父謫戍尚能勝甲
兵效命衆皆掩耳去之有闗保者最後至斥公而入盡以公言奏　上立赦
公父母則已檻車就道矣及諸途觀者夾路皆感泣遂復公官仍侍　皇子時
二十六年四月也冬杪翰林院掌院學士庫呼納劾奏德公私抹起居注有
旨問公知否會　孝昭文皇后升遐各以尉二人甲士二十人監守於私室
次年二月下獄始至即以三木訊公旁逮也搒掠數十脛大如股禁親屬家僕
毋通席地臥求水漿不得獄卒刻時以至提木索而搖之毒痛自知必死適侍
衛某入視族姻公辨其聲大呼曰　上命問我非欲殺我也其人就視出謂
典獄者曰此人死我必入告由是家人得入進食飲而湯公亦以議董漢臣事
得咎矣起居注故事數易稿然後登籍德公所刪易乃未登籍之稿公晨夕侍
皇子守官分局無由與知而獄辭上當德公斬立決公監候秋後絞　特旨

改德公監候公免死鞭一百荷校三月妻子入辛者庫逾年公主出降科爾沁
公一子一女主旗務者遂以公女媵時德公遇赦出獄歸本旗遂使盡室以從
公素不善騎公主疾或請於　上遣公往視相去千餘里刻日返命從者二
人一道斃公入反命出昏踣兼旬不能起蓋自郭公琇劾奏後珠雖落職家居
而所引用已盡列要津每承進覲色以求饜其忿好又善事貴勢與相應如影
響也珠既老其黨漸散安溪李公日見親信　上亦久而察公之忠誠三十
二年　命入上書房課　皇子讀書尋授內務府員外郎四十一年充順天鄉
試副考官越四年再奪職五十一年起內閣侍讀學士充會試副考官五十二
年遷內閣學士兼禮部侍郎　特旨出辛者庫歸原旗五十三年授浙江巡撫
賜御製詩文集及鞍馬以行明年疏陳杭紹台金衢嚴處七郡災請截漕米
二十萬石平糶弁緩征以紓民力允之五十六年入爲左都御史兼掌翰林院
事先是都御史員缺　上諭廷推學問好不畏人如徐元夢者隨有是　命
會　上以科場中積弊未除凡主考及同考官聲名之劣者　諭令糾劾示

警乃劾罷編修儲在文徐用錫張起麟沈宗敬及任滿學政王雲錦林之睿萬經車鼎晉鄭晃等五十七年晉工部尚書仍兼掌院學士教習庶吉士自乙酉冬李公入相　上萬幾之暇時　召入獨對同列無與班者李公南還公繼之恩遇幾與比並六十年冬　駕幸南苑公未及從　上曰徐元夢乃同學舊翰林康熙十六年以前進士止此一人矣　御製詩一章幷序稱爲同學老友副以食品遣使於夜分呼正陽門入即家賜之時太夫人尚康彊屢朝皇太后於慈寧宮　恩禮備至而德公已老死徼外矣公每言及未嘗不慘悽而顏變也　世宗即位以舊學故特重公　命入上書房課　皇子讀書雍正元年五月署理內閣大學士兼署左都御史充明史總裁十月調戶部尚書仍辦大學士事　賜御製詩四年坐繙譯訛誤落職在內閣學士裏行行走八年坐撫浙時失察呂留良私書應革任　命同繙譯中書行走十三年充繙譯鄉試副考官是年八月　高宗御極　命南書房行走尋授內閣學士遷禮部侍郎充　實錄館總裁仍　命入上書房授書　皇子明年八月以老病乞

休　優詔許解侍郎任加尚書銜照現任食俸仍在史館　內廷行走乾隆四
年加太子少保六年秋遘疾　遣太醫診視　賜蔘藥十一月疾革　上命
皇長子往視及薨　上痛悼　命和親王及　皇長子往奠　賜銀二千兩
治喪　特諭稱公人品端方學問優裕踐履篤實言行相符歷事　三朝小心
謹愼數十年如一日可謂完人　贈太傅入祀京師賢良祠　賜祭葬如典禮
諡文定壽八十有七公撫浙時清約若寒素割俸葺敷文書院書院故號萬松
以公請　上賜榜易今名買田聚書以惠學者高安朱公踵行之兩浙人文
之盛自此始公知名早仕宦垂六十餘年性剛介負氣不爲威怵中年後精研
理學言貌温温若惟恐傷人者而中持黑白卒無所依違與人敬以和貴賤老
少如一長翰林數年物望所歸鮮不薦達老而篤學與方望溪侍郎共事蒙養
齋暇即就望溪考問經義時江浦劉无垢泰州陳次園常在側交口責望溪曰
有是哉子之野也徐公中朝耆德且爲諸王師子抗顏如師誨之如弟子可乎
望溪曰吾以忠心答公之實心耳子視公遂出孔道輔下乎諸王侍衞中有年

逾三十始讀大學而請業望溪者講至秦誓作而曰所謂一个臣吾視徐公良然嗚呼公之誠於中而動於物者可想見矣孫舒赫德官至大學士自有傳

格文清公事略

公諱格爾古德字宜亭姓鈕祜祿氏滿洲廂藍旗人初由筆帖式爲副理事官康熙三年隨定西將軍圖海征湖廣茅麓山流賊凱還遷宏文院侍讀尋遷翰林院侍讀學士充日講起居注官十三年隨安親王岳樂征逆藩吳三桂自江西進湖南十七年偕將軍林興珠率衆降安親王軍前公自長沙馳報並奏聞與珠所陳困賊策請分岳州水師爲二一泊君山以斷常德之道一泊香爐峽艑山以斷長沙衡州之道則賊不戰自潰 聖祖密諭駐軍岳州之貝勒大臣俾核議施行十九年隨安親王還京擢詹事尋有 詔議敘勤勞奉職諸講官加公一級二十年遷內閣學士明年授直隸巡撫 諭曰旗下莊頭與民雜處倚聲勢每爲民害爾其嚴察懲刱毋姑息金世德于成龍爲巡撫廉潔有聲爾繼其後得名甚難然苟急於求名反致僨事其愼旃二十二年疏言自鬻

投旗之人或有作奸犯科冀逃法網者或有游手好閑規避差謡者本主聽其
仍居本籍放債牟利則諱旗而稱民遇官長訪聞窩逃搆訟等事又舍民而稱
旗甚或招搖鄉里魚肉小民地方吏不敢問應責令本主止留務農人戶於屯
莊餘俱收回服役嚴定縱徇處分得 旨下所司飭禁並 特諭戶部凡鬻身
之人或曾經犯罪冀投旗倖免者與知情之本主俱從重治罪二十三年疏言
順天永平保定河閒等府平田圈作旗莊者向以別州縣之地撥換仍聽彼處
民人佃種令業戶收租供賦遇佃租不償則額賦無出其佃地所屬州縣因與
錢糧考成無涉不爲催租致受撥之地多有積逋官民俱累請自後令佃地所
屬州縣代爲征解仍按未完分數與奏銷一例處分疏下部議行先是保定連
歲歉收米粟騰貴公請截留山東漕米撥給駐防兵格於議公復疏言駐防兵
米不下萬石若就近採買民閒益苦值昂或遠購鄰境運費不貲仍請截留便
特旨允行時大學士明珠佐領下人戶指圈民閒塚地墾種有訴於戶部者
牒巡撫察勘宛平知縣王養濂以無礙塚塋飾辯公劾養濂引圈塚地厲民得

旨下部議處並　諭曰民間田地久經降旨永停圈占止以部存地畝分撥
新戶口何得借端擾民嗣後有似此者必重治其罪六月疏薦廉能吏井陘道
李基和靈壽令陸隴其盧龍令衛立鼎均得　旨下部陞敘尋以疾請解任
温旨慰留遣太醫診治會　詔九卿等公舉清廉官首以公列奏　上曰格
爾古德居官素優近聞患病羸弱深軫朕懷七月薨於位年四十有四　遣內
大臣侍衛於櫬至日往奠茶酒部臣以公曾降一級任巡撫未滿三年應減半
予祭葬銀　上曰格爾古德廉潔自持勤勞素著其復所降級從優再議尋
賜祭葬如典禮諡文清公清介絕塵衣布素日食惟菜韭卻歲餽萬計纖毫
不以自污直隸旗民錯處遇事多為權要所持康熙初鼇拜圈地議起督撫朱
昌祚王登聯等均以守正被冤殺自是人以為戒無敢訟言其非者至奸民竄
入旗下尋仇傾陷尤狡桀公執法嚴懲不少貸時有鐵面之稱識陸清獻於縣
令中待之以國士　上嘗諭責漕運總督碩幹居官無善狀碩幹奏曰臣為
衆所忌故聲譽無從致　上曰格爾古德為巡撫歿後人猶思慕稱頌之居

官苟善豈有不致聲譽者乎其爲 上所推重如此二十六年祀直隸名宦祠

國朝先正事略卷九

西元二〇一六年六月一日重製一版

國朝先正事略 冊一
（清李元度撰）

平裝四冊基本定價貳仟柒佰元正
（郵運匯費另加）

發行人 張敏君
發行處 中華書局
臺北市內湖區舊宗路二段一八一巷八號五樓（5FL., No. 8, Lane 181, JIOU-TZUNG Rd., Sec 2, NEI HU, TAIPEI, 11494, TAIWAN）
客服電話：886-2-87978396
公司傳真：886-2-87978909
匯款帳戶：華南商業銀行西湖分行
179100026931
印　刷：經典數位印刷有限公司
海瑞印刷品有限公司

No. N1034-1

國家圖書館出版品預行編目(CIP)資料

國朝先正事略 / (清)李元度撰. -- 重製一版. --
臺北市 : 中華書局, 2020.04
冊 ;　公分
ISBN 978-986-5512-10-1(全套 : 平裝)

1.傳記 2.中國

782.2　　109003731